A Soma dos Dias

Da autora:

A casa dos espíritos
De amor e de sombra
Eva Luna
Contos de Eva Luna
O plano infinito
Paula
Afrodite
Filha da fortuna
Retrato em sépia
Meu país inventado
Zorro
Amor
Inês da minha alma
A soma dos dias
A ilha sob o mar
O caderno de Maya
O jogo de ripper
O amante japonês
Muito além do inverno
Longa pétala de mar
Mulheres de minha alma
Violeta
O vento sabe meu nome

Trilogia *As Aventuras da Águia e do Jaguar*
A cidade das feras
O reino do dragão de ouro
A floresta dos pigmeus

ISABEL ALLENDE

A Soma dos Dias

12ª EDIÇÃO

Tradução
Ernani Ssó

BERTRAND BRASIL

Rio de Janeiro | 2023

Copyright © 2007, Isabel Allende
Título original: *La Suma de los Días*

Capa: Silvana Mattievich
Foto da capa: Datacraft/GETTY Images
Foto da Autora: © 2007, Lori Barra

Editoração: DFL

2023
Impresso no Brasil
Printed in Brazil

CIP-Brasil. Catalogação na fonte
Sindicato Nacional dos Editores de Livros, RJ.

A428c 12ª ed.	Allende, Isabel, 1942- A soma dos dias: memórias/Isabel Allende; tradução Ernani Ssó – 12ª ed. – Rio de Janeiro: Bertrand Brasil, 2023. 380p. Tradução de: La suma de los días ISBN 978-85-286-1341-4 1. Allende, Isabel, 1942-. 2. Escritoras chilenas – Biografia. I. Título.
08-2815	CDD – 928.61 CDU – 929:821.134.3 (83)

Todos os direitos reservados pela:
EDITORA BERTRAND BRASIL LTDA.
Rua Argentina, 171, 3º andar – São Cristóvão
20921-380 – Rio de Janeiro – RJ
Tel.: (21) 2585-2000

Não é permitida a reprodução total ou parcial desta obra, por quaisquer meios, sem a prévia autorização por escrito da Editora.

Atendimento e venda direta ao leitor:
sac@record.com.br

Aos membros de minha pequena tribo, que me permitiram contar suas vidas.

SUMÁRIO

A musa caprichosa do amanhecer 11

PRIMEIRA PARTE

As águas mais escuras 17
Cada vida, um folhetim 25
Uma alma antiga vem de visita 32
Um ninho para Sabrina 38
Cigana de coração 43
O poderoso círculo das bruxas 51
Dias de luz e de luto 57
Uma nora peculiar 64
Chá verde para a tristeza 70
Uma menina com três mães 76
Pequenos milagres cotidianos 82
Maconha e silicone 90
O anjo da morte 94
Vida em família 98
Mensagens 104
Quatro minutos de fama 107
O malvado Papai Noel 114

Um penhasco enorme 118
Dança de salão e chocolate 125
Loucos baixinhos 130
Lagarto Emplumado 135
Companheiro de estrada 139
O poço vazio 145
Quem quer uma menina? 150
Uma voz no palácio...154
Nada para agradecer 157
Ventos adversos 163
Mas continuamos navegando...168
Uma tribo muito agitada 174

SEGUNDA PARTE

Começa o outono...185
Em péssimas mãos 189
Em busca de uma namorada 195
Cinco balaços 202
Ofício de alcoviteira 206
Sogra infernal 212
Lori entra pela porta larga 217
Os cavaleiros da Mongólia 224
Um casamento memorável 228
A China após o amor 232
Tempos de tempestade 236
Outra casa para os espíritos 241
Ao correr da pena..247

O labirinto dos sofrimentos 252
Esposa de encomenda 257
Magia para os netos 261
O império do terror 268
Juliette e os meninos gregos 271
Jason e Judy 279
As mães budistas 283
O anão pervertido 287
Orações 290
O Dragão de Ouro 297
Missão desastrosa 303
Iemanjá e a fertilidade 307
Tráfico de órgãos 310
As crianças que não vieram 314
Strip-tease 318
Meu escritor favorito 321
Um casal burguês 325
Gêmeas e moedas de ouro 329
Dona Inés e o Zorro 333
O verão 339
Ritos de iniciação 343
Amor proibido 347
A vovó se vai com você 352
Reflexões 356
A tribo reunida 361
Hora de descansar 366
Um lugar calado 372

Agradecimentos 378

A MUSA CAPRICHOSA DO AMANHECER

Não falta drama em minha vida e me sobra material de circo para escrever, mas, de qualquer modo, chego nervosa ao 7 de janeiro. Ontem à noite, não pude dormir: um temporal nos atingiu, o vento rugia entre os carvalhos e sacudia as janelas de casa, culminância do dilúvio bíblico das últimas semanas. Alguns bairros do condado ficaram inundados, os bombeiros não foram suficientes para tão soberano desastre e os moradores saíram à rua, mergulhados até a cintura, para salvar o que podiam da torrente. Os móveis navegavam pelas avenidas principais, e alguns animais de estimação, transtornados, esperavam seus donos sobre os tetos dos carros afundados, enquanto os repórteres captavam dos helicópteros as cenas deste inverno da Califórnia, que parecia um furacão na Louisiana. Em alguns bairros não se pôde circular durante uns dias, e quando finalmente estiou e se viu o tamanho do estrago, trouxeram grupos de imigrantes latinos para tirar a água com bombas, e os escombros, com as mãos. Nossa casa, encarapitada numa colina, recebe de frente o açoite do vento, que verga as palmeiras e, às vezes, arranca pela raiz as árvores mais orgulhosas, aquelas que não se dobram, mas escapa das inundações. Às vezes, no auge do temporal, ondas caprichosas, que inundam o único caminho de acesso, se levantam;

então, encurralados, observamos de cima o espetáculo inusitado da baía enfurecida.

Gosto do recolhimento obrigatório do inverno. Vivo no condado de Marin, ao norte de San Francisco, a vinte minutos da Golden Gate, entre morros dourados no verão e cor de esmeralda no inverno, na margem oeste da imensa baía. Num dia claro, podemos ver ao longe outras duas pontes, o perfil difuso dos portos de Oakland e San Francisco, os pesados barcos de carga, centenas de botes a vela e as gaivotas, como lenços brancos. Em maio, aparecem alguns valentes pendurados em asas-deltas multicoloridas, que deslizam velozes sobre a água, perturbando a quietude dos avós asiáticos que passam as tardes pescando nas rochas. Do oceano Pacífico não se vê o estreito acesso à baía, que amanhece envolto em bruma, e os marinheiros de antigamente passavam ao largo sem imaginar o esplendor oculto um pouco mais para dentro. Agora, essa entrada foi coroada pela esbelta Golden Gate, com suas soberbas torres vermelhas. Água, céu, morros e mata — esta é a minha paisagem.

Não foi a ventania de fim de mundo nem a metralha do granizo nas telhas o que me deixou acordada ontem à noite, mas a angústia por saber que, inevitavelmente, o dia 8 de janeiro amanheceria. Há vinte e cinco anos, sempre começo a escrever nessa data, mais por superstição que por disciplina: temo que se começo em outro dia, o livro será um fracasso, e que se deixo passar um dia 8 de janeiro sem escrever, já não poderei fazê-lo pelo resto do ano. Janeiro chega depois de alguns meses sem escrever, nos quais vivi voltada para fora, na balbúrdia do mundo, viajando, promovendo livros, dando conferências, rodeada de gente, falando demais. Barulho e mais barulho. Mais que de qualquer outra coisa, tenho medo de ter me tornado surda, não poder ouvir o silêncio. Sem silêncio, estou em apuros. Várias vezes me levantei para andar pelos quartos, com diversos pretextos, agasalhada com o velho casaco de caxemira de

Willie, que usei tanto que já é minha segunda pele, e com sucessivas xícaras de chocolate quente nas mãos, remoendo o que ia escrever dentro de poucas horas, até que o frio me obrigava a voltar para a cama, onde, bendito seja, Willie roncava. Agarrada a suas costas nuas, escondia os pés gelados entre suas pernas, longas e firmes, aspirando seu surpreendente cheiro de homem jovem, que não mudou com a passagem dos anos. Nunca acorda quando me aperto contra ele, só quando me afasto; está acostumado a meu corpo, minhas insônias e meus pesadelos. Por mais que eu ande de noite, Olivia, que dorme num banco aos pés da cama, também não acorda. Nada perturba o sono desta cadela boba, nem os roedores que às vezes saem de seus esconderijos, nem o fedor dos zorrilhos quando fazem amor, nem as almas que sussurram na escuridão. Se um louco com um machado nos assaltasse, ela seria a última a se dar conta. Quando chegou, era um pobre bicho recolhido pela Sociedade Humanitária num lixão, com uma pata e várias costelas quebradas. Durante um mês ficou escondida entre meus sapatos no closet, tiritando, mas pouco a pouco se recuperou dos maus-tratos anteriores e apareceu com as orelhas baixas e o rabo entre as pernas. Então, vimos que não servia como guardiã: tem o sono pesado.

Enfim diminuiu a fúria do temporal. Com a primeira luz na janela, tomei um banho e me vesti, enquanto Willie, envolto em sua bata de xeique tresnoitado, foi para a cozinha. O cheiro do café recém-moído me chegou como uma carícia: aromaterapia. Essas rotinas de cada dia nos unem mais que os alvoroços da paixão; quando estamos separados, é esta dança discreta o que mais nos faz falta. Necessitamos sentir um ao outro presente nesse espaço intangível que é só nosso. Um amanhecer frio, café com torradas, tempo para escrever, uma cadela que abana o rabo, e meu amante; a vida não pode ser melhor. Depois, Willie me deu um abraço de despedida, porque eu partia para uma longa viagem. "Boa sorte", sussurrou, como faz todo ano neste dia, e lá fui eu de capa e guarda-chuva, desci seis degraus, contornei a piscina, cruzei dezesseis metros de jardim e cheguei à casinha onde escrevo, minha choupana. E aqui estou agora.

Tinha acabado de acender uma vela, que sempre me ilumina durante a escrita, quando Carmen Balcells, minha agente, telefonou de Santa Fe de Segarra, a cidadezinha de cabras loucas, perto de Barcelona, onde nasceu. Ali pretende passar seus anos maduros em paz, mas, como lhe sobra energia, está comprando o povoado, casa por casa.

— Leia a primeira frase — exigiu essa supermãe.

Expliquei mais uma vez a diferença de nove horas entre a Califórnia e a Espanha. De primeira frase, nada ainda.

— Escreva algumas memórias, Isabel.

— Já escrevi, não lembra?

— Isso foi há treze anos.

— Minha família não gosta de se ver exposta, Carmen.

— Não se preocupe com nada. Me mande uma carta de umas duzentas ou trezentas páginas, e eu me encarrego do resto. Se é preciso escolher entre contar uma história e ofender os parentes, qualquer escritor profissional escolhe a primeira.

— Tem certeza?

— Total.

PRIMEIRA PARTE

AS ÁGUAS MAIS ESCURAS

Na segunda semana de dezembro de 1992, assim que parou a chuva, fomos em família espalhar tuas cinzas, Paula, cumprindo as instruções que você deixou numa carta escrita muito antes de cair doente. Mal os avisamos do que tinha acontecido, teu marido, Ernesto, veio de Nova Jersey; e teu pai, do Chile. Chegaram a tempo de se despedir de você, que repousava envolvida por um lençol branco, antes de te levarmos para ser cremada. Depois nos reunimos numa igreja para ouvir uma missa e chorar juntos. Teu pai devia voltar ao Chile, mas esperou que estiasse, e, dois dias mais tarde, quando enfim surgiu um tímido raio de sol, fomos toda a família, em três carros, a uma mata. Teu pai ia na frente, nos guiando. Ele não conhece essa região, mas a tinha percorrido dias antes em busca do lugar mais adequado, o que você teria preferido. Há muitos lugares para escolher, aqui a natureza é pródiga, mas, por uma dessas coincidências — que já são habituais no que se refere a você, minha filha —, ele nos levou diretamente à mata aonde eu ia com freqüência caminhar para aplacar a raiva e a dor quando você estava doente, a mesmo onde Willie me levou para um piquenique logo que nos conhecemos, a mesmo onde você e Ernesto costumavam passear de mãos dadas quando vinham nos ver na Califórnia. Teu pai entrou no parque, percorreu uma parte do caminho, estacionou o carro e nos fez sinais para que o seguíssemos. Ele nos levou ao lugar exato que eu teria escolhido, porque havia ido ali muitas vezes rogar por você: um riacho rodeado de altas sequóias, cujas copas formam a cúpula de uma catedral verde. Havia uma neblina ligeira que apagava os contornos da realidade; a luz mal passava entre as árvores, mas as folhas brilhavam, molhadas pelo inverno. Da terra se desprendia um aroma intenso de húmus e endro. Paramos em torno de um pequeno remanso, formado por rochas e troncos caídos. Ernesto, sério, abatido, mas já sem lágrimas, porque as tinha vertido todas, segurava a urna de cerâmica com tuas cinzas. Eu guardei uma pequena porção delas numa caixinha de porcelana para ter sempre em meu altar. Teu irmão, Nico, tinha Alejandro nos braços, e tua cunhada, Celia, ia com Andrea, que ainda era um bebê, coberta com um xale e grudada ao bico do seio. Eu levava um buquê de rosas, que atirei à água, uma por uma. Depois, todos nós, inclusive Alejandro, de 3 anos, tiramos um punhado de cinzas da urna e as deixamos cair na água. Um tanto flutuou brevemente entre as rosas, mas a maior parte afundou como areia branca.

— O que é isto? — perguntou Alejandro.
— Tua tia Paula — disse minha mãe, soluçando.
— Não parece — comentou, confuso.

Começarei a te contar o que nos aconteceu desde 1993, quando você se foi, e me limitarei à família, que é o que te interessa. Terei que omitir dois filhos de Willie: Lindsay, porque quase não o conheço, só o vi uma dúzia de vezes e nunca passamos dos cumprimentos essenciais de cortesia, e Scott, porque ele não quer aparecer nestas páginas. Você gostaria muito desse garoto solitário e magro, com óculos de lentes grossas e cabelos desgrenhados. Agora é um homem de 28 anos, parecido com Willie, que se chama Harleigh; ele se apelidou de Scott aos 5 anos, porque gostava desse nome, e o usou por muito tempo, mas na adolescência recuperou o seu.

A primeira pessoa que me vem à mente e ao coração é Jennifer, a única filha de Willie, que, no começo desse ano, acabava de fugir pela terceira vez de um hospital, onde tinham ido parar seus ossos por causa de mais uma infecção, entre tantas que suportara em sua curta vida. A polícia nem mostrou intenção de procurá-la, havia casos demais como esse, e dessa vez os contatos de Willie com a lei não adiantaram de nada. O médico, um filipino alto e discreto que a tinha salvado na base da perseverança quando chegou ao hospital alucinada de febre, e que já a conhecia porque a atendera umas duas vezes antes, explicou a Willie que devia encontrar logo sua filha ou ela morreria. Com doses maciças de antibióticos durante várias semanas poderia se salvar, disse, mas era preciso evitar uma recaída, que seria fatal. Estávamos numa sala de paredes amarelas, com cadeiras de plástico, cartazes de mamografias e exames de AIDS, cheia de pacientes esperando sua vez para serem atendidos com urgência. O médico tirou os óculos redondos de aro metálico, limpou-os com um lenço de papel e respondeu a nossas perguntas com prudência. Não sentia simpatia por Willie nem por mim, que talvez confundisse com a mãe de Jennifer. A seus olhos éramos culpados, tínhamos sido negligentes com ela, e agora, tarde demais, corríamos para ele, compungidos. Evitou nos dar detalhes, porque era informação confidencial, mas Willie conseguiu saber que, além dos ossos em frangalhos e de múltiplas infecções, sua filha tinha o coração a ponto de pifar. Fazia nove anos que Jennifer estava empenhada em tourear a morte.

Nós a tínhamos visto no hospital nas semanas anteriores, amarrada pelos pulsos para que não arrancasse as sondas nos delírios da febre. Era usuária de quase todas as drogas conhecidas, do fumo à heroína; não sei como seu corpo suportava tantos abusos. Como não conseguiram encontrar uma veia saudável para injetar os medicamentos, optaram por colocar nela uma sonda numa artéria do peito. Depois de uma semana, tiraram Jennifer da unidade de terapia intensiva e a levaram para um quarto de três camas, que dividia com outras pacientes, onde já não ficava amarrada e não a vigiavam como antes. Comecei a visitá-la todos os dias, e levava o que me pedia, perfumes, camisolas, música, mas tudo desaparecia. Acho que seus comparsas apareciam em horas incertas para abastecê-la de drogas, que ela pagava com meus presentes, na falta de dinheiro. Como parte do tratamento, davam-lhe metadona para ajudá-la a suportar a abstinência, mas, além disso, ela se injetava pela sonda tudo quanto seus provedores lhe levavam de contrabando. Algumas vezes tive de dar banho nela. Tinha os tornozelos e os pés inchados, o corpo semeado de feridas, marca de agulhas infectadas, cicatrizes, sendo uma de pirata nas costas. "Uma facada", foi a lacônica explicação.

A filha de Willie foi uma garota loira, de grandes olhos azuis, como os de seu pai, mas se salvaram poucas fotos do passado e já ninguém lembrava como ela tinha sido, a melhor aluna da turma, obediente e delicada. Parecia etérea. Eu a conheci em 1988, pouco depois de me instalar na Califórnia para viver com Willie, quando ela ainda era bela, embora já tivesse o olhar esquivo e essa neblina enganosa que a envolvia como um halo obscuro. Exaltada por meu amor recente por Willie, não me surpreendeu que um domingo de inverno ele me levasse a uma prisão, ao leste da baía de San Francisco. Esperamos um longo tempo num pátio inóspito, na fila com outros visitantes, a maioria negros e latinos, até que abriram as grades e nos permitiram entrar num edifício lúgubre. Separaram os poucos homens das muitas mulheres e crianças. Não sei qual foi a experiência de Willie, mas uma matrona de uniforme me confiscou a bolsa, me empurrou para trás de uma cortina e me meteu as mãos por onde ninguém se atrevera, com mais brusquidão que o necessário, talvez porque meu sotaque me tornasse suspeita. Por sorte, uma camponesa salvadorenha, visitante como eu, tinha me avisado na fila para que não reclamasse, porque seria pior. Finalmente, Willie e eu nos encontramos num trailer preparado para a visita às presas, um espaço longo e estreito, dividido por uma tela metálica, atrás da qual se encontrava Jennifer. Estava na prisão havia uns dois meses; limpa e bem alimentada, parecia uma escolar num domingo, em contraste com a aparência grosseira das demais prisioneiras. Recebeu seu pai com insuportável tristeza. Nos anos seguintes, comprovei que sempre chorava quando estava com Willie, não sei se de vergonha ou por rancor. Willie me apresentou rapidamente como "uma amiga", embora estivéssemos vivendo juntos fazia um certo tempo, e ficou de pé diante da tela, com os braços cruzados e a vista cravada no chão. Eu os observava de perto, ouvindo pedaços do diálogo entre os murmúrios de outras vozes.

— Por que desta vez?
— Você já sabe, por que pergunta? Me tire daqui, pai.
— Não posso.
— Não é advogado, por acaso?
— Na última vez te avisei que não ia ajudar mais. Se você escolheu esta vida, tem de pagar as conseqüências.

Jennifer limpou as lágrimas com a manga, mas elas continuaram escorrendo pelas faces, enquanto perguntava por seus irmãos e sua mãe. Logo se despediram, e ela saiu escoltada pela mesma mulher de uniforme que me pegara a bolsa. Então, ainda havia um resto de inocência, mas seis anos mais tarde, quando fugiu do tratamento do médico filipino no hospital, já não restava mais nada da garota que conheci na prisão. Aos 26 anos parecia uma mulher de 60.

Chovia, na saída, e Willie e eu corremos, empapados, as duas quadras que nos separavam do estacionamento onde deixáramos o carro. Perguntei por que ele tratava a filha com tanta frieza, por que não a punha num programa de reabilitação, em vez de deixá-la atrás das grandes.

— Está mais segura ali — respondeu.

— Não se pode fazer nada? Tem que haver algum tratamento!

— É inútil, nunca aceitou ajuda e já não posso obrigá-la, é maior de idade.

— Se fosse minha filha, moveria céus e terra para salvá-la.

— Não é sua filha — disse com uma espécie de surdo ressentimento.

Nessa época, um jovem crente rondava Jennifer, um desses alcoólatras redimidos pelas mensagens de Jesus que põem na religião o mesmo fervor que antes dedicavam à garrafa. Nós o vimos algumas vezes na prisão, nos dias de visita, sempre com sua Bíblia na mão e o sorriso beatífico dos escolhidos de Deus. Ele nos cumprimentava com a compaixão reservada aos que vivem nas trevas do erro, o que deixava Willie frenético, mas comigo conseguia o efeito desejado: me envergonhava. É preciso muito pouco para que eu me sinta culpada. Às vezes, ele me levava a um lado para me falar e, enquanto citava o Novo Testamento — "Jesus disse aos que iam apedrejar a mulher adúltera: 'Quem não pecou que atire a primeira pedra.'" —, eu observava fascinada seus dentes ruins e tentava me proteger dos respingos de saliva. Não sei que idade tinha. Calado, parecia muito jovem, por causa de sua estampa de grilo e sua pele sardenta, mas essa impressão evaporava mal ele começava a pregar com voz estridente e gestos grandiloqüentes. No começo, tentou atrair Jennifer para as filas dos justos mediante a lógica de sua fé, à qual ela era imune. Depois optou por presentes modestos, que davam melhor resultado: por um punhado de cigarros ela podia se calar um instante para leituras evangélicas. Quando Jennifer saiu em liberdade, ele a estava esperando na porta, de camisa limpa e borrifado de perfume. Costumava nos ligar em horas tardias para nos dar notícias de sua protegida e advertir Willie para que se arrependesse de seus pecados e aceitasse o Senhor em seu coração, pois assim poderia receber o batismo dos escolhidos e se reunir com sua filha sob o amparo do amor divino. Não sabia com quem lidava: Willie é filho de um pregador extravagante, foi criado num toldo onde seu pai, com uma cobra gorda e mansa enrolada na cintura, impunha aos crentes sua religião inventada; por isso, qualquer coisa que cheire a sermão o leva a fugir a toda. O evangélico estava obcecado por Jennifer, cego por ela como uma traça por uma lâmpada. Ele se debatia entre seu fervor místico e a paixão carnal, entre salvar a alma daquela Madalena ou ter prazer com seu corpo, um tanto estropiado mas ainda excitante, como nos confessou com tal candura que não pudemos rir dele. "Não cairei no delírio da luxúria, vou me casar com ela", nos garantiu com esse estranho vocabulário que empregava e, em seguida, nos fez uma peroração sobre a castidade no casamento, que nos deixou atordoados. "Este cara é uma besta ou, então, bicha", foi o comentário de Willie, mas, então, de qualquer forma, se agarrou à idéia do casamento, porque aquele infeliz de boas intenções podia resgatar sua filha. No entanto, quando o galã o propôs a Jennifer, joelho no chão, ela respondeu com uma risadinha. O pregador foi morto numa surra brutal num bar do porto, aonde foi uma noite disseminar a agradável mensagem de Jesus entre marinheiros e estivadores que não estavam com ânimo para o cristianismo. Nunca mais acordamos à meia-noite com seus discursos messiânicos.

Jennifer passou sua infância dissimulada pelos cantos, escondida, enquanto seu irmão Lindsay, dois anos mais velho, monopolizava a atenção dos adultos, que não podiam controlá-lo. Era uma menina comportada, misteriosa, com um senso de humor sofisticado demais para a sua idade. Ria de si mesma com risadas claras e contagiantes. Ninguém suspeitava que, de noite, escapava por uma janela, até que foi presa num dos bairros mais sórdidos de San Francisco, onde a polícia teme se aventurar de noite, a muitos quilômetros de sua casa. Tinha 15 anos. Seus pais estavam divorciados havia vários anos; cada um andava ocupado com suas coisas, e talvez não tenham avaliado a gravidade do problema. Willie custou a reconhecer a garota maquiada exageradamente, incapaz de ficar de pé ou de articular uma palavra, que jazia tiritando numa cela da delegacia. Horas mais tarde, a salvo em sua cama e com a mente um pouco mais desanuviada, Jennifer prometeu ao pai que se emendaria, que nunca mais voltaria a cometer uma besteira como aquela. Ele acreditou. Todos os jovens tropeçam e caem; ele mesmo tivera problemas com a lei quando era garoto. Isso foi em Los Angeles, quando tinha 13 anos, e suas trapalhadas eram roubar sorvetes e fumar maconha com a garotada mexicana do bairro. Aos 14, ele se deu conta de que, se não se virasse sozinho, estaria perdido, porque não havia ninguém que pudesse ajudá-lo. Então se afastou das gangues e decidiu terminar a escola, trabalhar para pagar a universidade e se tornar advogado.

Depois que fugiu do hospital e dos cuidados do médico filipino, Jennifer sobreviveu porque era muito forte, apesar de sua aparente fragilidade, e não soubemos dela por um tempo. Um dia de inverno ouvimos o vago boato de que estava grávida, mas descartamos isso como impossível; ela mesma tinha-nos dito que não podia ter filhos, havia abusado demais de seu corpo. Três meses mais tarde apareceu no escritório de Willie para pedir dinheiro, o que raramente fazia: preferia se virar sozinha, pois assim não tinha que dar explicações. Seus olhos se moviam desesperados, procurando alguma coisa que não conseguia achar, e as mãos tremiam. Mas sua voz era firme.

— Estou grávida — anunciou ao pai.

— Não pode ser! — exclamou Willie.

— Era o que eu achava, mas olha só. — Abriu a camisa masculina que a cobria até os joelhos e mostrou uma protuberância do tamanho de uma toranja. — Será uma menina e nascerá no verão. Vou chamá-la de Sabrina. Sempre gostei desse nome.

CADA VIDA, UM FOLHETIM

Passei quase todo o ano de 1993 trancada, escrevendo para você, Paula, entre lágrimas e lembranças, mas não pude evitar uma longa turnê por várias cidades norte-americanas para promover *O plano infinito*, um romance inspirado na vida de Willie; acabava de sair em inglês, mas eu o tinha escrito dois anos antes e já existia em vários idiomas europeus. Roubei o título do pai de Willie, cuja religião errante se chamava "o plano infinito". Willie tinha mandado meu livro de presente a todos os seus amigos; calculo que comprou toda a primeira edição. Estava tão orgulhoso, que tive de lembrar a ele que não era sua biografia, mas ficção. "Minha vida é um romance", ele me respondeu. Todas as vidas podem ser contadas como um romance, cada um de nós é o protagonista de sua própria lenda. Neste momento, ao escrever estas páginas, tenho dúvidas. Os fatos aconteceram como os lembro ou como os conto? Apesar da fundamental correspondência com minha mãe, em que preservamos dia a dia uma versão mais ou menos verídica tanto dos eventos triviais como dos importantes, estas páginas são subjetivas. Willie me disse que o livro era um mapa de sua trajetória e acrescentou que era uma pena que o ator Paul Newman estivesse um pouco velho para o papel do protagonista no caso de se fazer um filme. "Você deve ter notado que Paul Newman se parece comigo", disse-me com sua habitual modéstia. Não me dera conta, mas não conheci Willie quando era jovem, quando certamente eram iguais.

A publicação do livro em inglês aconteceu num mau momento para mim; não desejava ver ninguém, e a idéia de uma turnê de promoção me angustiava. Estava doente de tristeza, obcecada pelo que podia ter feito e não fiz para salvar você. Como não me dei conta da negligência dos médicos naquele hospital de Madri? Por que não tirei você de lá e a trouxe imediatamente para a Califórnia? Por que, por quê... Eu me trancava no quarto onde você passou seus últimos dias, mas nem mesmo nesse lugar sagrado eu achava um pouco de paz. Teriam de passar muitos anos antes que você se transformasse numa amiga suave e constante. Nesse tempo, eu sentia a tua ausência como uma dor aguda, uma lança no peito que, às vezes, me botava de joelhos.

Também me preocupava com Nico, porque acabáramos de descobrir que teu irmão também tem porfiria. "Paula não morreu de porfiria, mas por negligência médica", insistia teu irmão, para me acalmar, mas estava nervoso, não tanto por si mesmo, mas por seus dois filhos e pelo terceiro que estava a caminho. As crianças podiam ter recebido essa herança nefasta; saberíamos quando tivessem idade para fazer os exames. Três meses depois da tua morte, Celia nos anunciou que esperavam outro bebê, o que eu já suspeitava, por causa de suas olheiras de sonâmbula e porque eu sonhara, exatamente como sonhei com Alejandro e Andrea, antes que se mexessem no ventre de sua mãe. Três filhos em cinco anos era uma imprudência; Nico e Celia necessitavam de empregos seguros, e seus vistos de estudantes estavam a ponto de expirar, mas festejamos a notícia mesmo assim. "Não se preocupem, cada filho chega com um pão debaixo do braço", foi o comentário de minha mãe ao saber. Foi o que aconteceu. Nessa mesma semana, começamos os trâmites para os vistos de residência de Nico e sua família; eu obtivera minha cidadania nos Estados Unidos, depois de cinco anos de espera, e podia ajudá-los.

Willie e eu nos conhecemos em 1987, três meses antes de você conhecer Ernesto. Alguém te disse, então, que eu havia deixado teu pai por ele, mas garanto que não foi nada disso. Conheci teu pai quando eu tinha 15 anos e ele quase 20, e ficamos juntos por 29 anos. Quando decidimos nos divorciar, eu nem suspeitava que três meses mais tarde encontraria Willie. A literatura nos reuniu: Willie lera meu segundo romance, sentiu curiosidade e quis me conhecer quando eu passava como um cometa pelo norte da Califórnia. Ele teve uma decepção comigo, porque não sou em nada o tipo de mulher que ele aprecia, mas soube dissimular bastante bem e hoje garante que sentiu de imediato uma "conexão espiritual". Não tenho idéia do que isso significa. De minha parte, precisei agir rápido, porque ia saltando de cidade em cidade numa viagem insana. Liguei pra você para pedir conselhos. Rindo às gargalhadas, você me disse por que eu perguntava se já tinha tomado a decisão de me atirar de cabeça na aventura. Contei a Nico, e ele exclamou, horrorizado: "Na sua idade, mamãe!" Eu tinha 45 anos, que a ele pareciam o umbral da sepultura. Isso me fez soar o alerta: não havia tempo a perder, devia ir ao ponto. Minha urgência acabou com a justificada cautela de Willie. Não vou repetir aqui o que você já sabe e que contei muitas vezes; segundo Willie, tenho cinqüenta versões de como começou o nosso amor, todas corretas. Para resumir, lembro a você que, poucos dias mais tarde, deixei minha vida anterior e aterrissei sem convite na casa desse homem por quem havia me enrabichado. Nico diz que "abandonei meus filhos", mas você estudava na Virgínia e ele já tinha 21 anos, era um marmanjo que não necessitava dos mimos da mamãe. Quando Willie se recuperou da brutal surpresa de me ver em sua porta com uma mala de viagem, iniciamos a vida em comum com entusiasmo, apesar das diferenças culturais que nos separavam e dos problemas dos filhos dele, com que nem ele nem eu sabíamos lidar.

A vida e a família de Willie me pareciam uma comédia ruim em que nada funcionava. Quantas vezes telefonei para pedir conselho? Acho que diariamente. E a resposta era sempre a mesma: "Qual é a coisa mais generosa que você pode fazer neste caso, mamãe?" Willie e eu nos casamos oito meses depois. Não foi por iniciativa dele, mas minha. Ao compreender que a paixão do primeiro momento ia se transformando em amor e que provavelmente eu ficaria na Califórnia, decidi trazer meus filhos. Devia ser cidadã norte-americana se desejava me reunir com você e seu irmão. Assim, não tive outra saída senão engolir o orgulho e sugerir a Willie a idéia do casamento. Sua reação não foi de felicidade explosiva, como talvez ousei esperar, e sim de pavor, porque vários amores fracassados tinham apagado as brasas românticas de seu coração, mas no fim levei a melhor. Bem, na realidade, não foi difícil: disse que ele tinha até as doze horas do dia seguinte para se decidir, e comecei a fazer as malas. Quinze minutos antes do prazo se encerrar, Willie aceitou minha mão, embora nunca tenha entendido minha insistência teimosa de viver perto de Nico e de você, porque, nos Estados Unidos, os jovens abandonam a casa paterna quando terminam a escola e só aparecem de visita no Natal ou no dia de Ação de Graças. Os americanos ficam chocados com o costume chileno de conviver em clã para sempre.

— Não me obrigue a escolher entre você e meus filhos! — adverti naquela vez.

— Nem pensaria nisso. Mas tem certeza de que eles querem viver perto de você? — me perguntou.

— Uma mãe sempre tem direito a convocar os filhos.

Um senhor, que obtivera sua licença por correspondência, nos casou mediante o pagamento de 25 dólares, porque Willie, mesmo sendo advogado, não conseguiu nenhum juiz amigo que o fizesse. Isso não me cheirou bem. Foi o dia mais quente na história do condado de Marin. A cerimônia aconteceu num restaurante italiano sem ar-condicionado: o bolo derreteu completamente, a moça que tocava a harpa desmaiou, e os convidados, pingando de suor, foram se despindo. Os homens acabaram sem camisa nem sapatos, e as mulheres, sem meias nem roupa de baixo. Eu não conhecia ninguém, exceto teu irmão, e você, minha mãe e meu editor americano, que vieram de longe para me acompanhar. Sempre suspeitei de que esse casamento não foi inteiramente legal, e espero que tenhamos ânimo algum dia para nos casar como se deve.

Não quero te dar a impressão de que me casei apenas por interesse, já que sentia por Willie a luxúria heróica que costuma arrebatar as mulheres de nossa estirpe, assim como te aconteceu com Ernesto, mas, com a idade que tínhamos quando nos conhecemos, não havia necessidade de casamento, exceto pela questão do visto. Em outras circunstâncias, teríamos vivido em concubinato, como sem dúvida Willie preferiria, mas eu não pensava em renunciar à minha família, por mais parecido com Paul Newman fosse aquele namorado insubmisso. Saí do Chile com vocês nos anos 70, durante a ditadura militar. Com vocês me refugiei na Venezuela até fins da década de 1980, e com vocês pensava em me transformar em imigrante nos Estados Unidos na de 1990. Eu não tinha dúvida nenhuma de que seu irmão e você estariam muito melhor comigo na Califórnia do que espalhados pelo mundo, mas não calculei as dificuldades legais. Passaram-se cinco anos, que foram como cinco séculos, e nesse meio tempo vocês se casaram, Nico com Celia, na Venezuela, e você com Ernesto, na Espanha, mas isso não me pareceu um inconveniente sério. Depois de um tempo, consegui instalar Nico e sua família a duas quadras de nossa casa, e, se a morte não tivesse golpeado você tão cedo, também estaria vivendo ao meu lado.

Parti de viagem, atravessando os Estados Unidos em várias direções para promover meu romance e dar as conferências que adiara no ano anterior, quando não podia sair de seu lado. Filha, você sentia a minha presença? Muitas vezes me perguntei isso. O que você sonhava nas longas noites de 1992? Sonhava, tenho certeza, porque teus olhos se moviam sob as pálpebras e, às vezes, você acordava assustada. Estar em coma deve ser como estar encurralado na densa neblina de um pesadelo. Segundo os médicos, você não percebia nada, mas custo a acreditar nisso.

Na viagem, eu levava uma sacola de pílulas para dormir, para dores imaginárias, para estancar o choro e para o medo da solidão. Willie não pôde me acompanhar porque tinha de trabalhar; seu escritório não fechava nem aos domingos, a sala de espera era um pátio dos milagres, e sobre sua escrivaninha havia uma centena de casos. Nesses dias, ele estava ocupado com a tragédia de um imigrante mexicano que morrera ao cair do quinto andar de um edifício em construção, em San Francisco. Ele se chamava Jovito Pacheco e tinha 29 anos. Oficialmente não existia. A empresa construtora lavara as mãos, porque o homem não constava de sua folha de pagamento. A empreiteira não tinha seguro e também não reconhecia Pacheco; ela o havia recrutado dias antes num caminhão, com mais vinte ilegais, e o levara ao lugar de trabalho. Jovito era camponês e nunca tinha subido num andaime, mas era forte e tinha vontade de trabalhar. Ninguém lhe disse que devia usar cinto de segurança. "Viro o mundo pelo avesso, se for necessário, mas vou conseguir alguma compensação para essa pobre família!", ouvi Willie dizer mil vezes. Parece que era um caso difícil. Tinha uma foto meio desbotada da família Pacheco em seu escritório: pai, mãe, avó, três crianças pequenas e um bebê nos braços, todos vestidos com roupas de ir à missa, alinhados em pleno sol numa praça poeirenta do México. O único que usava sapatos era Jovito Pacheco, um índio maciço com um sorriso orgulhoso e um surrado chapéu de palha na mão.

Nessa turnê, fui vestida de preto da cabeça aos pés, com o pretexto de ser uma cor elegante, pois não queria admitir nem a mim mesma que estava de luto. "Parece uma viúva chilena", me disse Willie, entregando-me uma echarpe vermelha como carro de bombeiro. Não lembro a que cidades fui, quem conheci, nem o que fiz; só importa que me encontrei com Ernesto em Nova York. Teu marido se emocionou muito quando lhe contei que estava escrevendo algumas memórias sobre você. Choramos juntos, e a soma de nossas tristezas desencadeou um temporal de granizo. "Costuma cair granizo no inverno", me disse Nico quando lhe falei por telefone. Passei várias semanas longe dos meus em estado hipnótico. À noite, eu me deitava em camas desconhecidas, aturdida pelos soníferos, e pela manhã afastava os pesadelos com café preto. Falava por telefone com os da Califórnia, e a minha mãe mandava cartas por fax, que o tempo foi apagando porque foram impressas com uma tinta sensível à luz. Muitos acontecimentos de então se perderam; sei que foi melhor assim. Contava as horas que faltavam para voltar para minha casa e me esconder do mundo. Desejava dormir com Willie, brincar com meus netos e me consolar fazendo colares no ateliê de minha amiga Tabra.

Soube, então, que Celia estava perdendo peso com a gravidez em vez de ganhá-lo, que meu neto Alejandro já ia de mochila a uma creche e que Andrea necessitava se submeter a uma cirurgia nos olhos. Minha neta era miúda, tinha uma penugem dourada na cabeça, além de ser completamente vesga, seu olho esquerdo vagava sozinho. Era quieta e calada, sempre parecia estar planejando alguma coisa, e chupava o dedo agarrada numa fralda de algodão — seu "tuto" — que não largava jamais. Você não gostava de crianças, Paula. Uma vez que veio de visita e teve de trocar as fraldas de Alejandro, me confessou que quanto mais ficava com teu sobrinho, menos vontade tinha de ser mãe. Você não conheceu Andrea, mas, na noite da tua morte, ela estava dormindo, com seu irmão, aos pés da tua cama.

UMA ALMA ANTIGA VEM DE VISITA

~~~

Em maio, Willie ligou para Nova York para me contar que, desafiando os prognósticos da ciência e as leis da probabilidade, Jennifer dera à luz uma menina. Uma dose dupla de narcóticos precipitou o parto, e Sabrina nasceu dois meses antes do tempo. Alguém chamou uma ambulância, que a levou à emergência mais próxima, um hospital católico particular onde nunca tinham visto ninguém naquele estado de intoxicação. Graças a isso, Sabrina se salvou, porque, se tivesse nascido no hospital público do bairro pobre de Oakland onde Jennifer vivia, teria sido mais um das centenas de bebês que nascem para morrer, condenados pelas drogas no ventre materno; ninguém teria reparado nela, e sua minúscula pessoa teria se perdido nas fendas do sobrecarregado sistema da medicina social. Ela, em compensação, caiu nas mãos hábeis do médico de plantão, que conseguiu interceptá-la quando foi cuspida para o mundo e se transformou na primeira pessoa seduzida pelos olhos hipnóticos da pequena. "Esta menina tem poucas chances de sobreviver", opinou ao examiná-la, mas ficou enredado em seu olhar escuro e não foi para casa nessa tarde, quando terminou seu turno. Em seguida chegou uma pediatra, e os dois permaneceram parte da noite vigiando a incubadora e imaginando como desintoxicariam a recém-nascida sem lhe causar mais danos do que já sofrera e como a alimentariam, porque não engolia. Não se preocuparam com a mãe, pois havia abandonado o hospital logo que conseguiu se levantar da maca.

Uma dor surda arrebentava os quadris de Jennifer, mas ela não lembrava direito o que acontecera, senão a angustiante sirene da ambulância, um longo corredor com luzes brancas e alguns rostos que lhe gritavam ordens. Achava que tivera uma menina, mas não podia ficar para confirmar. Deixaram que descansasse num quarto. Depois de um tempo, teve síndrome de abstinência e começou a tremer de náuseas, coberta de suor, com os nervos eletrizados; então se vestiu como pôde e fugiu por uma porta de serviço. Alguns dias mais tarde, um pouco mais recuperada do parto e acalmada pelas drogas, pensou na criança que havia deixado para trás e voltou para pegá-la, mas ela já não lhe pertencia. O Juizado de Menores tinha intervindo e colocado no braço da menina um dispositivo de segurança, que ativava um alarme se alguém tentasse tirá-la do berçário.

Interrompi minha turnê em Nova York e voltei no primeiro vôo disponível para a Califórnia. Willie me pegou no aeroporto e me levou diretamente à clínica; pelo caminho me explicou que sua neta estava muito fraca. Jennifer, perdida em seu próprio purgatório, não podia cuidar nem de si mesma, quanto mais da filha. Ele vivia com um sujeito que tinha o dobro da idade dela, que ganhava a vida provavelmente traficando e estivera preso em mais de uma ocasião. "Certamente explora Jennifer e lhe fornece as drogas", foi a primeira coisa que me ocorreu, mas Willie, muito mais nobre que eu, estava agradecido por ele ter dado a Jennifer, pelo menos, um teto.

Corremos pelos corredores da clínica até o berçário dos prematuros. A enfermeira já conhecia Willie e nos levou a um bercinho num canto. Peguei Sabrina no colo, pela primeira vez, num dia morno de maio, enrolada numa mantilha de algodão, como um embrulho. Abri o volume dobra por dobra e encontrei, no fundo, a menina, como um caracol enrolado, com uma fralda grande demais cobrindo-a dos tornozelos ao pescoço, e com uma touca de lã na cabeça. Da fralda saíam dois pezinhos enrugados, uns braços como palitos e uma cabeça perfeita, de feições finas e olhos grandes, amendoados e escuros, que me olharam com a determinação de um guerreiro. Não pesava nada, tinha a pele seca e cheirava a medicamentos; era macia, pura espuma. "Nasceu com os olhos abertos", disse a enfermeira. Sabrina e eu nos observamos durante uns dois longos minutos, nos conhecendo. Dizem que, nessa idade, os bebês são quase cegos, mas ela tinha a mesma expressão intensa que a caracteriza hoje. Estiquei um dedo para lhe acariciar a face e seu punho diminuto me agarrou com força. Notei que tremia e a agasalhei com a mantilha, apertando-a ao meu peito.

— Qual é a sua relação com a menina? — perguntou uma mulher jovem que se apresentara antes como pediatra.

— Ele é o avô — respondi, apontando meu marido, que estava perto da porta, tímido ou emocionado demais para falar.

— Os exames revelam a presença de várias substâncias tóxicas no sistema circulatório dela. Também é prematura. Calculo que tem sete meses de desenvolvimento, pesa um quilo e meio, seu aparelho digestivo não está totalmente formado.

— Não deveria estar numa incubadora? — sugeriu Willie.

— Nós a tiramos hoje da incubadora porque sua respiração estava normal. Mas não tenham esperanças. Temo que o prognóstico não seja bom...

— Vai viver! — interrompeu a enfermeira, enfática. Era uma negra majestosa, com uma torre de trancinhas na cabeça. Me arrebatou a criança, que sumiu em seus braços grossos.

— Odilia, por favor! — exclamou a pediatra, incrédula diante do rompante tão pouco profissional.

— Tudo bem, doutora, entendemos a situação — eu disse, com um suspiro de cansaço.

Não tinha tido tempo de trocar o vestido que havia usado durante semanas na viagem. Percorrera 15 cidades em 21 dias, com uma bolsa onde levava o indispensável, que em minha experiência é muito pouco. Pegava um avião na primeira hora da manhã, chegava à cidade da vez, onde me aguardava uma acompanhante — quase sempre uma senhora tão cansada como eu — para me levar aos encontros com a imprensa. Comia um sanduíche ao meio-dia, dava mais umas duas entrevistas e ia para o hotel tomar um banho antes da apresentação da noite, em que enfrentava o público com os pés inchados e um sorriso forçado para ler algumas páginas de meu romance em inglês. Levava uma foto tua emoldurada, para que me acompanhasse nos hotéis. Queria me lembrar de você assim, com seu sorriso esplêndido, seus cabelos longos e sua blusa verde, mas, ao pensar em você, as imagens que me assaltavam eram outras: seu corpo rígido, seus olhos vazios, seu silêncio absoluto. Nessas maratonas de publicidade, capazes de moer os ossos dos mais fortes, eu me desprendia do corpo, como numa viagem astral, e vencia as etapas da turnê com o peso de uma rocha no peito, confiando em que as acompanhantes me levariam pela mão durante o dia, me escoltariam durante a leitura da noite e me deixariam no aeroporto na manhã seguinte. Durante as muitas horas de viagem de Nova York a San Francisco tive tempo para pensar em Sabrina, mas nunca imaginei a forma como essa neta mudaria a vida de várias pessoas.

— É uma alma muito antiga — disse Odilia, a enfermeira, depois que a pediatra tinha ido embora. — Vi muitos recém-nascidos nos 22 anos que trabalho aqui, mas como Sabrina, nenhum. Ela se dá conta de tudo. Fico com ela, mesmo depois que acaba meu turno. Até vim no domingo, porque não consigo parar de pensar nela.

— Você acha que ela pode morrer? — interrompi, sufocada.

— É o que os médicos dizem. Já ouviram a doutora. Mas eu sei que vai viver. Veio para ficar, tem bom carma.

Carma. Outra vez carma. Quantas vezes ouvi esse termo na Califórnia? Me dá nos nervos a idéia do carma. Acreditar no destino já é bastante limitante, mas no carma é muito pior, porque remontamos a mil vidas anteriores, e às vezes a gente tem que carregar também os pecados dos antepassados. Pode-se mudar o destino, mas, para limpar o carma, é preciso toda uma vida, e talvez isso não baste. Mas não era o momento de filosofar com Odilia. Eu sentia uma ternura infinita pela menina e gratidão por essa enfermeira que fora tomada de carinho por ela. Afundei o rosto na fralda, alegre porque Sabrina estava no mundo.

Willie e eu saímos da sala nos amparando mutuamente. Percorremos corredores idênticos, em busca da saída, até que encontramos um elevador. Um espelho no interior nos devolveu nossas imagens. Achei que Willie tinha envelhecido um século. Seus ombros, antes arrogantes, agora se curvavam derrotados; notei as rugas em torno de seus olhos, a linha do queixo menos atrevida que antes, e os raros cabelos que lhe restavam, completamente brancos. Os dias passam muito rápido. Não tinha prestado atenção às mudanças de seu corpo e não o via como era, mas como o lembrava. Para mim continuava sendo o homem por quem me apaixonara à primeira vista, seis anos antes, elegante, atlético, com um terno escuro um tanto justo, como se as costas desafiassem as costuras. Gostei de seu riso espontâneo, sua atitude segura, suas mãos elegantes. Respirava todo o ar, ocupava todo o espaço. A gente notava que tinha vivido e sofrido, mas parecia invulnerável. E eu? O que ele vira em mim quando nos conhecemos? Quanto eu mudara nesses seis anos, especialmente durante os últimos meses? Eu também me olhava com o filtro compassivo do costume, sem me deter na inevitável deterioração física: os seios menos rígidos, a cintura mais larga, os olhos mais tristes. O espelho do elevador me revelou o cansaço que nós dois sentíamos, mais profundo que o de minha viagem ou o de seu trabalho. Os budistas dizem que a vida é um rio, que navegamos numa balsa para o destino final. O rio tem sua corrente, velocidade, recifes, redemoinhos e outros obstáculos que não podemos controlar, mas contamos com um remo para dirigir a embarcação sobre a água. De nossa destreza depende a qualidade da viagem, mas o curso não pode ser mudado, porque o rio desemboca sempre na morte. Às vezes não tem mais jeito, senão se abandonar à corrente, mas este não era o caso. Respirei fundo, me elevei em minha escassa estatura e dei uma palmada nas costas de meu marido.

— Wille, se endireite! Temos que remar.

Ele me olhou com a expressão confusa que costuma ter quando pensa que meu inglês falhou.

UM NINHO PARA SABRINA

◦∞◦

Não tive dúvidas de que Willie e eu nos encarregaríamos de Sabrina: se os pais não podem, cabe aos avós fazê-lo, é uma lei natural. No entanto, logo descobri que não seria simples assim, não era coisa de ir com uma cesta recolher a menina no hospital quando lhe dessem alta, em um ou dois meses. Havia toda uma burocracia. O juiz já havia determinado que não entregariam a menina a Jennifer, mas no meio do caminho estava o companheiro dela. Não pensei que ele fosse o pai porque a menina não tinha seus traços africanos, embora, me garantiram, ela fosse mestiça e iria escurecer com a passagem das semanas. Willie pediu um exame de sangue. O homem se negou a fazê-lo, mas Jennifer confirmou que era ele o pai e isso bastava diante da lei. Do Chile, minha mãe disse que era uma loucura adotar a menina, que Willie e eu estávamos velhos demais para uma empreitada dessas, que Willie já tinha problemas suficientes com seus filhos e seu escritório; e eu escrevia e viajava sem parar.

— Essa menininha precisa ser cuidada dia e noite. Como vai fazer isso? — minha mãe me perguntou.

— Como cuidei da Paula — eu disse.

Nico e Celia vieram falar com a gente. Teu irmão, magro como uma bétula e ainda com cara de garoto, trazia um filho em cada braço. Em Celia já se notava a gravidez de seis meses; ela estava cansada e com a pele esverdeada. Fiquei surpresa de novo ao ver meu filho, que nada herdou de mim: é uma cabeça e meia mais alto que eu, equânime, de modos e sentimentos refinados, racional, com um suave senso de ironia. Tem uma inteligência original, não apenas na matemática e na ciência, que são sua paixão, mas em qualquer atividade humana. A todo momento me espanta com o que sabe e com suas opiniões. Acha soluções para todo tipo de problemas, desde um complexo programa de computação até um não menos complexo mecanismo para pendurar sem esforço uma bicicleta no teto. Pode consertar quase qualquer coisa de uso prático, e o faz com tal cuidado, que fica melhor do que em seu estado original. Nunca o vi perder o controle. Há três regras básicas que aplica em suas relações humanas: não é pessoal, cada um é responsável por seus sentimentos, a vida não é justa. Onde aprendeu isso? Com a máfia italiana, imagino: dom Corleone. Tentei em vão seguir seu caminho da sabedoria: para mim tudo é pessoal, me sinto responsável pelos sentimentos dos outros, inclusive no caso de gente que mal conheço, e carrego mais de sessenta anos de frustração porque não posso aceitar que a vida seja injusta.

Você teve pouco tempo para conhecer bem tua cunhada e acho que não simpatizava muito com ela, porque você era muito severa. Eu mesma me intimidava um pouco, minha filha. Agora posso te dizer. Teus julgamentos costumavam ser lapidares e definitivos. Além disso, Celia chocava de propósito, como se se esmerasse em deixar todo mundo de boca aberta. Me deixe lembrar uma conversa com ela:

— Acho que deveriam mandar todos os bichas pra uma ilha e obrigar que ficassem lá. A AIDS é culpa deles — disse Celia.

— Como você pode dizer uma coisa dessas? — você retrucou, espantada.

— Por que temos que pagar pelos problemas dessa gente?

— Que ilha? — perguntou Willie, pra chatear.

— Não sei, as Farallones, por exemplo.

— As Farallones são muito pequenas.

— Qualquer ilha! Uma ilha gay onde possam dar o rabo até morrerem!

— E o que comeriam?

— Que plantem seus próprios vegetais e criem suas galinhas! Ou usamos dinheiro dos impostos para fazer uma ponte aérea.

— Teu inglês melhorou muito, Celia. Agora consegue articular tua intolerância com perfeição — comentou meu marido com um sorriso amplo.

— Obrigada, Willie — respondeu ela.

E assim continuou a sobremesa, até que você se foi, indignada. Certo, Celia costumava se expressar de maneira um pouco atrevida, pelo menos para a Califórnia, mas era necessário compreender que estivera vários anos no Opus Dei e que vinha da Venezuela, onde ninguém tem papas na língua para dizer o que lhe dá na telha. Celia é inteligente e contraditória, tem uma tremenda energia e um humor irreverente que, traduzido no seu inglês limitado daquela época, costumava causar estragos. Trabalhava como minha assistente, e mais de um jornalista ou visitante desprevenido saiu de meu escritório desconcertado com as brincadeiras de minha nora. Quero te contar uma coisa que talvez não saiba, filha: ela cuidou de você durante meses com a mesma ternura que dedicava aos filhos, esteve ao teu lado em tuas últimas horas, me ajudou a preparar teu corpo nos rituais íntimos da morte e ficou com você esperando um dia e uma noite, até que chegassem Ernesto e o resto da família, que vieram de longe. Queríamos que você os recebesse em tua cama, em nossa casa, para a despedida final.

Mas voltemos a Sabrina. Nico e Celia se reuniram com a gente na sala, e dessa vez ela ficou muda, com os olhos cravados nos pés enfiados em meias tricotadas de lã e sandálias franciscanas, enquanto ele tomava a palavra. Começou pelo mesmo ponto que minha mãe já tinha abordado: que Willie e eu não estávamos em idade de criar um bebê, que, quando Sabrina fizesse 15 anos, eu teria 66, e ele, 71.

— Willie não é um gênio para educar filhos, e você, mamãe, está tentando substituir Paula por uma menininha doente. Seria capaz de agüentar outra perda se Sabrina não sobreviver? Acho que não. Mas nós somos jovens e podemos fazer isso. Já conversamos e estamos dispostos a adotar Sabrina — concluiu meu filho.

Willie e eu ficamos mudos por um longo minuto.

— Logo vocês vão ter três crianças... — consegui dizer finalmente.

— Mais uma listra no tigre... — murmurou Celia.

— Obrigada, muito obrigada, mas isso seria uma loucura. Vocês têm sua própria família e devem abrir caminho neste país, o que não será fácil. Não podem se ocupar de Sabrina, isso é com a gente.

Mas os dias passavam e as pesadas engrenagens da lei seguiam seu inexorável curso às nossas costas. A assistente social encarregada do caso, Rebeca, parecia muito jovem, mas era uma mulher de grande experiência. Seu trabalho não era nada invejável: ela tinha de lidar com crianças que sofreram abuso e negligência, iam de uma instituição para outra, eram adotadas e depois devolvidas; crianças aterrorizadas ou cheias de raiva; crianças delinqüentes ou tão traumatizadas que nunca teriam uma vida mais ou menos normal. Rebeca lutava contra a burocracia, a indolência das instituições, a falta de recursos, a irremediável maldade alheia e, principalmente, lutava contra o tempo. As horas não eram suficientes para ela estudar os casos, visitar as crianças, resgatá-las do perigo mais urgente, instalá-las num abrigo temporário, protegê-las, seguir-lhes a pista. Os próprios garotos passavam por seu escritório às vezes, com problemas que iam piorando com os anos. Nada se resolvia, só se protelava. Depois de ler o relatório que tinha sobre sua escrivaninha, Rebeca decidiu que, quando Sabrina saísse do hospital, iria para uma casa estatal especializada em crianças com problemas graves de saúde. Preencheu os documentos necessários, que passaram de escrivaninha em escrivaninha até chegar ao juiz pertinente, e este os assinou. A sorte de Sabrina estava lançada. Quando eu soube, voei ao escritório de Willie, arranquei-o de uma reunião e lhe despejei uma saraivada em espanhol que quase o deixou zonzo para lhe exigir que fosse naquele instante falar com o tal juiz, entrasse com um processo se necessário, porque, se colocassem Sabrina num hospital para bebês, ela morreria de qualquer jeito. Willie entrou em ação, e eu fui para casa esperar os resultados, tremendo.

Essa noite, muito tarde, meu marido voltou com mais dez anos sobre as costas. Nunca o tinha visto tão vencido, nem mesmo quando tivera que resgatar Jennifer de um motel onde estava morrendo, cobri-la com seu casaco e levá-la a esse hospital onde a recebera o doutor filipino. Ele me contou que falara com o juiz, com a assistente social, com os médicos, até com um psiquiatra, e todos concordavam que a saúde da menina era frágil demais. "Não podemos ficar com ela, Isabel. Não temos energia para cuidar dela, nem forças para suportar sua morte. Eu não sou capaz disso", concluiu, com a cabeça entre as mãos.

CIGANA DE CORAÇÃO

◈

Willie e eu tivemos uma dessas brigas que fazem história na vida de um casal e merecem nome próprio — feito "guerra de Arauco", como ficou conhecida na família uma que fez com que meus pais andassem armados durante quatro meses —, mas agora, quando se passaram muitos anos e posso olhar para trás, dou razão a Willie. Se houver espaço, contarei outros torneios épicos em que nos enfrentamos, mas acho que nenhum foi tão violento como o de Sabrina, porque foi um choque de personalidades e culturas. Não quis ouvir seus argumentos, me fechei numa raiva surda contra o sistema legal, o juiz, a assistente social, os norte-americanos em geral e Willie em particular. Nós dois fugimos de casa; ele ficava trabalhando em seu escritório até bem tarde, e eu peguei uma mala e fui para a casa de Tabra, que me recebeu sem alarde.

A gente se conhecia há anos. Tabra foi a primeira amiga que fiz ao chegar à Califórnia. Um dia, ela foi pintar os cabelos de cor de berinjela, como se usava naquela época, e a cabeleireira comentou que uma semana antes havia aparecido uma nova cliente que queria a mesma cor, dois casos únicos em sua longa carreira profissional. Acrescentou que se tratava de uma chilena que escrevia livros e lhe disse meu nome. Tabra havia lido *A casa dos espíritos* e lhe pediu que a avisasse na próxima vez em que eu aparecesse no salão, pois desejava me conhecer. Isso aconteceu logo em seguida, porque me cansei da cor antes do esperado; eu parecia um palhaço molhado. Tabra se apresentou com meu livro para que eu o autografasse e teve a surpresa de ver que eu usava brincos feitos por ela. Estávamos destinadas a simpatizar uma com a outra, como disse a cabeleireira.

Essa mulher vestida com saias rodadas de cigana, os braços cobertos do punho ao cotovelo com pulseiras de prata e o cabelo de uma cor impossível me serviu de modelo para a personagem Tamar em *O plano infinito*. Criei Tamar com Carmen, uma amiga de infância de Willie, e com Tabra, de quem roubei a personalidade e parte da biografia. Como Tabra herdou de seu pai uma impecável retidão moral, não perde uma oportunidade de esclarecer que nunca se deitou com Willie, comentário que parece totalmente desnecessário aos que não leram meu romance. Sua casa, de um andar, de madeira, com tetos altos e grandes janelas, era um museu de objetos extraordinários de diversos cantos do planeta, cada um com sua história: cabaças para proteger o pênis trazidas da Nova Guiné, máscaras cabeludas da Indonésia, esculturas ferozes da África, pinturas oníricas dos aborígines australianos... A propriedade, que dividia com veados, guaxinins, raposas e a variedade completa de aves da Califórnia, consistia em trinta hectares de natureza selvagem. Silêncio, umidade, cheiro de madeira, um paraíso obtido apenas com seu esforço e talento.

Tabra cresceu no seio do cristianismo fanático do sul do país. A Igreja de Cristo era a única verdadeira. Os metodistas faziam o que lhes dava na veneta, os batistas seriam condenados porque tinham um piano na igreja, os católicos não contavam — apenas os mexicanos eram católicos, e não era garantido que os mexicanos tivessem alma —, e das outras denominações nem valia a pena falar porque seus rituais eram satânicos, como se sabia. Estavam proibidos o álcool, a dança e a música, nadar com seres de outro sexo, e me parece que também o fumo e o café, mas não tenho certeza. Tabra terminou sua educação no Abilene Christian College, onde lecionava seu pai, um professor doce e de mente aberta, apaixonado pela literatura judaica e afro-americana, que navegava como podia contra a censura das autoridades do colégio. Sabia como sua filha era rebelde, mas não esperava que fugisse com um namorado secreto aos 17 anos, um estudante de Samoa, o único de pele escura, cabelo e olhos negros naquela instituição de brancos. Naqueles tempos, o jovem de Samoa ainda era magro e bonito, pelo menos aos olhos de Tabra, e não havia dúvidas sobre sua inteligência, porque até aquele momento ele era o único habitante da ilha que havia recebido uma bolsa.

A dupla se mandou de noite para outra cidade, onde o juiz de paz se negou a uni-los porque os casamentos de brancos com negros eram ilegais, mas Tabra o convenceu de que os polinésios não são negros e, além disso, ela estava grávida. Contrariado, o juiz concordou. Nunca ouvira falar de Samoa, e a infeliz criatura de sangue misto que ela tinha no ventre lhe pareceu uma razão de peso para legitimar aquela união absurda. "Tenho pena de seus pais, minha filha", disse em vez de abençoar o casal. Nessa mesma noite, o flamante marido tirou o cinto e surrou Tabra até deixá-la ensangüentada porque tinha se deitado com um homem antes de se casar. O fato indiscutível de que esse homem era ele mesmo não atenuava em nada a condição de puta. Essa foi a primeira de incontáveis surras e violações que, segundo os dirigentes da Igreja de Cristo, ela devia suportar, porque Deus não aprova o divórcio e porque esse era o castigo por ter se casado com alguém de outra raça, perversão proibida pela Bíblia.

Tiveram um menino bonito chamado Tongi, que na língua de Samoa quer dizer "pranto", e o marido levou sua pequena e aterrorizada família à sua aldeia natal. Tabra foi bem recebida naquela ilha tropical, onde os norte-americanos tinham uma base militar e um destacamento de missionários. Era a única branca no clã do marido, e isso lhe dava uma situação de certo privilégio, mas não impedia as surras diárias que ele lhe dava. A nova parentela de Tabra consistia nuns vinte gigantes roliços e morenos que lamentavam em coro sua aparência desnutrida e pálida. A maioria deles, especialmente seu sogro, a tratava com muito carinho e reservava para ela as melhores iguarias da janta comunitária: cabeças de peixe com olhos, ovos fritos com embriões de pintos e um delicioso pudim que preparavam mastigando uma fruta e cuspindo a papa num recipiente de madeira, onde fermentava ao sol. Às vezes, as mulheres conseguiam pegar o pequeno Tongi e levá-lo correndo para escondê-lo da fúria do pai, mas não podiam defender sua mulher.

Tabra nunca se acostumou ao medo. Não havia regras em seu tormento, nada que ela fizesse ou deixasse de fazer o evitava. Por fim, depois de uma esfrega homérica, seu marido foi parar na cadeia por uns dias, momento que os missionários aproveitaram para ajudar Tabra a fugir com seu filho de volta para o Texas. A Igreja a repudiou, ela não conseguiu um trabalho decente, e a única pessoa que a ajudou foi seu pai. O divórcio resolveu as coisas, e ela não voltou a ver seu verdugo por quinze anos. Mas, então, depois de muitos anos de terapia, conseguiu perder o medo dele. O homem, que havia voltado aos Estados Unidos e se transformara num pregador evangélico, verdadeiro açoite de pecadores e descrentes, nunca mais se atreveu a molestá-la.

Na década de 1960, Tabra não suportou a vergonha da guerra do Vietnã e partiu com seu filho para diferentes países, onde ganhava a vida ensinando inglês. Em Barcelona, estudou joalheria, e, pelas tardes, passeava pelas Ramblas para observar os ciganos, que inspiraram seu estilo. No México, trabalhou numa oficina de ourivesaria, e, em pouco tempo, criava e fabricava suas próprias jóias. Esse, e nenhum outro, seria seu ofício pelo resto de sua vida. Depois da derrota dos norte-americanos no Vietnã, Tabra voltou a seu país, e a época dos hippies a surpreendeu nas coloridas ruas de Berkeley vendendo brincos, colares e pulseiras de prata, junto com outros artistas paupérrimos. Nesses tempos, ela dormia em seu maltratado automóvel e usava os banheiros da universidade, mas seu talento a distinguiu entre os demais artesãos e logo pôde deixar a rua, alugar um ateliê e contratar seus primeiros ajudantes. Ao fim de alguns anos, quando a conheci, tinha uma empresa modelo instalada numa verdadeira caverna de Ali Babá, repleta de pedras preciosas e objetos de arte. Mais de cem pessoas trabalhavam com ela, quase todas refugiadas asiáticas. Algumas haviam sofrido o inimaginável, como era evidente por suas cicatrizes horrorosas e seus olhares fugidios. Pareciam gente muito doce, mas, sob a superfície, elas deviam ocultar um desespero vulcânico. Dois homens, em duas ocasiões diferentes, enlouquecidos pelos ciúmes, compraram uma metralhadora, aproveitando as facilidades que existem neste país para se montar um arsenal, e mataram todos os parentes de suas esposas. Em seguida, arrebentaram os miolos. Tabra comparecia a esses funerais por atacado de seus empregados e depois tinha que "limpar" o ateliê, realizando as cerimônias necessárias para que os fantasmas ensangüentados não acossassem a imaginação dos que haviam permanecido vivos.

O rosto de Che Guevara, com sua irresistível simpatia e sua boina negra sobre a testa, sorria em pôsteres nas paredes do ateliê. Numa viagem que Tabra fez a Cuba com seu filho Tongi, foi com o ex-chefe dos Panteras Negras ao monumento do Che em Santa Clara; levava as cinzas de um amigo que amara por vinte anos sem confessar a ninguém, e, ao chegar ao topo, as espalhou ao vento. Assim realizou seu sonho de ir a esse país mítico. A ideologia de minha amiga está bem mais à esquerda que a de Fidel Castro.

— Você está presa às idéias dos anos 60 — eu disse a ela uma vez.

— Com muita honra — respondeu.

Os amores de minha bela amiga são tão originais como suas vestes de pitonisa, seus cabelos incendiários e sua posição política. Anos de terapia ensinaram-lhe a evitar os homens que podem se tornar violentos, como seu marido de Samoa. Jurou que não se deixaria surrar nunca mais, mas se excita fazendo piruetas na beira do abismo. É atraída apenas pelos machos vagamente perigosos e não gosta dos de sua própria raça. Seu filho, Tongi, que se transformou num homenzarrão muito bonito, não quer saber dos dissabores sentimentais de sua mãe. Houve anos em que Tabra chegou a ter 150 encontros às cegas mediante anúncios pessoais nos jornais, mas poucos foram além do primeiro café. Depois se modernizou e agora é assinante de várias agências na internet com diferentes especialidades: "Democratas solteiros", que, pelo menos, têm em comum o ódio ao presidente Bush; "Amigos", só para latinos, de quem Tabra gosta, embora a maioria necessite de visto e tente convertê-la ao catolicismo; e "Verdes Solteiros", que amam a Mãe Terra e não dão importância aos bens materiais; portanto, não trabalham. Chegam para ela solicitações de garanhões muito jovens com a pretensão de serem mantidos por uma dama madura. As fotos são eloqüentes: pele morena e acetinada, torso nu e os primeiros centímetros da braguilha abertos, revelando os pêlos do púbis. O tom dos diálogos por e-mail é mais ou menos assim:

    TABRA: Tenho uma regra: não saio com homens mais jovens que meu neto.

    RAPAZ: Tenho idade de sobra pra foder.

    TABRA: Você se atreveria a falar assim com a sua própria avó?

Se aparece alguém de uma idade mais apropriada para ela, acaba sendo um democrata que vive com a mãe e guarda suas economias em forma de barras de prata sob o colchão. Não exagero: barras de prata, como as dos piratas do Caribe. É curioso que esse democrata estivesse disposto a divulgar, no primeiro — e único — encontro, uma informação tão privada como o lugar onde escondia seu capital.

— Não tem medo de sair com estranhos, Tabra? Pode topar com um criminoso ou um pervertido — comentei quando me apresentou um sujeito com cara de bandido, cujo único atrativo consistia em usar uma boina de comandante cubano.

— Parece que preciso de mais uns anos de terapia — admitiu minha amiga, nessa ocasião.

Fazia pouco, contratara um pintor de parede. Tinha cabeleira negra, como ela gosta, por isso o convidou para se refrescar com ela na jacuzzi. Péssima idéia, porque o pintor começou a tratar Tabra como marido; ela pedia que ele pintasse a porta, e ele respondia: "Sim, querida", com tédio profundo. Um dia, acabou o solvente e ele anunciou que necessitava de uma hora de meditação e um fininho de maconha para entrar em contato com seu espaço interno. Por aí, Tabra já estava cheia da cabeleira negra e respondeu que ele tinha uma hora para pintar o espaço interno da casa e dar o fora. O rapaz já não estava lá quando cheguei com a minha mala.

Na primeira noite, jantamos uma sopa de peixe, a única receita que minha amiga conhece, além de aveia com leite e pedaços de banana, e nos metemos na jacuzzi, um banheirão de madeira escorregadiça, escondido sob as árvores, que tinha um cheiro nauseabundo porque um zorrilho desgraçado tinha caído ali dentro e cozinhara em fogo brando durante uma semana antes de ser descoberto. Foi ali que descarreguei minha frustração como um saco de pedras.

— Quer a minha opinião? — disse Tabra. — Sabrina não vai consolar você, o luto exige tempo. Você está muito deprimida, não tem nada a oferecer a essa menininha.

— Posso oferecer mais do que ela terá numa instituição para crianças doentes.

— Vai fazer tudo sozinha, porque Willie não te acompanhará nisso. Não sei como você pensa se ocupar de seu filho e de seus netos, continuar escrevendo e, além disso, criar uma menina que precisa de duas mães.

O PODEROSO CÍRCULO DAS BRUXAS

❧

Amanheceu um sábado radiante. A primavera já era verão na mata de Tabra, mas eu não quis ir caminhar com ela, como sempre fazíamos nos fins de semana. Em compensação, liguei para as cinco mulheres que formam comigo o círculo das Irmãs da Perpétua Desordem. Antes que eu me incorporasse ao grupo, elas se reuniam havia anos para compartilhar suas vidas, meditar e orar pelas pessoas doentes ou em apuros. Agora que sou uma delas, também trocamos maquiagem, bebemos champanhe, nos fartamos de bombons e, às vezes, vamos à ópera, porque a prática espiritual em seco me deprime um pouco. Fazia um ano que eu as havia conhecido, no dia em que os médicos na Califórnia me confirmaram teu diagnóstico sem esperança, Paula, o mesmo que me deram na Espanha. Não havia nada a fazer, eles me disseram, você nunca se recuperaria. Fui embora uivando de dor no carro e não sei como acabei em Book Passage, minha livraria favorita, onde dou muitas entrevistas e, inclusive, me instalaram uma caixa de correio. Lá se aproximou de mim uma senhora, japonesa, baixinha como eu, e com um sorriso íntimo, que me convidou a tomar uma xícara de chá. Era Jean Shinoda Bolen, psiquiatra e autora de vários livros. Reconheci na hora seu nome porque acabara de ler o livro dela sobre as deusas que habitam em cada mulher e como esses arquétipos influenciam na personalidade. Assim descobri que habita em mim um redemoinho de deidades contraditórias que é melhor não explorar. Sem nunca tê-la visto antes, contei a ela o que acontecia com você. "Vamos rezar por sua filha e por você", me disse. Um mês mais tarde, ela me convidou para seu "círculo de oração", e foi assim que essas novas amigas me acompanharam durante a tua agonia e a tua morte, e continuam fazendo-o até hoje. Para mim é uma irmandade selada no céu. Todas as mulheres deveriam ter um círculo como este. Cada uma é testemunha da vida das outras, guardamos nossos segredos, nos ajudamos nas dificuldades, compartilhamos experiências e estamos em contato quase diário por e-mail. Por mais longe que eu esteja, em viagens, sempre tenho um pé em terra firme: minhas amigas da desordem. São alegres, sábias e curiosas. Às vezes, a curiosidade é temerária, como no caso da própria Jean, que, numa cerimônia espiritual, sentiu um impulso incontrolável, tirou os sapatos e caminhou sobre brasas. Passou duas vezes pelo fogo e saiu ilesa. Disse que foi como andar sobre bolinhas de plástico, sentia ranger as brasas e a textura áspera do carvão sob seus pés.

Durante a longa noite na casa de Tabra, com o sussurro das árvores e o pio da coruja, me ocorreu que as irmãs da desordem poderiam me ajudar. Nós nos reunimos para o café-da-manhã num restaurante cheio de atletas de fim de semana, uns com tênis de corrida e outros fantasiados de marcianos para andar de bicicleta. Sentamos a uma mesa redonda, respeitando sempre a idéia do círculo. Éramos seis bruxas cinqüentonas: duas cristãs, uma budista autêntica, duas judias de origem mas meio budistas por escolha, e eu, que ainda não me decidi, unidas pela mesma filosofia, que pode ser resumida em duas frases: "Jamais causar dano, e fazer o bem sempre que possível." Entre goles de café, contei a elas o que acontecia em minha família e encerrei com a frase de Tabra, que ficara ecoando em mim: "Sabrina precisa de duas mães." "Duas mães?", repetiu Pauline, uma das meio judias-budistas e advogada de profissão. "Eu conheço duas mães!" Ela se referia a Fu e Grace, duas mulheres que formavam um casal havia oito anos. Pauline foi fazer uma chamada; nesta época, ainda não havia os celulares. No outro lado da linha, Grace ouviu a descrição de Sabrina. "Vou falar com Fu e te ligo em dez minutos", disse. "Dez minutos... É preciso estar mal da cabeça ou ter o coração grande como o mar para decidir semelhante coisa em dez minutos", pensei, mas, antes que o prazo acabasse, tocou o telefone do restaurante e Fu nos anunciou que queriam conhecer a menina.

Fui buscá-las, contornando o topo das colinas em direção ao mar por uma longa estrada cheia de curvas que me levou a uma bela chácara. Dissimuladas entre pinheiros e eucaliptos erguiam-se várias construções de madeira em estilo japonês: o Centro de Zen-Budismo. Fu é alta, com um rosto inesquecível, de feições fortes, e uma sobrancelha levantada que lhe dá uma expressão interrogativa. Estava vestida com uma roupa de cor escura, e tinha a cabeça raspada como uma recruta. Era monja budista, diretora do centro. Vivia numa casinha de bonecas com sua companheira, Grace, uma médica com cara de garota travessa e uma simpatia irresistível. No carro, contei a elas o calvário que havia sido a existência de Jennifer, os problemas da menina e o péssimo prognóstico dos especialistas. Não pareceram impressionadas. Apanhamos a mãe de Jennifer, primeira mulher de Willie, que havia conhecido Fu e Grace no centro budista, e fomos as quatro para a clínica.

No berçário, encontramos Odilia, a mesma enfermeira das mil trancinhas, com Sabrina nos braços. Ela já me havia sugerido, numa visita anterior, que queria adotá-la. Grace estendeu as mãos e a mulher lhe entregou o bebê, que nesses dias parecia ter perdido peso e tremia mais que antes, mas estava desperto. Os grandes olhos egípcios olharam Grace longamente e depois se cravaram em Fu. Não sei o que esse primeiro olhar disse para elas, mas foi definitivo. Sem consultas, numa só voz, as duas mulheres decidiram que Sabrina era a filha que ambas desejaram a vida toda.

Faz muitos anos que faço parte do círculo das Irmãs da Perpétua Desordem, e durante esse tempo presenciei vários prodígios feitos por elas, mas nenhum de tão longo alcance como o de Sabrina. Não só conseguiram duas mães, como desenredaram a maçaroca burocrática para que Fu e Grace pudessem ficar com a menina. Nessa época, o juiz já havia estampado sua assinatura nos documentos pertinentes, e Rebeca, a assistente social, dera o caso por encerrado. Quando fomos dizer que existia outra solução, ela nos informou que Fu e Grace não tinham licença, deviam ter aulas e fazer um treinamento especial para poderem ser mães adotivas; além do mais, não eram um casal convencional, viviam em outro condado e "o caso" não podia ser transferido. Embora Jennifer tivesse perdido a custódia da filha, sua opinião também contava, acrescentou. "Sinto muito, não tenho tempo para me ocupar mais com uma coisa que já está resolvida", disse. A lista de obstáculos prosseguia, mas não me lembro dos detalhes, até que no fim da entrevista, quando já nos retirávamos, derrotadas, Pauline pegou Rebeca firmemente por um braço.

— Você suporta uma carga muito pesada, te pagam muito pouco e sente que teu trabalho é inútil, porque nos anos em que está neste emprego não conseguiu salvar as crianças infelizes que passam por este escritório — disse, sondando o fundo da alma dela. — Mas, acredite, Rebeca, você pode ajudar Sabrina. Talvez seja a única oportunidade de fazer um milagre.

No dia seguinte, Rebeca deu um jeito de botar a burocracia de pernas pro ar, recuperar os documentos, modificar o necessário e convencer o juiz de que assinasse de novo, transferir os arquivos para outro condado e diplomar Fu e Grace como mães adotivas num piscar de olhos. A mesma mulher que um dia antes parecia indignada com a nossa insistência, se transformou num radiante torvelinho que varreu os inconvenientes e, com um traço de sua pena mágica, decidiu o destino de Sabrina.

— Eu disse, esta menina é uma alma antiga e poderosa. Ela toca as pessoas e as modifica. Tem muita força mental e sabe o que quer — comentou Odilia, duas semanas mais tarde, quando entregou Sabrina a suas novas mães.

Assim, da maneira mais inesperada, se resolveu a briga monumental entre mim e Willie. Nós nos perdoamos mutuamente, tanto minhas dramáticas acusações como o silêncio emburrado dele, e pudemos nos abraçar e chorar de alegria porque aquela neta havia encontrado seu ninho. Enquanto isso, Fu e Grace levaram aquela ratinha de grandes olhos sábios, e o círculo de minhas amigas pôs em marcha o poderoso mecanismo de suas melhores intenções para ajudá-la a viver. Em cada altar doméstico estava a foto da menina, e não passava um só dia sem que alguém tivesse um pensamento por ela. Uma irmã da desordem foi viver em outra cidade, então convidamos Grace para substituí-la no grupo, depois de comprovar que tinha suficiente senso de humor. No Centro de Zen-Budismo havia, pelo menos, cinqüenta pessoas que rogavam por Sabrina em suas meditações e se alternavam para embalá-la, enquanto as duas mães lutavam com os intermináveis problemas de saúde dela, que surgiam a todo momento. Durante os primeiros meses, foram necessárias cinco horas para lhe dar os sessenta mililitros de leite com um conta-gotas. Fu aprendeu a adivinhar os sintomas de cada crise antes que se apresentasse, e Grace, como médica, contava com mais recursos que ninguém.

— Estas mulheres são gays? — perguntou minha nora, que me avisara várias vezes que não podia ficar sob o mesmo teto com alguém cujas preferências sexuais não combinavam com as dela.

— Claro, Celia.

— Mas uma é monja!

— Budista. Não fez voto de celibato.

Celia não disse mais nada, mas estava tão impressionada com Fu e Grace, a quem chegou a conhecer a fundo, que acabou duvidando de suas próprias convicções. Renunciara à religião fazia muito tempo e já não tinha medo da frigideira do diabo, mas a homossexualidade era o seu tabu mais forte. Por fim, ligou para Fu e Grace, pediu perdão pelas ofensas do passado e passou a visitá-las com freqüência, acompanhada de seus filhos e de seu violão para ensinar a elas os rudimentos do ofício da maternidade e alegrá-las com canções venezuelanas. Cuidadosas do meio ambiente, as novas mães pretendiam criar Sabrina com fraldas de tecido, mas antes de uma semana tiveram que aceitar as descartáveis que Celia lhes deu. Era preciso estar louco para voltar ao sistema antigo de lavar fraldas à mão. No Centro de Zen-Budismo não há máquina de lavar, tudo é orgânico e difícil. Fu, Grace e Celia se tornaram amigas, e Celia começou a mostrar interesse pelo budismo, o que me alarmou, porque ela costumava ir de um extremo a outro.

— É uma religião muito legal, Isabel. A única coisa estranha é que os budistas só comem vegetais, como os burros.

— Não quero ver você com a cabeça raspada e meditando na posição de lótus até que termine de criar os filhos — adverti.

DIAS DE LUZ E DE LUTO

⁂

Celia teve Nicole em setembro com a mesma calma com que recebeu Andrea dezesseis meses antes. Suportou um parto de dez horas sem uma queixa, amparada por Nico, enquanto eu os observava, pensando que meu filho já não era o garotinho que eu continuava tratando como se fosse meu, mas um homem que assumia calmamente a responsabilidade de uma mulher e três filhos. Celia, calada e pálida, andava entre as contrações, sofrendo, diante de nosso olhar impotente. Quando sentiu que chegava ao final, se estendeu na cama, coberta de suor, tremendo, e disse uma coisa que nunca esquecerei: "Não trocaria este momento por nada." Nico a segurou quando apareceu a cabeça da menina, seguida pelos ombros e o resto do corpo. Minha neta aterrissou em minhas mãos, molhada, escorregadia, ensangüentada, e voltei a sentir a mesma epifania do dia em que Andrea nasceu e da noite inesquecível em que você foi embora para sempre. O nascimento e a morte se parecem muito, filha, são momentos sagrados e misteriosos. A parteira me entregou a tesoura para cortar o grosso cordão umbilical e Nico pôs a menina no peito da mãe. Era uma gordinha de concreto armado, que se agarrou ao mamilo com avidez, enquanto Celia lhe falava nesse idioma único que as mães, aturdidas pelo esforço e o súbito amor, costumam empregar com os recém-nascidos. Todos nós havíamos esperado essa menina como um presente; ela trazia um sopro de redenção e alegria, pura luz.

Nicole começou a berrar mal se deu conta de que já não estava dentro de sua mãe e não se calou durante seis meses. Seus uivos descascavam a pintura das paredes e destruíam os nervos dos vizinhos. Vovó Hilda, tua avó postiça, que havia me acompanhado durante mais de trinta anos, e Ligia, uma senhora nicaragüense, que cuidara de você e que contratei para nos ajudar, ninavam Nicole dia e noite, única forma de calá-la por alguns minutos. Ligia deixara cinco filhos em seu país para trabalhar nos Estados Unidos e assim poder mantê-los. Passara vários anos sem vê-los e não tinha esperança de se reunir com eles num futuro próximo. Durante meses e meses, as boas mulheres se instalaram com a garotinha num berço em meu escritório, enquanto Celia e eu trabalhávamos. Eu temia que, de tanto embalar minha neta, deslocassem o cérebro dela e a deixassem abilolada. Nicole se acalmou só quando começaram a lhe dar leite em pó e sopa. Acho que a causa de seu desespero era pura fome. Enquanto isso, Andrea organizava compulsivamente seus brinquedos e falava sozinha. Quando se chateava, pegava seu "tuto" nojento, anunciava que ia para a Venezuela, se encolhia dentro de um armário e fechava a porta. Tivemos que fazer um furo no móvel para que entrasse um raio de luz e um pouco de ar, porque minha neta podia passar meio dia trancada sem um pio num espaço do tamanho de uma gaiola de galinha. Depois que a operaram do estrabismo, teve de usar óculos e um curativo preto que mudava toda semana de um olho para outro. Para que não tirasse os óculos, Nico criou uma geringonça de seis elásticos e outras tantas presilhas que se cruzavam sobre a cabeça. Ela a tolerava a maior parte do tempo, mas, às vezes, tinha ataques de raiva e puxava os elásticos até que conseguia descê-los à altura das fraldas. A propósito, por um breve período tivemos três crianças de fraldas, o que representa muitas fraldas. Nós as comprávamos por atacado, e o sistema mais conveniente era trocar as três crianças simultaneamente, necessitassem ou não. Celia ou Nico alinhavam as fraldas abertas no chão, colocavam as crianças em cima e limpavam o traseiro delas em série, como numa linha de montagem. Eram capazes disso com uma das mãos, enquanto usavam a outra para telefonar, mas eu não tinha essa habilidade e ficava lambuzada até as orelhas. Também lhes davam banho e comida com o mesmo método em série: Nico se metia no chuveiro com elas, ensaboava-as, lavava-lhes os cabelos, enxaguava-as e ia passando uma por uma para que Celia as recebesse com uma toalha.

— Você é uma mãe muito boa, Nico — eu disse um dia, admirada.

— Não, mamãe. Sou um bom pai — respondeu.

Mas eu nunca tinha visto um pai como ele, e até agora não entendo como aprendeu o ofício.

Estava dando os retoques finais em meu livro *Paula*, nas últimas páginas, que me custaram muito. Acabava com tua morte, não podia ter outro final, mas eu não conseguia me lembrar direito dessa longa noite, que estava envolta em bruma. Achava que teu quarto se encheu de gente; pensava ter visto Ernesto com sua roupa branca de aiquidô, meus pais, Granny, tua avó que tanto gostava de você, morta no Chile havia muitos anos, e outras pessoas que não podiam ter estado ali.

— Você estava muito cansada, mamãe, não pode se lembrar dos detalhes, nem eu mesmo me lembro — me desculpou Nico.

— E que importam esses detalhes? Escreva com o coração. Você viu o que nós não podíamos ver. Talvez o quarto estivesse cheio de espíritos — acrescentou Willie.

Abri a urna de cerâmica em que nos entregaram tuas cinzas, que mantinha sempre sobre a mesa de escrever, a mesma mesa onde minha avó dirigia suas sessões de espiritismo. Às vezes, tirava de dentro umas cartas e algumas fotos tuas anteriores à desgraça, mas não tocava em outras em que você aparece amarrada na cadeira de rodas, inerte. Nunca mais toquei nessas, Paula. Ainda hoje, tantos anos depois, não posso te ver nesse estado. Lia tuas cartas, especialmente aquele testamento espiritual, com as disposições em caso de morte, que você escreveu na lua-de-mel. Nesse tempo você tinha apenas 27 anos. Por que já pensava na morte? Escrevi essas memórias com muitas, muitas lágrimas.

— O que há? — me perguntava Andrea, em sua meia língua, compungida, observando-me com seu olho de ciclope.
— Nada, não, saudades da Paula.
— E por que Nicole chora? — insistia.
— Porque é muito burra.

Era a melhor resposta que me ocorria.

Como tinha acontecido antes com Alejandro, Andrea enfiara na cabeça que essa era a única razão válida para chorar. Como só dispunha de um olho, seu mundo não tinha profundidade, tudo era plano, e costumava levar tombos quase mortais. Levantava-se do chão com sangue escorrendo pelo nariz, com os óculos tortos, e explicava entre soluços que tinha saudades de sua tia Paula.

Ao terminar o livro, compreendi que tinha percorrido um caminho tortuoso e que chegava ao final despida e limpa. Nessas páginas estava tua vida luminosa e a trajetória de nossa família. A terrível confusão desse ano de tormento se dissipou: via com clareza que a minha perda não era excepcional, mas a de milhões de mães, o sofrimento mais antigo e comum da humanidade. Mandei o manuscrito aos que eram mencionados, porque me pareceu que devia lhes dar a oportunidade de revisar o que havia escrito sobre eles. Não eram muitos; omiti no livro várias pessoas que estiveram próximas de você, mas que não eram essenciais à história. Depois de lê-lo, todos responderam imediatamente, comovidos e entusiasmados, menos meu melhor amigo na Venezuela, Ildemaro, que te amava muito e não gostou de ver você exposta assim. Eu também tinha essa dúvida, porque uma coisa é escrever como catarse, para honrar a filha perdida, e outra é compartilhar o luto em público. "Podem te acusar de exibicionista, ou de utilizar essa tragédia para ganhar dinheiro, você sabe como as pessoas são", me avisou minha mãe, preocupada, embora estivesse convencida de que eu devia publicar o livro. Para evitar qualquer suspeita desse tipo, decidi que não tocaria em nenhum centavo dos direitos autorais, se houvesse algum; logo encontraria um destino altruísta para dar a eles, um destino que você aprovaria.

Ernesto vivia em Nova Jersey, onde trabalhava na mesma multinacional que o tinha empregado na Espanha. Quando trouxemos você para a minha casa, ele pediu transferência para ficar mais perto, mas não havia uma vaga disponível na Califórnia e teve de aceitar a que ofereceram em Nova Jersey. De qualquer forma, a distância era menor que de Madri. Ao receber o primeiro descosido rascunho do livro, Ernesto me telefonou chorando. Fazia um ano que estava viúvo, mas ainda não podia mencionar teu nome sem que sua voz se quebrasse. Me animou com o argumento caritativo de que você gostaria que essas memórias fossem publicadas, porque poderia consolar outras pessoas de suas perdas e dores, mas acrescentou que quase não te reconhecia nessas páginas. A história era narrada de minha estreita perspectiva. Como mãe, eu ignorava alguns aspectos de tua personalidade e de tua vida. Onde estava Paula, a amante impulsiva e brincalhona, a esposa teimosa e mandona, a amiga incondicional, a crítica mordaz? "Vou fazer uma coisa que, se Paula soubesse, me mataria", ele me anunciou, e, três dias mais tarde, o correio me trouxe uma caixa grande com a apaixonada correspondência de amor que vocês trocaram durante mais de um ano antes de se casarem. Foi um presente extraordinário, que me permitiu te conhecer melhor. Com a permissão de Ernesto, incorporei ao livro frases textuais escritas por você nessas cartas.

Enquanto eu polia a versão final, Celia se encarregou totalmente do escritório, com a blusa meio desabotoada, pronta para amamentar Nicole a qualquer instante. Não sei como podia trabalhar, porque corria com três filhos, estava fraca e sobrecarregada por uma tristeza profunda. A avó dela tinha morrido na Venezuela e ela não pôde ir se despedir, porque seu visto não lhe permitia sair e depois voltar ao país. Essa avó, brusca com todo mundo menos com ela, a criara porque, quando tinha poucos meses, seus pais foram por três anos fazer doutorado em geologia nos Estados Unidos. Quando voltaram, Celia mal reconheceu essas pessoas que, de repente, devia chamar de "mamãe" e "papai"; o norte de sua infância era a avó, com ela tinha dormido sempre, a ela confiava seus segredos, apenas com ela se sentia segura. Depois nasceram um irmão e uma irmã. Celia continuou muito unida à avó, que vivia num puxado construído junto à casa principal de seus pais. A infância numa família e num colégio do mais estrito catolicismo não deve ter sido fácil, por causa do caráter rebelde e desafiante de Celia, mas ela se submeteu a ponto de, na adolescência, se enfiar numa residência do Opus Dei, onde a penitência incluía autoflagelação e cilícios de pontas metálicas. Celia garante que nunca chegou a tais extremos, mas devia aceitar outras regras para domar a carne: obediência cega, evitar o contato com o sexo oposto, jejuar, dormir sobre uma tábua, passar horas de joelhos e outras mortificações, que eram mais freqüentes e severas para as mulheres, já que elas encarnam, desde os tempos de Eva, o pecado e a tentação.

Entre os milhares de jovens disponíveis na universidade, Celia se apaixonou por Nico, que era justamente o oposto do que seus pais desejavam como genro: chileno, imigrante e agnóstico. Nico estudou num colégio jesuíta, mas, um dia depois de fazer a primeira comunhão, anunciou que nunca mais ia botar os pés numa igreja. Eu me reuni com o reitor para explicar que tinha de tirar o garoto do colégio, mas o padre começou a rir. "Não é necessário, senhora, aqui não vamos obrigá-lo a ir a missa. Este pirralho pode mudar de opinião, não acha?" Tive de admitir que não, porque conheço muito bem meu filho: não é dos que tomam decisões precipitadas. Nico terminou sua educação no San Ignacio e cumpriu sua palavra de não pisar numa igreja, com raras exceções: seu casamento religioso com Celia e algumas catedrais que visitou como turista.

Celia não pôde acompanhar a avó em seus últimos momentos nem chorar a morte dela, porque a verdade é que você não deixou espaço para outros lutos, Paula. Nico e eu não compreendemos o tamanho da tristeza de Celia, em parte porque não conhecíamos os detalhes de sua infância e em parte porque ela a disfarçou, exibindo força. Enterrou a lembrança para chorá-la mais tarde, enquanto continuava cumprindo as mil tarefas da maternidade, do casamento, do trabalho, de aprender inglês e sobreviver na nova terra que havia escolhido. Nos poucos anos em que convivemos, aprendi a gostar dela, apesar de nossas diferenças, e, depois que você se foi, me agarrei a ela como a outra filha. Sua aparência me preocupava, tinha uma cor ruim e estava desanimada; além do mais, continuava com náuseas, como nos piores meses da gravidez. A médica da família, Cheri Forrester, que te atendeu, embora você não saiba, disse que Celia estava esgotada por ter tido três filhos seguidos, mas que não havia causa física para os vômitos, certamente eram uma resposta emocional, talvez temesse que a porfiria se repetisse em alguns de seus filhos. "Se isso continuar, teremos que interná-la numa clínica", nos avisou. Celia continuou vomitando, mas calada e às escondidas.

UMA NORA PECULIAR

Me permita retroceder cinco anos para te lembrar como tua cunhada apareceu em nossas vidas. Em 1988, eu vivia com Willie na Califórnia, você estudava na Virgínia, e Nico, sozinho em Caracas, terminava seu último ano de universidade. Por telefone, teu irmão me dissera que estava apaixonado por uma colega de aula e desejava nos visitar com ela, porque a relação era séria. Sem rodeios lhe perguntei se devia preparar um quarto ou dois, e ele me explicou, nesse tom meio irônico que você conhece tão bem, que, do ponto de vista do Opus Dei, dormir com o namorado é uma perfídia imperdoável. Os pais da garota estavam indignados com o pecado de eles viajarem juntos sem serem casados, embora ela tivesse 25 anos, e, pior ainda, ficar na casa de uma chilena divorciada, atéia, comunista e autora de livros proibidos pela Igreja: eu. "Era só o que me faltava...", pensei. Dois quartos, portanto. Dois filhos de Willie estavam vivendo na casa e minha mãe decidiu vir do Chile justamente na mesma data, de modo que improvisei um colchonete de escoteiro para Nico na cozinha. Minha mãe e eu fomos esperá-los no aeroporto e vimos surgir teu irmão, com a mesma aparência de adolescente desajeitado, em companhia de uma pessoa que avançava a passos largos, carregando nas costas o que de longe parecia uma arma, mas que de perto se revelou um estojo de violão. Imagino que, para chatear sua mãe, que tinha sido miss num concurso caribenho, Celia caminhava como John Wayne, vestia calças disformes cor de azeitona, botas de alpinista e um boné de beisebol caído sobre um olho. Era preciso olhar duas vezes para descobrir como era bonita: feições finas, olhos expressivos, mãos elegantes, quadris largos e uma intensidade da qual era difícil se esquivar. A jovem que meu filho amava vinha desafiante, como que dizendo: "Se gostam de mim, ótimo, se não, fodam-se." Ela me pareceu tão diferente de Nico que suspeitei que estava grávida e por isso planejavam um casamento às pressas, mas no fim das contas não era nada disso. Talvez ela necessitasse fugir rapidamente de seu meio, que sentia como uma camisa-de-força, e tenha se agarrado a Nico com o desespero de um náufrago.

Ao chegar em casa, teu irmão anunciou que o colchonete na cozinha era dispensável, porque as coisas tinham mudado entre eles. Então os deixei no mesmo quarto. Minha mãe me pegou por um braço e me arrastou ao banheiro.

— Se teu filho escolheu esta garota, deve ter lá seus motivos. Você só tem que gostar dela e fechar a boca.

— Mas fuma cachimbo, mamãe!

— Seria pior se fumasse ópio.

Gostar de Celia se revelou muito fácil para mim, apesar de sua atrevida franqueza e seus modos bruscos me chocarem — nós, chilenos, dizemos tudo com rodeios e andamos como que pisando em ovos. Em apenas meia hora já nos expusera suas convicções sobre raças inferiores, esquerdistas, ateus, artistas e homossexuais, todos depravados. Me pediu que avisasse se alguém em qualquer dessas categorias aparecesse de visita, pois preferia não estar presente, mas nessa mesma noite nos fez rir com essas piadas picantes que não ouvíamos desde os tempos descontraídos da Venezuela, onde, ainda bem, não existe o conceito do "politicamente correto" e a gente pode gozar com o que nos dá na veneta, e depois tirou o violão do estojo e cantou para nós, com uma voz comovedora, as melhores canções de seu repertório. Ela nos conquistou.

Pouco depois, Celia e Nico se casaram em Caracas, numa cerimônia demorada em que você acabou com náuseas no banheiro, acho que de puro ciúme, porque perdia a exclusividade de teu irmão, e minha família se retirou cedo porque não nos encaixávamos ali. Não conhecíamos quase ninguém, e Nico tinha avisado que os parentes de sua mulher não simpatizavam com a gente: éramos refugiados políticos, tínhamos fugido da ditadura de Pinochet, portanto, devíamos ser comunistas, não tínhamos dinheiro suficiente ou posição social e não pertencíamos ao Opus Dei, nem mesmo éramos católicos praticantes. Os recém-casados se instalaram na casa que eu havia comprado quando vivia em Caracas, grande demais para eles. Alejandro, teu primeiro sobrinho, nasceu um ano depois. Saí desabalada de San Francisco, viajei muitas horas contando os minutos, tremendo de expectativa, e pude vê-lo recém-nascido, cheirando a leite materno e talco, enquanto, com o rabo do olho, examinava minha nora e meu filho com crescente admiração. Eram duas crianças brincando de boneca. Teu irmão, que pouco antes era um rapaz inconsciente que arriscava a pele escalando montanhas ou nadando com tubarões em mar aberto, agora trocava fraldas, preparava mamadeiras e fazia panquecas para o café-da-manhã, lado a lado com sua mulher.

O único problema da existência desse casal era que uma quadrilha havia marcado a casa. Tinham entrado muitas vezes para roubar, tinham levado três carros da garagem e de nada mais serviam os alarmes, as grades nas janelas nem as cercas elétricas, capazes de assar um gato distraído se roçasse os bigodes nelas. Cada vez que chegavam da rua, Celia permanecia no carro com o bebê no colo e o motor ligado, enquanto Nico desembarcava com uma pistola na mão, como nos filmes, para percorrer a casa de cima a baixo e se certificar de que não havia nenhum bandido escondido em algum canto. Viviam assustados, coisa muito conveniente para mim, porque não me custou nada convencê-los a se mudarem para a Califórnia, onde estariam seguros e contariam com ajuda. Com Willie, preparamos para eles um apartamento encantador, uma água-furtada de boêmios num prédio encarapitado num morro, com uma vista panorâmica da baía de San Francisco. Era um terceiro andar sem elevador, mas ambos eram fortes e voariam pelas escadas com as tralhas do menino, com as compras e os sacos de lixo. Esperei por eles com o nervosismo de uma noiva, disposta a sentir o gostinho de minha recente condição de avó. Mais de uma vez me enfiei no quarto reservado a Alejandro, depois de dar corda nos móbiles pendurados no teto e nas caixas de música, para cantar em sussurro as canções de ninar que havia aprendido quando você e seu irmão eram pequenos. A espera foi eterna, mas todos os prazos se cumprem. Por fim, eles chegaram.

Minha amizade com Celia começou aos tropeções, porque sogra e nora vinham de ideologias opostas, mas, se pensávamos nos deleitar com as diferenças, a vida se encarregou de eliminar as ranzinzices com uns bons cascudos. Logo esquecemos qualquer gérmen de desavença e nos concentramos nos rigores de criar um filho — e depois mais dois — e nos adaptarmos a outra língua e à nossa condição de imigrantes nos Estados Unidos. Na época, não sabíamos, mas um ano depois nos tocaria a prova mais brutal: cuidar de você, Paula. Não havia tempo para besteiras. Minha nora se desprendeu rapidamente das amarras que a prendiam ao fanatismo religioso e começou a ter dúvidas sobre o restante dos preceitos inculcados a marteladas em sua juventude. Mal compreendeu que não era branca nos Estados Unidos, o racismo dela passou, e sua amizade com Tabra varreu seus preconceitos contra artistas e gente de esquerda. Dos homossexuais, no entanto, preferia não falar. Ainda não tinha conhecido as mães de Sabrina.

Nico e Celia se inscreveram num curso intensivo de inglês, e pra mim sobrou a boa sorte de cuidar de meu neto. Escrevia enquanto Alejandro engatinhava pelo chão, preso atrás de uma grade para cachorros ferozes que instalamos na porta. Se ele se cansava, botava a chupeta na boca, arrastava seu travesseiro e dormia a meus pés. Na hora de comer, dava uns puxões em minha saia para me tirar do estado de transe em que a escrita costuma me deixar; eu alcançava distraída sua mamadeira e ele a bebia calado. Uma vez desconectou o cabo do computador e perdi 48 páginas do romance, mas, em vez enforcá-lo, como teria feito com qualquer outro mortal, eu o cobri de beijos. Não eram boas páginas.

Minha felicidade era quase completa, só faltava você, que em 1991 tinha acabado de se casar com Ernesto e vivia na Espanha. Mas vocês já tinham planos para se instalar na Califórnia, onde estaríamos todos juntos. Em 6 de dezembro desse mesmo ano, você deu entrada no hospital com um resfriado malcuidado e dor de estômago. Você não soube o que aconteceu depois, filha. Horas mais tarde estava na unidade de terapia intensiva, em coma, e se passariam cinco eternos meses antes que me entregassem teu corpo em estado vegetativo, com dano cerebral severo. Você respirava, essa era a tua única manifestação de vida — estava paralisada, teus olhos eram poços negros que já não refletiam luz, e nos meses seguintes mudou tanto que era difícil te reconhecer. Com Ernesto, que se negava a admitir que, na realidade, já era viúvo, trouxemos você para minha casa, na Califórnia, numa viagem terrível, voando sobre o Atlântico e a América do Norte. Depois ele teve de te deixar comigo e voltar ao trabalho. Nunca imaginei que o sonho de ter você a meu lado se realizaria de maneira tão trágica. Nesses dias, Celia estava a ponto de ganhar Andrea. Lembro a reação de minha nora quando desceram você da ambulância numa maca: agarrou-se em Alejandro, recuou, tremendo, com os olhos arregalados, enquanto Nico dava um passo à frente, pálido, e se inclinava para beijar, molhando você de lágrimas. Este mundo acabou, para você, em 6 de dezembro de 1992, exatamente um ano depois que entrou no hospital de Madri. Dias mais tarde, quando jogamos tuas cinzas naquela mata de sequóias, Celia e Nico me disseram que pensavam ter outro filho, e dez meses mais tarde nasceu Nicole.

CHÁ VERDE PARA A TRISTEZA

Willie se dava conta, desesperado, de que Jennifer estava se suicidando aos poucos. Uma astróloga tinha dito que a filha dele estava "na casa da morte". Segundo Fu, existem almas que tentam inconscientemente alcançar o êxtase divino pelo caminho fácil das drogas; talvez Jennifer necessitasse escapar da realidade grosseira deste mundo. Willie acha que transmitiu um mal genético à sua descendência. O tataravô dele chegou na Austrália com grilhões nos pés, coberto de pústulas e piolhos, um a mais entre 160 mil infelizes que os ingleses mandaram degredados para lá. O mais jovem dos presos, condenado por furtar pão, tinha 9 anos, e a mais velha era uma anciã de 82, acusada de roubar um quilo e meio de queijo, que se enforcou poucos dias depois de desembarcar. Esse antepassado de Willie, acusado vá se saber de que besteira, não foi enforcado porque era afiador de facas. Nessa época, ter um ofício ou saber ler valia uma passagem para a Austrália, em vez de uma subida ao cadafalso. O homem estava entre os fortes que sobreviveram graças à capacidade de agüentar o sofrimento e o álcool, aptidão que quase toda a sua descendência herdou. Do avô pouco se sabe, mas seu pai morreu de cirrose. Willie passou décadas de sua vida sem provar uma gota de álcool, porque as alergias se assanhavam, mas, se começava a beber, ia aumentando a dose pouco a pouco. Nunca o vi bêbado porque, antes de chegar a esse ponto, ficava sufocado, como se tivesse engolido uma bola de pêlos, e a dor de cabeça o derrubava, mas ambos sabemos que não fossem por essas benditas alergias, ele teria acabado como o pai. Apenas agora, depois dos sessenta anos, é capaz de se limitar a um só copo de vinho branco e se dar por satisfeito. Dizem que a herança não pode ser descartada, e seus filhos — todos os três drogados — parecem confirmar isso. Não têm a mesma mãe, mas nas famílias de sua primeira e de sua segunda mulheres também se somam coisas que vêm dos avós. O único que nunca deu preocupações a Willie foi Jason, filho de sua segunda esposa com outro homem, que ele ama como se fosse seu. "Jason não tem o meu sangue, por isso é um tipo normal", costuma comentar no tom de quem constata um fato natural, como a maré ou a migração dos patos selvagens.

Quando o conheci, Jason era um rapaz de 18 anos com muito talento para escrever, mas sem disciplina, embora eu estivesse certa de que cedo ou tarde ele a teria; disso se encarregam os rigores da vida. Planejava ser escritor algum dia, mas enquanto isso contemplava o umbigo. Costumava escrever duas ou três linhas e vinha correndo me perguntar se, por acaso, tinham potencial para um conto, mas não ia além. Eu mesma o empurrei de casa para que fosse estudar num *college* no sul da Califórnia, onde se formou com honra. Quando voltou a viver com a gente, trouxe sua namorada, Sally. Seu pai verdadeiro tinha um temperamento violento, que costumava explodir com conseqüências imprevisíveis. Quando Jason tinha poucas semanas de vida, sofreu um acidente que nunca foi esclarecido: seu pai disse que ele caiu do trocador, mas a mãe e os médicos suspeitaram que o tinha golpeado na cabeça e lhe afundado o crânio. Foi necessário operá-lo e se salvou por milagre, depois de passar muito tempo no hospital. Nesse meio tempo, seus pais se divorciaram.

Do hospital passou a ser responsabilidade do Estado por uns tempos; a seguir, sua mãe o levou a viver com uns tios que, segundo Jason, eram verdadeiros santos, e finalmente ela o trouxe para a Califórnia. Aos 3 anos, o menino foi morar com o pai porque, pelo visto, no edifício onde a mãe vivia não aceitavam crianças. Que tipo de edifício seria esse? Quando ela se casou com Willie, recuperou o filho, e depois, quando se divorciaram, o menino pegou sua bagagem e, sem hesitar, foi embora com Willie. Enquanto isso, o pai biológico fazia aparições esporádicas e algumas vezes o maltratou de novo, até que o rapaz teve idade e constituição física para se defender. Numa noite de álcool e recriminações na cabana de seu pai nas montanhas, onde tinham ido de férias por uns dias, o homem lhe deu uma porrada, e Jason, que havia prometido a si mesmo que não ia agüentar mais nada, respondeu com o medo e a raiva acumulados durante anos: quebrou a cara dele. Desesperado, dirigiu de volta várias horas numa noite de temporal e chegou em casa doente de culpa e com a camisa manchada de sangue. Willie o felicitou: era hora de deixar as coisas bem claras, disse. Esse vergonhoso incidente estabeleceu uma relação de respeito entre pai e filho, e a violência não se repetiu.

Esse ano de luto, de muito trabalho, de dificuldades econômicas e de problemas com meus enteados foi minando a base de minha relação com Willie. Havia desordem demais em nossa vida. Eu não conseguia me adaptar aos Estados Unidos. Senti que meu coração esfriava, que não valia a pena continuar remando contra a corrente; me manter à tona custava um esforço desproporcional. Pensava em ir embora, fugir, levar Nico e os seus para o Chile, onde por fim havia democracia, depois de dezesseis anos de ditadura militar, e onde viviam meus pais. "Me divorciar, é isso o que tenho de fazer", resmungava para mim mesma, mas devo ter dito mais de uma vez em voz alta, porque Willie ficou com as orelhas em pé diante da palavra divórcio. Passara por dois antes e estava decidido a evitar um terceiro; então me pressionou para que consultássemos um psicólogo. Eu tinha gozado sem piedade o terapeuta de Tabra, um alcoólatra descabelado que aconselhava as mesmas obviedades que eu podia oferecer gratuitamente. Em minha opinião, a terapia era uma mania dos norte-americanos, gente muito mimada e sem tolerância para com as dificuldades normais da existência. Meu avô me inculcou na infância a noção estóica de que a vida é dura e diante dos problemas não há nada a fazer, exceto trincar os dentes e ir em frente. A felicidade é uma frescura; a gente vem ao mundo para sofrer e aprender. Ainda bem que o hedonismo da Venezuela suavizou um pouco aqueles preceitos medievais de meu avô e me permitiu viver numa boa sem culpa. No Chile, nos meus tempos de juventude, ninguém ia à terapia, fora os loucos de atar e os turistas argentinos, de modo que resisti bastante à proposta de Willie, mas ele insistiu tanto que, por fim, o acompanhei. Digamos melhor, ele me arrastou.

 O psicólogo parecia um monge: usava a cabeça raspada, bebia chá verde e permanecia a maior parte da sessão com os olhos fechados. No condado de Marin, a qualquer hora vêem-se homens de bicicleta, correndo de bermuda ou saboreando seu cappuccino em mesinhas nas calçadas. "Esses caras não trabalham?", perguntei uma vez a Willie. "São todos terapeutas", me respondeu. Talvez por isso senti um grande ceticismo diante do careca, mas logo ele se revelou um sábio. Seu consultório era uma sala nua, pintada de cor de ervilha, decorada com um pano — a estampa de uma mandala, acho — pendurado na parede. Nós nos sentamos com as pernas cruzadas sobre umas almofadas no chão, enquanto o monge bebericava como um passarinho seu chá japonês. Começamos a falar, e, em seguida, se desencadeou uma avalancha. Willie e eu nos atropelávamos para contar o que tinha acontecido com você, a existência espantosa que Jennifer levava, a fragilidade de Sabrina, mil outros problemas, e meu desejo de mandar tudo para o inferno e desaparecer. O homem nos ouviu sem interromper e, quando faltavam poucos minutos para que a sessão terminasse, levantou suas pálpebras caídas e nos olhou com uma expressão de verdadeira compaixão. "Que tristeza a vida de vocês!", murmurou. Tristeza? Isso não tinha ocorrido a nenhum de nós dois. Nossa raiva desinflou num instante e sentimos até os ossos uma pena vasta como o Pacífico, que não quiséramos admitir por pura e simples soberba. Willie me pegou a mão, me puxou para sua almofada e nos abraçamos. Pela primeira vez admitimos que tínhamos o coração muito machucado. Foi o começo da reconciliação.

— Aconselho vocês a não mencionarem a palavra divórcio durante uma semana. Podem fazer isso? — perguntou o terapeuta.

— Sim — respondemos a uma só voz.

— E por duas semanas, poderiam?

— Por três, se quiser — eu disse.

Esse foi o trato. Passamos três semanas concentrados em resolver as emergências da vida diária, sem pronunciar a palavra proscrita. Vivíamos em crise, mas o prazo se esgotou e passou um mês, depois dois — a verdade é que nunca mais falamos de divórcio. Voltamos a essa dança noturna que desde o começo foi natural para nós: dormir abraçados tão juntinhos que, se um se vira, o outro se acomoda, e se um se separa, o outro acorda. Xícara após xícara de chá verde, o psicólogo careca nos conduziu pela mão pelas escarpas desses anos. Me aconselhou a "me manter em minha trincheira" e não interferir nos assuntos de meus enteados, que, na realidade, eram a causa principal de nossas brigas. Willie dá um carro novo a seu filho, que acabou de ser expulso do colégio e anda flutuando numa nuvem de LSD e maconha? Não é problema meu. O filho o arrebata contra uma árvore dali a uma semana? Continuo na trincheira. Willie compra um segundo carro, que ele também destrói? Mordo a língua. Então, Willie o premia com uma caminhonete e me explica que é um veículo mais seguro e firme. "Certo. Assim, quando atropelar alguém, pelo menos não o deixará ferido, mata o cara com um trompaço só", respondo em tom glacial. Me tranco no banheiro, tomo um banho frio e recito o repertório completo de meus palavrões, e em seguida vou passar umas horas fazendo colares no ateliê de Tabra.

A terapia foi muito útil. Graças a isso e à literatura, sobrevivi a provas variadas, embora nem sempre tenha me saído bem, e meu amor com Willie se salvou. O melodrama familiar continuou, por sorte, porque, senão, sobre que diabos eu ia escrever?

UMA MENINA COM TRÊS MÃES

~~~~~

Jennifer tinha permissão para ver Sabrina em visitas controladas, de duas em duas semanas, e em cada uma dessas ocasiões eu podia comprovar como a filha de Willie ia se deteriorando. Sua aparência era cada vez pior, como eu explicava por carta a minha mãe e à minha amiga Pía. No Chile, as duas fizeram doações para o orfanato do padre Hurtado, o único santo chileno que até os comunistas veneram porque é muito milagroso, rogando para que Jennifer mudasse de rumo e salvasse a vida. Na realidade, apenas uma intervenção divina podia ajudá-la. E aqui devo fazer uma rápida pausa para te informar sobre Pía, essa mulher que é como minha irmã chilena, cuja lealdade jamais fraquejou, nem mesmo quando o exílio nos separou. Ela procede de um meio católico e conservador, que comemorou com champanhe o golpe militar de 1973, mas sei que, pelo menos por duas vezes, escondeu em sua casa vítimas da ditadura. Quase nunca tocamos em assunto político. Quando fui embora com minha pequena família para a Venezuela, nos escrevemos com freqüência, e agora nos visitamos no Chile e na Califórnia, onde ela costuma vir de férias; assim mantivemos uma amizade que já tem a clareza do diamante. Nós nos gostamos incondicionalmente, e, quando estamos juntas, pintamos quadros a quatro mãos e rimos como adolescentes. Você lembra que ela e eu costumávamos brincar dizendo que um dia seríamos duas viúvas alegres e viveríamos juntas numa água-furtada, fofocando e fazendo artesanato? Pois é, Paula, já não falamos disso, porque Gerardo, o marido dela, o homem mais ingênuo e bondoso deste mundo, morreu numa manhã dessas, quando estava supervisionando o trabalho num dos potreiros de sua fazenda. Deu um suspiro, inclinou a cabeça e se foi para o outro mundo sem poder se despedir. Pía não conseguiu se consolar, apesar de estar rodeada por seu clã: quatro filhos, cinco netos e meia centena de parentes e amigos com quem está continuamente em contato, como é costume no Chile. Ela se dedica à caridade indiscriminada, a cuidar de sua família e a seus óleos e pincéis, com os quais se distrai nos momentos livres. Nos de tristeza, quando não pode deixar de chorar por Gerardo, ela se tranca para bordar e fazer prodígios com retalhos de tecido, inclusive ícones enfeitados com pedrarias que parecem resgatados da antiga Constantinopla. Essa Pía, que tanto te amava, mandou construir uma capela em seu jardim e plantou um roseiral em tua memória. Ali, junto a esses generosos arbustos, conversa com Gerardo e com você, e reza com freqüência pelos filhos e pela neta de Willie.

Rebeca, a assistente social, organizava o plano de ação para os encontros de Sabrina com sua mãe. Não era fácil, já que o juiz havia ordenado evitar que Jennifer e seu companheiro se encontrassem com as mães adotivas ou descobrissem onde viviam. Fu e Grace se encontravam comigo no estacionamento de algum centro comercial e me entregavam a menina, com suas fraldas, brinquedos, mamadeiras e o resto da aparatosa bagagem de que as crianças necessitam. Eu partia com ela numa das cadeirinhas que tinha para meus netos no carro, para o prédio da Prefeitura, onde me encontrava com Rebeca e uma policial, sempre diferente, todas com ar de tédio profissional. Enquanto a uniformizada vigiava a porta, Rebeca e eu esperávamos numa sala, extasiadas com a menina, que se tornara bonita e muito esperta — não deixava escapar um detalhe. Tinha a pele cor de caramelo, uns cachos de cordeiro recém-nascido na cabeça e os olhos assombrosos de uma huri. Às vezes, Jennifer vinha ao encontro, outras não. Quando aparecia — uma pilha de nervos, com atitude fugidia de raposa perseguida —, não ficava mais de cinco ou dez minutos. Pegava a filha e, ao senti-la tão leve ou ao ouvi-la chorar, ficava confusa. "Preciso fumar", dizia; saía apressada e, com freqüência, não voltava. Rebeca e a policial me acompanhavam até o carro e eu dirigia de volta ao estacionamento onde as duas mães, ansiosas, nos aguardavam. Para Jennifer, aquelas visitas apressadas deviam ser uma tortura, porque tinha perdido seu bebê e não era consolo nem mesmo saber que ele estava em boas mãos.

Esses encontros estratégicos já duravam uns cinco meses, quando Jennifer foi parar de novo no hospital com uma infecção cardíaca e outra nas pernas. Não deu mostras de preocupação, disse que já tinha acontecido antes, não era nada grave, mas os médicos encararam a coisa com menos leviandade. Fu e Grace decidiram que já estavam fartas de se esconder e que Jennifer tinha o direito de saber quem havia se encarregado da menina. Eu as acompanhei ao hospital, burlando o protocolo legal. "Se a assistente social souber, vai ser uma encrenca", opinou Willie, que pensa como advogado e ainda não conhecia Rebeca direito.

A filha de Willie estava com uma aparência desoladora, era possível contar os molares através da pele translúcida das faces, seu cabelo era uma peruca de boneca, tinha as mãos azuladas e as unhas pretas. Sua mãe também estava lá, arrasada por vê-la naquele estado. Acho que aceitara o fato de que Jennifer não viveria muito mais, mas esperava, pelo menos, se reencontrar com ela antes do fim. Pensou que no hospital poderiam conversar e fazer as pazes, depois de tantos anos se ferindo mutuamente, mas também nessa ocasião sua filha haveria de fugir antes que os medicamentos surtissem efeito. A primeira mulher de Willie e eu nos aproximamos com as dificuldades: ela havia sofrido muito com seus dois filhos, ambos viciados em drogas, e eu havia perdido você, Paula. Fazia mais de vinte anos que ela estava divorciada de Willie e ambos tinham se casado de novo; não acredito, então, que houvesse rancores pendentes, mas, se havia, a chegada de Sabrina a suas vidas os redimiu. A atração que os uniu na juventude se transformou em desencanto mútuo pouco depois do casamento e terminou dez anos mais tarde de maneira abrupta. Afora os filhos, não tinham nada em comum.

Durante o tempo em que estiveram casados, ele se dedicou por completo à sua carreira, decidido a ter sucesso e fazer dinheiro, enquanto ela se sentiu abandonada e costumava cair em profunda depressão. Além do mais, pegaram a turbulência dos anos 60, quando os costumes se descontraíram bastante nesta parte do mundo: o amor livre entrou na moda, os casais se trocavam como uma forma de diversão, nas festas as pessoas tomavam banho nuas nas jacuzzis domésticas, todo mundo bebia martínis e fumava maconha, enquanto os filhos corriam soltos por todos os lados. Essas experiências deixaram um rastro de casais desfeitos, como era fácil prever, mas Willie garante que essa não foi a causa da ruptura. "Éramos como azeite e água, não combinávamos, esse casamento não podia dar certo."

No início de nossa relação, perguntei a Willie se íamos ter um "amor aberto" — eufemismo para a infidelidade — ou monógamo. Eu precisava esclarecer isso porque não tenho tempo nem vocação para espionar um amante volúvel. "Monógamo. Já experimentei a outra fórmula e é um desastre", me respondeu sem hesitação. "Está bem, mas se te pego numa aventura, mato você, teus filhos e teu cachorro. Entendeu?", eu disse. "Perfeitamente." De minha parte, respeitei o trato com mais decência do que era de se esperar de uma pessoa com o meu temperamento; imagino que ele fez outro tanto, mas não boto a mão no fogo por ninguém.

Jennifer pegou a filha e a apertou contra o peito esquálido, enquanto agradecia a Grace e Fu muitas e muitas vezes. Ambas têm o dom de insuflar humor, calma e beleza em tudo que tocam. Baixaram as defesas de Jennifer — o que ninguém tinha feito antes — e se dispuseram a aceitá-la com toda a sua compaixão, que não é pouca. Assim, transformaram aquele drama sórdido numa experiência espiritual. Grace acariciou Jennifer, alisou seus cabelos, beijou-a na testa e lhe garantiu que poderia ver Sabrina todo dia; se quisesse, ela mesma a traria, e, quando lhe dessem alta, poderia visitá-la na chácara budista. Contou como a menina era inteligente e viva, como já começava a engolir o leite sem dificuldade, mas não mencionou seus sérios problemas de saúde.

— Não acha que Jennifer deve saber a verdade, Grace? — perguntei ao sair.

— Que verdade?

— Se Sabrina continua fraca assim... Se seus glóbulos brancos...

— Não vai morrer. Isso eu posso jurar — ela me interrompeu com a mais tranqüila das convicções.

Essa foi a última vez que vimos Jennifer.

Em 25 de maio de 1994, festejamos o primeiro aniversário de Sabrina no Centro de Zen-Budismo, num círculo de meia centena de pessoas descalças, com vestes soltas de peregrinos medievais, algumas com a cabeça raspada e a expressão suspeita de placidez que distingue os vegetarianos. Celia, Nico, as crianças, Jason com sua namorada, Sally e o resto da família estavam ali. A única mulher maquiada era eu, e o único homem com máquina fotográfica era Willie. No centro da sala, várias crianças brincavam com um despropósito de balões em volta de uma monumental torta orgânica de cenoura. Sabrina, vestida de gnomo, com uma fila de estrelas metálicas grudadas na testa, coroada de rainha da Etiópia por Alejandro, e com um balão amarelo amarrado com um barbante na cintura, para que a vissem de longe e não a pisassem, passava de mão em mão, de beijo em beijo. Comparada com minha neta Nicole, gorda e compacta como um coala, Sabrina parecia uma boneca mole, mas nesse ano havia superado quase todos os prognósticos fatalistas dos médicos: já se sentava, tentava engatinhar e identificava todos os residentes do Centro de Zen-Budismo. Os convidados se apresentaram um por um: "Sou Kate, cuido de Sabrina nas terças e quintas-feiras"; "Me chamo Mark e sou o fisioterapeuta dela"; "Sou Michael, monge zen faz trinta anos, e Sabrina é minha mestra"...

PEQUENOS MILAGRES COTIDIANOS

Em 6 de dezembro fez um ano de tua morte. Queria lembrar de você bonita, simples, alegre, vestida de noiva ou saltando poças sob a chuva em Toledo, com um guarda-chuva preto; mas, à noite, em meus pesadelos, me assaltavam imagens mais trágicas: você na cama do hospital, o ruído da máquina de oxigênio, tua cadeira de rodas, o lenço com que depois cobrimos a abertura da traqueotomia, tuas mãos crispadas. Muitas vezes, pedi para morrer no teu lugar, e mais tarde, quando essa barganha já não era possível, roguei tanto para morrer que, na verdade, adoeci seriamente; mas morrer é muito difícil, como você sabe e como dizia meu avô, quando faltava pouco para ele completar um século de existência. Um ano depois eu continuava viva, graças ao carinho de minha família e às agulhas mágicas e ervas chinesas do sábio japonês Miki Shima, que esteve ao teu e ao meu lado nos meses em que você foi se despedindo pouco a pouco. Não sei que efeito os remédios dele tiveram em você, mas sua presença tranquila e sua mensagem espiritual me sustentaram semana após semana naquela época. "Não diga que quer morrer porque me mata de tristeza", me censurou minha mãe uma vez que insinuei isso numa carta. Ela não era a minha única razão para viver: havia Willie, Nico, Celia e esses três netos que costumavam me acordar com suas mãozinhas sujas e seus beijos babados, os três de fraldas, cheirando a suor e a chupeta. Na mesma cama, juntos e abraçados, víamos de noite aterrorizantes vídeos de dinossauros que devoravam os atores. Alejandro, de 4 anos, me pegava uma das mãos e me dizia que não me assustasse, que era tudo mentira, que depois os monstros vomitavam as pessoas inteiras porque não as mastigavam.

Na manhã desse aniversário, fui com Alejandro à mata de sequóias, que agora todos chamamos de "a mata de Paula". Muita presunção, filha, porque é um parque estatal. Chovia, fazia muito frio, nos afundávamos no barro, o ar cheirava a pinheiro e uma luz triste de inverno se filtrava entre as copas das árvores. Meu neto corria à frente com os pés para os lados e movendo os braços como um pato. Nós nos aproximamos do riacho, tumultuoso no inverno, onde espalháramos tuas cinzas. Ele o reconheceu na hora.

— Paula estava doente ontem — disse. Para ele todo o passado era ontem.

— Sim. Morreu.

— Quem matou ela?

— Não é como na tevê, Alejandro. Às vezes, as pessoas adoecem e morrem, sem mais nem menos.

— Pra onde vão os mortos?

— Não sei exatamente.

— Ela foi por ali — disse apontando o riacho.

— Suas cinzas foram para a água, mas seu espírito vive aqui, entre as árvores. Não acha lindo?

— Não. Seria melhor que vivesse com a gente — decidiu.

Estivemos por um bom tempo nos lembrando de você nesse templo verde, onde podíamos te sentir, tangível e presente, como a brisa fria e a chuva.

À tarde nos reunimos em nossa casa, a família — inclusive Ernesto, que veio de Nova Jersey — e alguns amigos. Sentados na sala, celebramos as dádivas que você nos proporcionou em vida e continuava nos proporcionando: o nascimento das netas Sabrina e Nicole, e a incorporação das mães Fu e Grace à tribo, assim como a de Sally. Uma humilde vela branca, com um orifício no centro, presidia o altar que tínhamos improvisado com tuas fotos e lembranças.

Um ano antes, três dias depois da tua morte, me reuni com as Irmãs da Perpétua Desordem na casa de uma delas, como sempre fazíamos às terças-feiras, em volta de seis velas novas. Tua ausência me curvava de dor. "Sinto um fogo que me queima no centro do corpo", disse a elas. Nós nos demos as mãos, fechamos os olhos, e minhas amigas dirigiram a mim seu carinho e suas preces, para me ajudar a suportar a tristeza desses dias. Eu pedia um sinal, uma indicação de que você não havia desaparecido no vazio para sempre, de que teu espírito existe em alguma parte. De repente, ouvi a voz de Jean: "Olha tua vela, Isabel." Minha vela queimava na metade. "Um fogo no ventre", acrescentou Jean. Esperamos. A chama derreteu a cera e formou um buraco no meio da vela, mas não a cortou em duas. Tal como acendeu — sem explicação —, a chama se apagou, instantes depois. A vela ficou oca, mas ereta, e me pareceu que esse era o sinal que eu esperava, um aceno que você me fazia de outra dimensão: a queimadura de tua morte não me derrubaria. Depois, Nico examinou a vela e não conseguiu encontrar a causa dessa chama estranha no centro; a vela talvez fosse defeituosa, talvez tivesse um segundo pavio que acendeu quando uma faísca saltou. "Para que quer uma explicação, mamãe? Neste caso, o que importa é a oportunidade. Você recebeu o sinal que pediu, isso basta", disse Nico, para me deixar contente, imagino, porque, com seu saudável ceticismo, não acredito que suspeitasse de um milagre.

Fu explicou que acendíamos incenso porque a fumaça se eleva como nossos pensamentos; a luz das velas representa sabedoria, claridade e vida; as flores simbolizam beleza e continuidade, porque morrem, mas deixam sementes para outras flores, exatamente como ficarão nossas sementes nos netos. Cada um compartilhou com os demais algum sentimento ou lembrança. Celia, a última a falar, disse: "Paula, lembre que tem três sobrinhos e deve cuidar muito deles. Olha, eles também podem ter porfiria. Lembre-se de velar para que Sabrina tenha uma vida longa e feliz. E se lembre de que Ernesto precisa de outra esposa. Então, mexa-se e consiga uma namorada pra ele."

Para terminar, misturamos terra com uma pitada de tuas cinzas, que eu havia guardado, e plantamos uma árvore num vaso. Logo que as raízes firmarem, nós a poremos em nosso jardim ou na tua mata de sequóias.

Nessa noite também vieram Cheri Forrester, nossa doutora compassiva, e o sábio Miki Shima, que dias antes havia jogado para mim as varetas do I Ching. Saiu que "A mulher tolerou pacientemente a terra desolada, cruza o rio descalça com determinação, conta com pessoas à distância, mas não tem companheiros, deverá caminhar sozinha pelo caminho do meio." Me pareceu claríssimo. O doutor Shima disse que tinha uma mensagem tua: "Paula está bem, se distancia em seu caminho espiritual, mas cuida da gente e está presente entre nós. Diz que não deseja que continuemos chorando por ela, quer nos ver alegres." Nico e Willie trocaram um olhar significativo, porque não acreditam nesse cavalheiro, dizem que não pode provar nada do que diz, mas eu não tive dúvidas de que se tratava de tua voz, porque era similar à mensagem que você deixou no teu testamento: "Por favor, não fiquem tristes. Continuo com todos vocês, mas mais perto que antes. Daqui a um tempo nos reuniremos em espírito. Até lá continuaremos juntos enquanto se lembrarem de mim. Lembrem-se de que nós, espíritos, ajudamos, acompanhamos e protegemos melhor os que estão contentes." Você escreveu isso, minha filha. Cheri Forrester chorava muito, porque a mãe dela havia morrido com a tua idade e, segundo ela, vocês duas eram muito parecidas fisicamente.

Eu me propusera a botar a palavra fim no manuscrito do livro nessa data memorável e oferecê-lo a você como um presente. Fu benzeu o maço de papéis amarrado com uma fita vermelha e depois brindamos com champanhe e servimos uma torta de chocolate. A emoção foi profunda, mas não de dor. Foi como uma festa sem agitação. Festejamos que você estava livre, finalmente, após ter ficado presa tanto tempo.

Tristeza. Como havia mostrado o terapeuta, havia tristeza na vida de Willie e na minha, mesmo que não fosse um sentimento paralisante, mas uma consciência das perdas e dificuldades que tingiam a realidade. Com freqüência devíamos ajeitar a carga para continuar em frente sem cairmos. Havia muita desordem. Tínhamos a sensação de estar sempre no meio de um temporal, segurando portas e janelas para que o vento da desgraça não arrasasse com tudo.

O escritório de Willie funcionava a crédito. Willie aceitava casos perdidos, gastava mais do que ganhava, mantinha uma leva de empregados inúteis e estava enredado com os impostos. Era um péssimo administrador, e Tong, seu leal contador chinês, não podia controlá-lo. Minha presença em sua vida lhe trouxe estabilidade, porque consegui ajudá-lo com os gastos nas emergências, arcar com a casa, organizar as contas bancárias e eliminar a maioria dos cartões de crédito. Mudou o escritório de San Francisco para uma casa vitoriana que eu comprei em Sausalito, a cidadezinha mais pitoresca da baía. A propriedade foi construída em torno de 1870 e se vangloriava de um pedigree notável: foi o primeiro bordel da localidade, depois se transformou em igreja, em seguida em fábrica de biscoitos de chocolate e, finalmente, em ruínas, passou a nossas mãos. Como disse Willie, foi descendo na escala social. Estava mergulhada entre árvores centenárias e doentes que ameaçavam despencar sobre as casas dos vizinhos na primeira ventania. Fomos obrigados a cortar duas delas. Os assassinos chegaram, treparam com serras e machados, se prenderam com cordas nos galhos e trataram de desmembrar suas vítimas, que sangravam em silêncio, como morrem as árvores. Fugi, incapaz de presenciar por mais tempo aquela carnificina. No dia seguinte, não reconhecemos a casa: estava nua e vulnerável, com as madeiras devoradas pelo tempo e pelos cupins, as telhas quebradas, as persianas soltas. As árvores ocultavam a deterioração: sem elas parecia uma cortesã decrépita. Willie esfregou as mãos, entusiasmado, porque, numa reencarnação anterior, foi construtor, um daqueles que levantaram catedrais. "Vamos deixar a casa tão bonita como era no começo", disse, e partiu em busca das plantas originais para lhe devolver sua graça vitoriana. Conseguiu isso plenamente e, apesar da profanação das ferramentas, suas paredes ainda conservam o perfume francês das meretrizes, do incenso cristão e do chocolate dos biscoitos.

Nos mesmos quartos onde antigamente as damas da noite faziam seus clientes esquecerem suas aflições, hoje Willie baralha as incertezas da lei. No que antes foi a cocheira, eu lidei com meus fantasmas literários durante anos, até que dispus da minha própria choupana nos fundos da casa, onde agora escrevo. Aproveitando a mudança, Willie despachou metade de seus empregados e pôde fazer uma melhor seleção de seus casos, mas seu escritório ainda era caótico e pouco rentável. "Por mais que entre, o que sai é muito mais. Faça as contas, Willie, você trabalha por um dólar a hora", mostrei para ele. O cálculo não lhe agradou nem um pouco, mas Tong, que havia trabalhado com ele por trinta anos e o salvara por um triz da falência em mais de uma ocasião, estava de acordo comigo.

Cresci com um avô basco muito cauteloso com o dinheiro, e depois com o tio Ramón, que vivia com o mínimo. A filosofia de meu padrasto era "Somos imensamente ricos", embora, por necessidade, ele devesse ser muito prudente com os gastos. Ele se propunha gozar a vida em grande estilo e esticava cada centavo de seu magro salário de empregado público para manter quatro filhos seus e três de minha mãe. Tio Ramón dividia o dinheiro do mês e colocava as notas em envelopes, contadas e recontadas, para poder cobrir as necessidades de cada semana. Se conseguia economizar um pouquinho aqui, outro ali, ele nos levava para tomar sorvete. Minha mãe, que sempre se considerou uma mulher na moda, costurava sua roupa em casa e transformava os mesmos vestidos uma vez depois da outra. Tinham vida social agitada, coisa inevitável para os diplomatas, e ela possuía um traje de baile básico de seda cinza, em que botava e tirava mangas, cintos e laços, de modo que, nas fotografias da época, sempre aparece com um vestido diferente. Nenhum dos dois pensaria em se endividar. Tio Ramón me deu os mais úteis instrumentos para a vida, como descobri na terapia, já em idade madura: memória seletiva para lembrar as coisas boas, prudência lógica para não arruinar o presente e otimismo desafiante para encarar o futuro. Também me deu espírito de trabalho e me ensinou a não me queixar, porque isso acaba com a saúde. Foi meu melhor amigo, não há nada que não tenha compartilhado com ele. Pela forma como me criaram e pelos contratempos do exílio, tenho mentalidade de camponesa em matéria de dinheiro. Se fosse por mim, esconderia minhas economias embaixo do colchão, como fazia aquele pretendente de Tabra com suas barras de prata. A forma de meu marido gastar dinheiro me horrorizava, mas cada vez que metia o nariz em seus assuntos, eu provocava uma batalha.

Quando o manuscrito de *Paula* partiu para a Espanha e chegou são e salvo às mãos de Carmen Balcells, minha agente-supermãe, me baixou um cansaço profundo. Eu estava muito ocupada com a família, viagens, conferências e a burocracia de meu escritório, que fora crescendo até adquirir proporções aterrorizantes. O tempo me rendia muito pouco, dava voltas no mesmo lugar como um cachorro mordendo o rabo, sem produzir nada que valesse a pena. Tentei escrever muitas vezes, inclusive tinha concluído boa parte da pesquisa para um romance sobre a febre do ouro na Califórnia, mas me sentava diante do computador com a mente cheia de idéias e não conseguia transferi-las para a tela. "Tem que se dar tempo, você ainda está de luto", me lembrava minha mãe em suas cartas, e a mesma coisa me repetia suavemente Vovó Hilda, que nessa época alternava entre a casa de sua filha no Chile e a nossa e a de Nico, na Califórnia. Essa boa senhora, mãe de Hildita, a primeira mulher de meu irmão Pancho, tinha se transformado em avó por adoção sentimental de todos nós, em especial de Nico e de você, que ela mimou desde o momento em que nasceram. Era minha cúmplice em tudo quanto foi loucura que me ocorreu cometer na juventude e a companheira de aventuras de vocês dois.

MACONHA E SILICONE

Vovó Hilda, infatigável, miúda e alegre, dera um jeito durante toda a vida para evitar aquilo que podia lhe causar angústia; esse devia ser o segredo de seu surpreendente bom caráter. Tinha boca de santa: não falava mal de ninguém, fugia de discussões, tolerava sem chiar a estupidez alheia e podia se tornar invisível à vontade. Numa ocasião, se manteve de pé com pneumonia durante duas semanas, até que os dentes começaram a bater e a febre lhe embaçou as lentes dos óculos; só então nos demos conta de que estava a ponto de ir para o outro mundo. Passou dez dias num hospital norte-americano, onde ninguém falava espanhol, muda de medo, mas, se lhe perguntávamos como estava, dizia que muito contente, e acrescentava que a gelatina e o iogurte eram melhores que os chilenos. Vivia numa nebulosa, porque não falava inglês e nós esquecíamos de traduzir a embrulhada de idiomas que se falava na casa. Como não entendia as palavras, observava os gestos. Um ano depois, quando se desatou o drama de Celia, ela foi a primeira a suspeitar, porque notava sinais invisíveis para os demais. O único medicamento que tomava eram umas misteriosas pílulas verdes que jogava na boca quando o ambiente ao seu redor ficava tenso. Não pôde ignorar tua ausência, Paula, mas fingia que você viajava e falava de você no futuro, como se fosse te ver amanhã. Dispunha de uma paciência ilimitada com meus netos e, apesar de pesar 45 quilos e ter ossos de pomba-rola, andava sempre com Nicole no colo. Temíamos que minha neta menor fizesse quinze anos sem aprender a caminhar.

— Anime-se, sogra! O que te faz falta pra inspiração é puxar um baseado — foi o conselho de Celia, que nunca tinha experimentado maconha, mas morria de curiosidade.

— Isso embota a mente e não ajuda a inspiração — opinou Tabra, que já estava de volta daquelas experiências.

— Por que não provamos? — perguntou Vovó Hilda, para sanar dúvidas.

E foi assim que nós, as mulheres da família, acabamos na casa de Tabra fumando a erva depois de ter anunciado que íamos a um retiro espiritual.

A tarde começou mal, porque Vovó quis que Tabra lhe fizesse furos nas orelhas e a máquina de ferro engasgou, grudada em seu lóbulo. Ao ver o sangue, os joelhos de Tabra fraquejaram, mas Vovó não perdeu a compostura. Ela segurou o aparelho, que pesava meio quilo, até que Nico chegou, uma hora mais tarde, com sua caixa de ferramentas, desarmou o mecanismo e a libertou. A orelha ensan-güentada tinha dobrado de tamanho. "Agora fure a outra", Vovó pediu a Tabra. Nico ficou para desarmar a máquina de novo e depois foi embora, por respeito ao nosso "retiro espiritual".

No processo de furar as orelhas, Tabra roçou os seios várias vezes na Vovó Hilda, que dava uns olhares de soslaio para ela, até que não agüentou mais e perguntou o que era que ela tinha no peito. Minha amiga fala espanhol, de modo que pôde explicar que era silicone. Contou à Vovó que, quando era uma jovem professora na Costa Rica, precisou ir ao médico por causa de uma brotoeja num braço. O doutor lhe pediu que tirasse a blusa e, embora ela tenha explicado que o problema era local, ele insistiu. Ela tirou a blusa. "Puxa, você é reta como uma tábua!", ele exclamou ao vê-la. Tabra reconheceu que era sim, e então ele lhe propôs uma solução que beneficiaria a ambos. "Pretendo me especializar em cirurgia plástica, mas ainda não tenho clientes. Podia experimentar com você, o que acha? Te boto umas tetas sensacionais e não te cobro nada pela operação." Era uma proposta tão generosa e feita de modo tão delicado que Tabra não pôde rejeitar. Também não se atreveu a se negar quando ele manifestou certo interesse em se deitar com ela, honra que apenas algumas pacientes tinham, conforme o doutor explicou, mas se opôs quando ele quis estender a oferta à sua irmã mais nova, de 15 anos. Foi assim que Tabra acabou com as próteses de mármore.

— Eu nunca tinha visto seios tão duros — comentou Vovó Hilda.

Celia e eu também os tocamos, depois quisemos ver. Sem dúvida, eram estranhos, pareciam bolas de futebol americano.

— Há quanto tempo anda com estes trecos, Tabra? — perguntei.
— Uns vinte anos.
— Alguém tem que examinar você, isto não parece normal.
— Não gostam?

Nós tiramos as blusas para comparar. Os nossos seios nunca apareceriam estampados numa revista erótica, mas pelo menos eram macios ao tato, como a natureza os criou, não como aqueles, que tinham a consistência de pneu de caminhão. Minha amiga aceitou que a acompanhássemos a um especialista e, pouco depois, na clínica de um cirurgião plástico, iniciou o que em família chamamos "a odisséia das tetas", uma série de infelizes acidentes que tiveram, como única vantagem, solidificar minha amizade com Tabra.

Ao cair a noite, fizemos uma fogueira entre as árvores e assamos salsichas e marshmallows espetados em varinhas. Depois acendemos um dos fininhos, que nos custara tantos incômodos conseguir. Tabra aspirou umas duas vezes, anunciou que a erva a deixava meditativa, fechou os olhos e caiu anestesiada. Nós a levamos com dificuldade para casa e a colocamos no chão, coberta por um cobertor, e voltamos para o mesmo lugar sob a proteção das árvores perfumadas do jardim. Havia lua cheia, e o riacho, alimentado pela chuva, saltava em seu leito entre as pedras. Celia cantou, acompanhando-se com o violão, suas canções mais nostálgicas, e Vovó começou a tricotar entre um fininho e outro. Mas eles não tiveram o efeito de nos levar ao céu, como esperávamos. Só nos causou riso e insônia. Ficamos na mata de Tabra contando nossas vidas até de madrugada, quando Vovó anunciou que era hora de tomar um uísque, já que a maconha não servia para esquentar os ossos. Dez horas mais tarde, quando Tabra despertou e examinou o cinzeiro, calculou que tínhamos fumado uns dez fininhos sem conseqüências aparentes e deduziu, espantada, que éramos invulneráveis. Vovó achou que os cigarros estavam recheados de palha.

O ANJO DA MORTE

❦

No outono desse ano, quando se respirava um clima de paz incomum na casa e começávamos a nos abandonar a uma perigosa complacência, chegou um anjo da morte. Era o companheiro de Jennifer, confuso, com o rosto inchado dos grandes bêbados. Em sua gíria arrastada, que Willie mal conseguia decifrar, anunciou que Jennifer tinha desaparecido. Não se sabia nada dela fazia três semanas, quando foi de visita à casa de uma fulana em outra cidade. Segundo a fulana, a última vez que a viu foi em companhia de uns sujeitos com aparência de marginais que passaram para pegá-la numa caminhonete. Willie lembrou a esse homem que, com freqüência, passavam-se meses sem se ter notícias de Jennifer, mas ele repetiu que ela havia desaparecido e acrescentou que estava muito doente e que não poderia ter ido longe nas condições em que se encontrava. Willie começou uma busca sistemática por prisões e hospitais, falou com a polícia, recorreu aos federais para o caso de sua filha ter ido parar em outro estado e contratou um detetive particular, sem resultados, enquanto Fu e Grace punham os membros do Centro Zen-Budismo a orar, e eu, as minhas irmãs da desordem. A história que o homem nos contou me cheirava mal, mas Willie me garantiu que, em casos assim, o primeiro suspeito aos olhos da lei é o companheiro, especialmente se tem uma extensa ficha policial, como aquele. Sem dúvida, ele tinha sido investigado a fundo.

Dizem que não há dor tão grande quanto a da morte de um filho, mas acho que é pior quando um filho desaparece, porque fica para sempre a incógnita de seu destino. Morreu? Sofreu? A esperança de que esteja vivo se mantém, mas a gente se pergunta sem cessar que tipo de existência ele leva e por que não se comunica com a família. Cada vez que o telefone tocava tarde da noite, o coração de Willie batia de esperança e terror: podia ser a voz de Jennifer para lhe pedir que fosse buscá-la em algum lugar, mas também podia ser a voz de um policial para que fosse ao necrotério identificar um corpo.

Meses mais tarde, Jennifer continuava sem dar sinais, mas Willie se agarrava à idéia de que estava viva. Não sei quem sugeriu a ele que consultasse uma vidente que às vezes ajudava a polícia a resolver casos, porque tinha o dom de encontrar cadáveres e pessoas desaparecidas — foi assim que acabamos juntos na cozinha de uma casa bastante deteriorada perto do porto. A mulher não tinha aparência de adivinha, nada de saias com estrelas, olhos pintados, nem bola de cristal: era uma gorda usando tênis e avental, que nos fez esperar um pouco enquanto terminava de dar banho em seu cachorro. A cozinha, estreita, limpa e organizada, contava com duas cadeiras de plástico amarelo, onde nos instalamos. Quando o bicho ficou seco, ela nos ofereceu café e se sentou num banquinho diante de nós. Bebemos em silêncio durante uns minutos, depois Willie lhe explicou o motivo da visita e lhe mostrou uma série de fotos de sua filha, algumas em que ainda estava mais ou menos saudável, e as últimas, feitas no hospital, já muito doente, com Sabrina no colo. A vidente as examinou uma por uma, depois as colocou sobre a mesa, pôs as mãos em cima e fechou os olhos durante longos minutos. "Ela foi levada por uns homens num veículo", disse por fim. "Mataram ela. Atiraram o corpo num matagal, perto do rio Russian. Vejo água e uma torre de madeira, deve ser uma torre de vigilância florestal."

Willie, pálido, não reagiu. Depositei sobre a mesa o pagamento pelo serviço, três vezes mais caro que a consulta de um médico, peguei meu marido por um braço e o arrastei até o carro. Tirei a chave do bolso dele e o empurrei para o assento. Dirigi, com mãos trêmulas e a vista nublada, através da ponte, para casa. "Não deve acreditar em nada disso, Willie, não é científico, é puro charlatanismo", supliquei. "Já sei", ele me respondeu, mas o mal já estava feito. De qualquer forma, só se lamentou muito mais tarde, quando fomos ver um filme sobre a pena de morte, *Os últimos passos de um homem*, em que há uma cena do assassinato de uma garota num matagal, similar ao descrito pela vidente. No silêncio e na escuridão do cinema, ouviu-se um grito lancinante, como um lamento de animal ferido. Era Willie, dobrado em sua poltrona, com a cabeça nos joelhos. Saímos às cegas da sala, e, no estacionamento, trancado no carro, ele chorou longamente a filha desaparecida.

Um ano mais tarde, Fu e Grace ofereceram uma cerimônia no Centro de Zen-Budismo para festejar Jennifer, dar dignidade a essa vida trágica e um fecho a seu fim inexplicável, que deixou a família em suspenso para sempre. Nossa pequena tribo, incluindo Tabra, Jason e Sally, e a mãe de Jennifer com algumas amigas, nos reunimos na mesma sala em que havíamos festejado o primeiro aniversário de Sabrina, diante de um altar com fotos de Jennifer em seus melhores tempos, flores, incenso e velas. Puseram um par de sapatos no centro do círculo, para indicar o novo caminho que ela havia empreendido. Jason e Willie estavam comovidos pelas boas intenções de todos os presentes, mas não puderam evitar uma troca de sorrisos, porque Jennifer jamais teria usado sapatos como aqueles; deveriam ter conseguido umas sandálias roxas, mais de seu estilo. Ambos, que a conheciam bem, imaginaram que se ela, do ar, estivesse observando aquela triste reunião, cairia na risada, porque tudo que cheirava a Nova Era lhe parecia ridículo, e, além disso, não era das que se lamentavam; não tinha nenhuma autocompaixão, era atrevida e valente. Sem as drogas que a meteram numa vida de miséria, talvez houvesse tido um destino aventureiro, porque possuía a força do pai. Dos três filhos de Willie, somente Jennifer herdou o coração de leão de Willie, e ela o deu a sua filha. Sabrina, como Willie, pode cair de joelhos, mas sempre se levanta. Essa menina, que quase não conheceu sua mãe, mas tinha sua imagem gravada na alma antes de nascer, participou do ritual aconchegada no colo de Grace. No fim, Fu deu a Jennifer um nome budista: U Ka Dai Shin, "asas de fogo, grande coração". Era um nome adequado para ela.

Na cerimônia, durante o momento que dedicamos à meditação, Jason pensou ter sentido a voz de sua irmã, que lhe soprava ao ouvido: "Que merda estão fazendo? Não têm a menor idéia do que me aconteceu! Podia estar viva, não? O engraçado é que nunca vão saber." Talvez por isso Jason nunca tenha deixado de procurá-la, e agora, tantos anos mais tarde, quando existem testes de DNA, ele esteja obstinado em encontrá-la nos infinitos arquivos de desgraças da polícia. Quanto a mim, durante a meditação surgiu com grande clareza em minha mente uma cena em que Jennifer estava sentada à margem de um rio, molhando os pés e atirando pedrinhas na água. Usava um vestido de verão e parecia jovem e saudável, sem sinais de dor. Raios de sol penetravam entre as folhas das árvores e iluminavam seu cabelo loiro e seu corpo esbelto. De repente se deitava encolhida no chão, sobre o musgo, e fechava os olhos. À noite, contei aquela visão a Willie e nós dois decidimos que esse foi seu verdadeiro fim e não o da vidente: estava muito cansada, dormiu e não acordou mais. Na manhã seguinte, levantamos cedo e fomos à mata de sequóias, escrevemos o nome de Jennifer num papel, que queimamos. Atiramos as cinzas no mesmo riacho onde havíamos espalhado as tuas, Paula. Vocês não se conheceram neste mundo, mas gostamos de imaginar que talvez seus espíritos brinquem como irmãs entre essas árvores.

VIDA EM FAMÍLIA

~~∞~~

Em 1994, Ruanda aparecia com freqüência na imprensa. As notícias do genocídio eram tão horrorosas que custava acreditar nelas: crianças assassinadas, mulheres grávidas abertas a facadas para lhes arrancar o feto, famílias inteiras executadas, centenas de órfãos famintos perambulando pelas estradas, aldeias queimadas com todos os seus habitantes.

— Por que o mundo vai se importar com o que acontece na África? Os que morrem são uns negros miseráveis — comentava Celia, indignada, com a paixão incendiária que empregava em tudo.

— É terrível, Celia, mas acho que você não está deprimida apenas por isso. Vamos, diga o que realmente está acontecendo... — eu sondava.

— Imagine se despedaçassem meus filhos a facão!

E desatava a chorar.

Algo estava germinando na alma de minha nora. Não tinha um momento de paz, corria executando mil tarefas, acho que chorava escondida e estava mais magra e abatida a cada dia, mas mantinha uma postura de alegria petulante. Tinha desenvolvido uma verdadeira obsessão pelas más notícias da imprensa, que comentava com Jason, o único na família que lia todos os jornais e era capaz de analisar os fatos com instinto de jornalista. Ele foi a primeira pessoa que ouvi relacionar a religião com o terror, muito antes que fundamentalismo e terrorismo fossem praticamente sinônimos. Explicou para nós que a violência na Bósnia, no Oriente Próximo e na África, os excessos dos talibãs no Afeganistão e outros fatos desconectados eram causados por um ódio tanto racial como religioso.

Jason e Sally falavam em se mudar logo que conseguissem um apartamento em algum lugar, mas tinham procurado em vão algo ao alcance de sua magra renda. Oferecemos ajuda, mas sem insistir demais, para não dar a eles a impressão de que os estávamos mandando embora. Gostávamos de tê-los com a gente, eram divertidos e suavizavam o ambiente. Era comovente ver Jason apaixonado pela primeira vez e falando em se casar, embora Willie estivesse convencido de que ele e Sally não formavam um bom casal. Não sei por que essa idéia se meteu na cabeça de Willie; pareciam se dar muito bem.

Vovó Hilda passava longas temporadas na Califórnia e, sob sua influência, a casa se transformava num antro de jogatina. Até meus netos, uns inocentes que ainda andavam de chupeta, aprenderam a trapacear com as cartas. Ela os ensinou a jogar com tal habilidade que, mais tarde, Alejandro, quando já tinha 10 anos, poderia ganhar a vida com um baralho. Uma vez, quando o pirralho era um filhinho-da-mamãe com óculos redondos e dentes de castor, se meteu no acampamento de uns sujeitos mal-encarados, que estavam com seus trailers e suas motos numa praia. A aparência daqueles homens, com camisetas sem mangas, tatuagens, botas de mercenários e as inevitáveis barrigas de bons bebedores de cerveja, não espantou Alejandro, porque viu que estavam jogando cartas. Muito seguro de si, ele se aproximou e pediu permissão para participar. Um coro de risadas foi a resposta, mas ele insistiu. "Aqui apostamos dinheiro, fedelho", avisaram. Alejandro concordou; sentia-se seguro porque já podia ganhar da Vovó Hilda, e rico porque tinha cinco dólares em moedas pequenas. Eles o convidaram a se sentar e lhe ofereceram cerveja, que ele recusou amavelmente, mais interessado nas cartas. Em vinte minutos, meu neto havia tosquiado os sete valentões e se afastava do lugar com os bolsos cheios de notas, sob uma saraivada de pragas e palavrões.

Vivíamos como uma tribo, ao estilo chileno: estávamos sempre juntos. Vovó se divertia muito com Celia, Nico e as crianças; preferia mil vezes sua companhia que a nossa, e passava muito tempo na casa deles. Havíamos explicado a Vovó que as mães de Sabrina eram lésbicas, budistas e vegetarianas, três palavras que não conhecia. Isso de vegetarianas foi a única coisa que lhe pareceu inaceitável, mas, de qualquer forma, ficou amiga delas. Mais de uma vez as visitou no Centro de Zen-Budismo, onde as incitava a comer hambúrguer, beber margaritas e jogar pôquer. Minha mãe e tio Ramón, meu inefável padrasto, vinham com freqüência do Chile; às vezes aparecia meu irmão Juan, que chegava de Atlanta com a cabeça inclinada e a expressão grave de um bispo, pois estava estudando teologia. Depois de quatro anos dedicado às coisas divinas, Juan se formou com honra; então, decidiu que não levava jeito de pregador e voltou a seu emprego, que tem até hoje, de professor de ciências políticas numa universidade. Willie comprava alimentos por atacado e cozinhava para aquele acampamento de refugiados. Eu o vejo na cozinha, atacando com facas ensangüentadas um quarto de boi, fritando sacos de batatas e picando toneladas de alface. Nos momentos de inspiração, fazia uns tacos mexicanos picantes e mortais ao som de seus discos de rancheiras. A cozinha ficava como madrugada de carnaval e os comensais se regalavam, mesmo que depois pagassem as conseqüências do excesso de gordura e pimenta.

A casa era mágica: esticava e encolhia conforme as necessidades. Encarapitada a meia altura num morro, tinha uma vista panorâmica da baía, quatro quartos no andar principal e outro embaixo. Ali instalamos, em 1992, a enfermaria onde você passou vários meses sem alterar o ritmo da família. Algumas noites, eu acordava com o murmúrio de minhas próprias lembranças e a dos personagens fugidos dos sonhos alheios, me levantava em silêncio e percorria os quartos, grata pela quietude e calidez dessa casa. "Nada de ruim pode acontecer aqui", pensava. "O mal foi expulso para sempre, o espírito de Paula cuida de nós." Às vezes, a manhã me surpreendia com suas caprichosas cores de pêssego e melancia, e me espantava ver a paisagem estendida aos pés do morro, com a bruma que se desprendia da lagoa e os gansos selvagens voltando para o sul.

Celia começava a se recuperar do desgaste das três gestações quando teve de ir à Venezuela para o casamento de sua irmã. Nesse tempo tinha um visto de residente que lhe permitia viajar ao estrangeiro e voltar aos Estados Unidos. Nico e as crianças se mudaram temporariamente para a nossa casa, uma solução que a Vovó pareceu ideal: "Por que não vivemos todos juntos, como se deve?", perguntou. Enquanto isso, em Caracas, Celia adoeceu com aquilo que quis deixar para trás ao se casar com Nico, e penso que não deve ter sido agradável, porque voltou com o ânimo nos calcanhares, decidida a cortar o contato com uma parte de seus parentes. Ela se grudou em mim, e me dispus a defendê-la de todos, inclusive de si mesma. Perdeu peso de novo, e então armamos um cerco familiar e a obrigamos a consultar um especialista, que lhe receitou terapia e antidepressivos. "Eu não acredito em nada disso", me dizia, mas o tratamento a ajudou e logo voltou a dedilhar o violão e a nos fazer rir e nos deixar furiosos com suas idéias. Apesar dos inexplicáveis ataques de tristeza, a maternidade a fez florescer.

As crianças eram um circo permanente e Vovó nos lembrava todo dia que devíamos aproveitá-las, porque crescem e vão embora cedo demais. As crianças, mais que as receitas médicas, ajudaram Celia nesse tempo. Alejandro, que era tímido mas muito esperto, gaguejava frases sábias com a mesma voz rouca de sua mãe. Nesse ano, na Páscoa, antes de sair com sua cesta em busca dos ovos no jardim, me sussurrou ao ouvido que os coelhos não põem ovos porque são mamíferos. "E, então, quem deixa os ovos da Páscoa?", perguntei, como uma perfeita estúpida. "Você", me respondeu. Nicole, a menor, teve que se defender de seus irmãos desde que pôde ficar de pé. Num aniversário, tive a má idéia de dar a Alejandro, que tinha me pedido de joelhos, batendo suas pestanas de girafa, um conjunto de punhais Ninja de plástico. Primeiro obtive autorização especial dos pais — que não permitiam armas, como também se opunham à televisão, dois tabus da Nova Era na Califórnia —, porque não dá para criar os filhos numa bolha; é preferível que se contaminem desde pequenos, assim se imunizam. Em seguida, avisei meu neto de que não podia atacar suas irmãs, mas foi como lhe dar uma bala e dizer que não a chupasse. Dali a cinco minutos, deu uma facada em Andrea, que reagiu na hora, e logo depois os dois enfrentaram Nicole. Vimos passar Alejandro e Andrea correndo apavorados, e Nicole atrás, com um punhal em cada mão, uivando como um apache de filme. Ainda usava fraldas. Andrea era a mais pitoresca. Ela se vestia toda de rosa, fora os chinelos verde-limão; surgiam uns cachos dourados entre os enfeites que botava na cabeça — tiaras, fitas de pacotes, flores de papel — e vivia perdida em seu mundo imaginário. Além do mais, tinha o Poder Rosa, um anel mágico com uma pedra dessa cor, presente de Tabra, que podia transformar o brócolis em picolé de morango e dar um ponta pé à distância no garoto que tinha gozado dela no recreio. Uma vez, a professora levantou a voz com ela e ela se plantou na sua frente, apontando com o dedo do poderoso anel: "Não se atreva a me falar assim! Eu sou Andrea!". Em outra ocasião, voltou muito alterada do colégio e me abraçou.

— Tive um dia desgraçado! — me confessou, soluçando.
— Não houve um só instante bom, Andrea?
— Sim. Uma menina caiu e quebrou os dentes.
— Credo, Andrea, o que isso tem de bom?!
— Não fui eu.

MENSAGENS

~~~

Paula foi publicado na Espanha com uma foto tua na capa, que Willie fizera, na qual você aparece sorrindo e cheia de vida, com teu cabelo escuro te cobrindo como um manto. Logo começaram a chegar centenas de cartas, que enchiam caixas no escritório; para Celia, as horas eram insuficientes para ordená-las e responder. Durante anos recebi cartas de leitores entusiastas, embora, admito, nem todas fossem motivadas por simpatia pelos meus livros: algumas vinham com solicitações, como a de um romancista de dezesseis obras inéditas, que propunha galantemente se associar comigo e dividir os direitos autorais meio a meio, ou dois chilenos na Suécia que me pediam passagens para voltar ao Chile, porque, por culpa de meu tio Salvador Allende, eles tiveram que se exilar. No entanto, nada disso se compara à avalancha de correspondência que nos inundou por causa de *Paula*. Quis responder sempre, mesmo que fosse só com duas linhas rabiscadas num cartão, porque cada carta havia sido escrita com o coração e enviada às cegas, algumas a meus editores, outras à minha agente, muitas através de amigos ou livrarias. Passava parte da noite fabricando cartões com papéis japoneses que Miki Shima me dava e pequenas peças de prata e pedras semipreciosas de Tabra. As cartas que recebia eram tão sentidas, que, anos mais tarde, quando o livro tinha sido traduzido em vários idiomas, alguns editores europeus decidiram publicar uma seleção daquela correspondência. Às vezes me escreviam pais que tinham perdido um filho, mas a maioria era gente jovem que se identificava com você, Paula, inclusive moças que desejavam conhecer Ernesto, apaixonadas pelo viúvo sem conhecê-lo. Alto, forte, moreno e trágico, ele atraía as mulheres. Não penso que lhe faltasse consolo: não é um santo, e o celibato não é seu forte, como ele mesmo me contou e como você sempre soube. Ernesto garante que, não fosse porque se apaixonou por você, teria entrado para o seminário para se tornar padre, mas tenho cá minhas dúvidas. Ele precisa de uma mulher a seu lado.

Ocupada com as cartas, não tive tempo para a literatura, e até a comunicação com minha mãe diminuiu. Em vez da mensagem diária que nos manteve unidas durante décadas, falávamos por telefone, ou enviávamos rápidos faxes, evitando confidências que podiam ficar expostas à curiosidade alheia. Nossa correspondência dessa época é muito chata. Nada como o correio, com seu passo de tartaruga e sua privacidade, nada como o prazer de esperar o carteiro, abrir um envelope, tirar as folhas que minha mãe tinha dobrado e ler suas notícias com duas semanas de atraso. Se eram más, já não importava, e se eram boas, eu sempre podia festejá-las.

Entre as cartas chegou a de uma jovem enfermeira que te atendera na unidade de terapia intensiva do hospital de Madri. Foi Celia quem a abriu e me trouxe, pálida. Nós a lemos juntas. A enfermeira me dizia que, depois de ler o livro, considerara seu dever me contar o que tinha acontecido. A negligência médica e um corte de eletricidade, que atingira a máquina de oxigênio, destruíram teu cérebro. Muitas pessoas no hospital sabiam o que havia acontecido, mas trataram de ocultá-lo, talvez com a esperança de que você morresse sem que houvesse uma investigação. Durante meses, as enfermeiras me viam esperando o dia inteiro no corredor dos passos perdidos e, às vezes, quiseram me contar a verdade, mas não se atreveram a enfrentar as conseqüências. A carta me deixou nauseada durante vários dias. "Não pense nisso, Isabel, porque já não tem remédio. Esse foi o destino de Paula. Agora o espírito dela está livre e não terá que sofrer os dissabores que a vida sempre reserva", escreveu minha mãe quando lhe contei. "Com esse critério deveríamos estar todos mortos", pensei.

Essas memórias atraíram mais interesse do público e da imprensa que a soma de meus livros anteriores. Fiz muitas viagens, dei centenas de entrevistas, dezenas de conferências, milhares de autógrafos. Uma mulher quis que eu lhe dedicasse nove livros, um para cada uma de suas amigas que tinham perdido um filho, e outro para ela. Sua filha ficou paraplégica por causa de um acidente de carro e, assim que conseguiu manobrar uma cadeira de rodas, se atirou numa piscina. Dor e mais dor. Por comparação, a minha era suportável, porque ao menos pude cuidar de você até o fim.

QUATRO MINUTOS DE FAMA

⁂

O filme baseado em meu primeiro romance, *A casa dos espíritos*, foi anunciado com muito estardalhaço porque contava com um elenco formidável, com as grandes estrelas da época: Meryl Streep, Jeremy Irons, Glenn Close, Vanessa Redgrave, Winona Ryder e meu favorito, Antonio Banderas. Agora, vários anos depois, ao pensar nesses atores, eles me parecem tão antigos como os do cinema mudo. O tempo é implacável.

Quando meu primeiro romance foi publicado, vários membros da família de minha mãe se chatearam comigo, uns porque nossas idéias políticas estão em extremos opostos e outros porque consideravam que eu havia traído nossos segredos. "Roupa suja se lava em casa" é o lema do Chile. Para escrever esse livro, peguei como modelos meus avós, alguns tios e outros personagens extravagantes de minha numerosa tribo chilena, e utilizei também as histórias que durante anos escutei meu avô contar e os acontecimentos políticos da época, mas nunca imaginei que algumas pessoas tomariam isso tudo ao pé da letra. Minha versão dos fatos é oblíqua e exagerada. Minha avó nunca pôde mover uma mesa de bilhar com o pensamento, como Clara del Valle, nem meu avô era um estuprador e assassino, como Esteban Trueba no romance. Durante muitos anos esses parentes não me dirigiram a palavra ou me evitaram. Pensei que o filme seria como jogar sal na ferida, mas aconteceu o contrário. O poder do cinema é tão acachapante que o filme se transformou na história oficial de minha família, e fiquei sabendo que agora as fotos de Meryl Streep e Jeremy Irons substituíram as de meus avós.

Nos Estados Unidos se comentava que o filme arrasaria com os Prêmios da Academia de Hollywood, mas, da antes da estréia, apareceram críticas negativas porque não se usaram atores hispânicos num assunto latino-americano. Disseram que antigamente, quando precisavam de um negro na tela, pintavam um branco com graxa de sapato, e que agora, quando queriam um latino, botavam um bigode num branco. O filme foi rodado na Europa por um diretor dinamarquês, com dinheiro alemão, atores anglo-saxões, e era falado em inglês. De chileno tinha pouco, mas eu achei bem melhor que o livro e lamentei que fosse recebido com má vontade antecipada. Meses antes, o diretor, Bille August, tinha convidado Willie e a mim para a filmagem em Copenhague. As externas foram feitas numa chácara em Portugal, que depois se tornou um ponto turístico, e as gravações internas numa casa construída dentro de um estúdio na Dinamarca. Os móveis e enfeites foram alugados em antiquários de Londres. Quis enfiar no bolso, como lembrança, uma caixinha esmaltada, mas cada objeto tinha um código, e havia uma pessoa encarregada de prestar contas. Então, pedi a cabeça de Vanessa Redgrave, mas não me deram. Me refiro a uma réplica de cera que devia aparecer numa cena dentro de uma chapeleira, mas a omitiram com medo de que produzisse risos em vez do espanto desejado. Que terá sido feito dessa cabeça? Talvez Vanessa a tenha na sua mesa-de-cabeceira para se lembrar da fragilidade da existência. Para mim teria servido por anos para quebrar o gelo em qualquer conversa e assustar meus netos. No porão da casa tinha escondido umas caveiras, mapas de piratas e baús com tesouros; nada melhor que uma infância de terrores para estimular a imaginação.

Durante uma semana, Willie e eu convivemos com as celebridades, vivendo como as pessoas importantes deste mundo. Cada estrela tinha sua corte de ajudantes, maquiadores, cabeleireiros, massagistas, cozinheiros. Meryl Streep, bela e distante, estava acompanhada por seus filhos e suas respectivas babás e tutores. Uma de suas filhas pequenas, com o mesmo talento e aparência etérea da mãe, atuou no filme. Glenn Close, que andava com vários cachorros e suas tratadoras, tinha lido meu livro com grande atenção para se preparar para o papel de Férula, a solteirona, e passamos horas divertidas conversando. Me perguntou se, por acaso, a relação entre Férula e Clara era lésbica, e eu não soube responder, porque a idéia me surpreendeu. Acho que, no começo do século XX, no Chile, época em que está situada essa parte do romance, existiam relações amorosas entre mulheres que nunca chegaram ao plano sexual pelos impedimentos sociais e religiosos. Jeremy Irons, na vida real, não era precisamente o gelado aristocrata inglês que costumamos admirar na tela; podia ter sido um simpático motorista de táxi nos subúrbios de Londres: exibia uma ironia negra, mostrava os dedos tingidos de nicotina e se orgulhava de um repertório inesgotável de histórias extravagantes, como uma em que perdeu seu cachorro no metrô e, durante uma manhã inteira, o cachorro e o dono se cruzaram em várias direções, saltando dos trens cada vez que se divisavam em alguma estação. Não sei por que no filme lhe puseram alguma coisa na boca, como um freio, que distorceu um pouco seu rosto e sua voz. Vanessa Redgrave, alta, aristocrática, luminosa e com olhos azul-cobalto, se apresentava sem maquiagem e com um lenço de *babushka* na cabeça, sem que isso diminuísse em nada o impacto formidável de sua presença. Conheci Winona Ryder depois; era uma espécie de menino bonito, com o cabelo cortado a tesouradas por sua mãe. Ela me pareceu encantadora, apesar de ter fama de mimada e caprichosa na equipe técnica. Dizem que isso estragou sua carreira, que podia ter sido brilhante. Quanto a Antonio Banderas, eu já o tinha visto duas vezes antes e estava apaixonada por ele com aquele amor tímido e ridículo das adolescentes pelas estrelas do cinema, embora ele pudesse ser meu filho, forçando um pouco as coisas. Na porta principal do hotel sempre havia uma fila de curiosos semimortos de frio, com os pés enterrados na neve, esperando que passasse uma celebridade para pedir autógrafo, mas elas entravam por uma porta de serviço e os fanáticos deviam se conformar com a minha assinatura. "Quem é?", ouvi alguém perguntar em inglês, me apontando. "Não vê que é a Meryl Streep?", respondeu outro.

Justamente quando já tínhamos nos acostumado a viver como reis, acabaram as férias, voltamos para casa e passamos de imediato ao anonimato absoluto: se telefonássemos para qualquer um daqueles "amigos" famosos, devíamos soletrar nossos nomes. A estréia internacional do filme não foi em Hollywood, já que os produtores eram alemães, mas em Munique, onde enfrentamos uma multidão de gente altíssima e um bombardeio apavorante de câmeras e flashes. Todo mundo se vestia de preto, e eu, da mesma cor, desapareci abaixo da linha da cintura dos demais. Na única foto de imprensa em que figuro, pareço um rato assustado, preto sobre preto, com a mão amputada de Willie sobre um ombro.

Há uma coisa que me aconteceu dez anos depois do filme *A casa dos espíritos* e que só posso contar aqui ou calar para sempre, porque se refere à fama, e esse assunto não te interessa, filha. Em 2006, coube a mim levar a bandeira olímpica na Olimpíada de Inverno na Itália. Foram só quatro minutos, mas me serviram para alcançar a fama: agora as pessoas me reconhecem na rua e finalmente meus netos se gabam de me ter por avó.

As coisas aconteceram assim: um dia me telefonou Nicoletta Pavarotti, a esposa do tenor, uma mulher encantadora, 34 anos mais nova que seu célebre marido, para me contar que eu tinha sido selecionada como uma das oito mulheres que levariam a bandeira na cerimônia inaugural dos Jogos Olímpicos. Eu disse que devia se tratar de um equívoco, porque sou o oposto de uma atleta; na verdade, não tinha certeza de que poderia dar uma volta no estádio sem uma maca. Ela me explicou que se tratava de uma grande honra, que as candidatas tinham sido escolhidas com rigor, e suas vidas, suas idéias e seu trabalho muito bem investigados. Além do mais, pela primeira vez, a bandeira seria levada apenas por mulheres, três atletas com medalhas de ouro e cinco representantes dos continentes; eu iria pela América Latina, claro. Minha primeira pergunta foi, naturalmente, que roupa usaria. Ela me explicou que usaríamos uniforme e pediu minhas medidas. Com terror, me vi dentro de um traje acolchoado de uma repulsiva cor pastel, gorda como os pneus Michelin nos anúncios. "Posso ir de salto alto?", perguntei, e ouvi um suspiro do outro lado da linha.

Em meados de fevereiro, chegamos com Willie e o resto da família em Turim, uma bela cidade de nível internacional, mas não para os italianos, que não se impressionam nem com Veneza ou Florença. Multidões entusiastas aplaudiam a passagem da tocha olímpica pelas ruas ou a de qualquer uma das oitenta equipes que competiam, cada uma com suas cores. Esses jovens eram os melhores atletas do mundo, tinham treinado desde os 3 ou 4 anos de idade e sacrificaram suas vidas para chegar aos Jogos. Todos mereciam ganhar, mas existem os imprevistos: um floco de neve, um centímetro de gelo ou a força do vento podem determinar o resultado de uma corrida. No entanto, o que mais pesa, mais que o treinamento ou a sorte, é o coração, já que apenas o coração mais valente e determinado leva a medalha de ouro. Paixão, esse é o segredo do vencedor. As ruas de Turim estavam cobertas de cartazes que anunciavam o slogan dos Jogos: "A paixão vive aqui." Esse é meu maior desejo, viver com paixão até o último de meus dias.

No estádio conheci as outras portadoras da bandeira: três atletas e as atrizes Susan Sarandon e Sofia Loren, além das ativistas, a Prêmio Nobel da Paz Wangari Maathai, do Quênia, e Somaly Mam, que luta contra o tráfico sexual de crianças no Camboja. Também recebi meu uniforme. Não era o tipo de roupa que uso normalmente, mas não era tão horroroso como eu havia imaginado: suéter, saia e abrigo de lã branco-gelo, botas da mesma cor, tudo com a grife de um desses estilistas caros. Não caía mal, na realidade. Eu parecia uma geladeira, mas as outras também, exceção para Sofia Loren, alta, imponente, peituda e sensual em seus setenta e tantos anos. Não sei como ela se mantém magra, porque durante as muitas horas que estivemos esperando nos bastidores não deixou de mordiscar carboidratos: biscoitos, nozes, bananas, chocolate. E não sei como pode estar bronzeada e não ter rugas. Sofia é de outra época, muito diferente das modelos e atrizes de hoje, que parecem esqueletos com seios postiços. Sua beleza é lendária e, pelo visto, indestrutível. Há vários anos disse, num programa de televisão, que seu segredo era manter uma postura e "não fazer ruídos de velha", quer dizer, nada de se queixar, grunhir, tossir, resfolegar, falar sozinha ou soltar peidos. Você não tem por que se preocupar, Paula, sempre terá 28 anos, mas eu, que sou uma vaidosa irremediável, procurei seguir ao pé da letra esse conselho, já que não posso imitar Sofia em nenhum outro aspecto.

Quem mais me impressionou foi Wangari Maathai. Trabalha com mulheres de aldeias africanas e plantou mais de trinta milhões de árvores, com o que mudou o clima e a qualidade da terra em algumas regiões. Essa mulher magnífica brilha como uma lâmpada, e, ao vê-la, senti o impulso irresistível de abraçá-la, o que costuma me acontecer na presença de certos homens jovens, mas nunca com uma dama como ela. Eu a abracei com desespero, sem poder soltá-la; era como uma árvore, forte, sólida, quieta, contente. Wangari, assustada diante daquele despropósito, me afastou disfarçadamente.

Os Jogos Olímpicos iniciaram com um extravagante espetáculo em que participaram milhares de pessoas: atores, bailarinos, extras, músicos, técnicos, produtores e muito mais. A certa altura, por volta das onze horas da noite, quando a temperatura estava abaixo de zero, levaram-nos aos bastidores e recebemos a enorme bandeira olímpica. Os alto-faltantes anunciaram o momento culminante da cerimônia e começou a tocar "Marcha triunfal" da *Aída*, cantada em coro por 40 mil espectadores. Sofia Loren ia à minha frente. Ela é uma cabeça mais alta que eu, sem contar sua mata de cabelos ondulados, e caminhava com a elegância de uma girafa na savana, segurando a bandeira sobre o seu ombro. Eu trotava atrás, na ponta dos pés, com o braço estendido, de maneira que minha cabeça ficava embaixo da maldita bandeira. Claro que todas as câmeras apontavam para Sofia Loren, o que foi muito conveniente para mim, porque saí em todas as fotos, embora enquadrada entre as pernas dela. Confesso a você, Paula, que estava feliz. Segundo Nico e Willie, que me aclamavam da galeria, com lágrimas de orgulho, eu ia levitando: essa volta olímpica foram meus quatro magníficos minutos de fama. Juntei os artigos e fotos que saíram na imprensa porque é a única coisa que não desejo esquecer quando a demência senil apagar todas as minhas outras lembranças.

O MALVADO PAPAI NOEL

Mas voltemos atrás, Paula, para não nos perdermos. Nós nos apegamos a Sally, a namorada de Jason, uma garota discreta e de poucas palavras, que se mantinha em segundo plano, embora estivesse sempre atenta e presente. Tinha mãos de fada madrinha com as crianças. Era baixa, bonita sem ostentação, com o cabelo loiro liso e sem um pingo de maquiagem; parecia ter 15 anos. Trabalhava num centro de jovens delinqüentes, onde se requeria coragem e firmeza. Levantava cedo, partia e não a víamos até a noite, quando chegava se arrastando de cansaço. Muitos dos jovens sob sua responsabilidade estavam reclusos por assalto à mão armada e, embora fossem menores de idade, tinham tamanho de mastodonte; não sei como ela, com sua aparência de pardal, se fazia respeitar. Um dia que um daqueles valentões a ameaçou com uma navalha, ofereci a ela um emprego um pouco mais seguro em meu escritório, para que ajudasse Celia, que já não dava conta da carga de trabalho. Eram muito amigas, Sally sempre estava disposta a ajudá-la com as crianças e a acompanhá-la, porque Nico passava dez horas fora de casa estudando inglês e trabalhando. Com o tempo, cheguei a conhecê-la e concordei com Willie em que tinha pouco em comum com Jason. "Não se meta", ordenou Willie. Mas como não ia me meter, se viviam em nossa casa e o vestido de noiva dela, de renda cor de merengue, estava pendurado no meu closet? Pensavam se casar quando ele terminasse seus estudos, segundo dizia Jason, mas Sally não dava mostras de impaciência; eles pareciam um casal de cinqüentões entediados. Esses noivados modernos, longos e descontraídos, me parecem suspeitos; a urgência é inseparável do amor. Segundo Vovó Hilda, que via o invisível, se Sally se casasse com Jason não seria por loucura de amor, mas para ficar em nossa família.

O único emprego temporário que Jason conseguiu, depois de se formar no *college*, foi num centro comercial, suando num traje absurdo de Papai Noel. Pelo menos serviu para que entendesse que devia continuar sua formação e obter um título profissional. Ele nos contou que a maioria dos Papais Noéis eram uns pobres-diabos que chegavam ao trabalho depois de tomar uns tragos, e que alguns bolinavam as crianças. Em vista disso, Willie decidiu que contaríamos com o nosso próprio Papai Noel e comprou uma fantasia esplêndida de veludo vermelho debruado com uma autêntica pele de coelho, uma barba verossímil e botas de couro envernizado. Eu queria que escolhesse algo mais barato, mas ele me disse que não usava nada vagabundo e, além disso, havia muitos anos pela frente para pagar a fantasia. Nesse Natal, convidamos uma dezena de crianças com seus pais; na hora marcada, diminuímos as luzes, alguém tocou música natalina num órgão eletrônico, e Willie apareceu por uma janela com seu saco de presentes. Foi aquela correria entre os menores, menos Sabrina, que não tem medo de nada. "Vocês devem ser muito ricos para conseguir que Papai Noel venha numa noite tão movimentada", comentou. As crianças maiores estavam encantadas, até que uma delas disse que não acreditava em Papai Noel, e Willie respondeu furioso: "Então não ganha o presente, pirralho de merda!" Aí acabou a festa. Imediatamente as crianças suspeitaram que embaixo da barba se escondia Willie — quem mais poderia ser? —, mas Alejandro botou fim às dúvidas com um raciocínio irrefutável: "É melhor a gente não saber. Isto é como a fada que traz uma moeda quando cai um dente. É melhor que os pais pensem que somos bobos." Nicole era ainda muito pequena para participar daquela farsa, mas alguns anos mais tarde as dúvidas a consumiam. Tinha pavor do Papai Noel, e a cada Natal precisávamos acompanhá-la ao banheiro, onde se trancava tremendo, até que lhe garantissem que o terrível velhote tinha ido para outra casa em seu trenó. Dessa vez se encolheu perto do vaso com cara comprida e se negou a abrir os presentes.

— O que é, Nicole? — eu quis saber.

— Me diga a verdade, Willie é o Papai Noel?

— Acho melhor você perguntar pra ele — aconselhei. Tive medo que, se mentisse para ela, não confiaria mais em mim.

Willie a pegou pela mão e a levou ao quarto onde estava a fantasia que acabara de usar. Admitiu a verdade, depois de adverti-la de que seria um segredo entre os dois que ela não podia compartilhar com as outras crianças. Minha neta mais nova voltou para a festa e se encolheu num canto com o mesmo rosto comprido, sem tocar em seus presentes.

— O que é agora, Nicole? — perguntei.

— Sempre riram de mim! Estragaram a minha vida! — foi a resposta.

Ela ainda não tinha feito 3 anos...

Contei a Jason quanto me havia ajudado o treinamento de jornalista para o ofício da escrita e sugeri que esse poderia ser o primeiro passo para a sua carreira literária. O jornalismo ensina a investigar, resumir, trabalhar sob pressão e utilizar a linguagem com eficiência, além de ter sempre em mente o leitor, coisa que os autores costumam esquecer por estarem preocupados com a posteridade. Depois de muito pressioná-lo, porque estava cheio de dúvidas e nem queria preencher os formulários de admissão, mandou-os para várias universidades e, para sua surpresa, aceitaram-no em todas e ele pôde se dar ao luxo de estudar jornalismo na mais prestigiosa, a de Columbia, em Nova York. Sua partida o distanciou de Sally, e achei que essa relação tão morna acabaria por esfriar, embora eles continuassem falando em se casar. Sally permaneceu apegada a nós, trabalhando comigo e com Celia, ajudando com as crianças: era a tia perfeita. Ele se foi em 1995 com a idéia de se formar e voltar para a Califórnia; de todos os filhos de Willie, Jason era o que mais gostava da idéia de viver em tribo. "Gosto de ter uma família grande; essa mistura de norte-americanos e latinos funciona muito bem", ele me disse uma vez. Para se integrar, passou alguns meses no México estudando espanhol e acabou falando muito bem, com o mesmo sotaque de bandido de Willie. Sempre fomos amigos, compartilhamos o vício dos livros e costumávamos nos sentar no terraço com um copo de vinho para contar argumentos de possíveis romances e dividirmos os assuntos. Ele considerava você, Ernesto, Celia e Nico tão irmãos dele como os que por acaso tinham tocado a ele. Queria que todos nós permanecêssemos juntos para sempre. No entanto, depois da tua morte e do desaparecimento de Jennifer, afundamos na tristeza e os laços se romperam ou mudaram. Agora, anos mais tarde, Jason diz que a família foi pro diabo, mas eu lembro a ele que as famílias, como quase tudo neste mundo, se transformam e evoluem.

UM PENHASCO ENORME

Celia e Willie discutiam aos gritos com igual paixão tanto por besteiras como por assuntos sérios.

— Bote o cinto de segurança, Celia — ele dizia no carro.

— Não é obrigatório usar cinto no banco de trás.

— É, sim.

— Não!

— Não interessa se é obrigatório ou não! Este carro é meu e eu estou dirigindo! Bote o cinto ou desça! — bufava Willie, vermelho de raiva.

— Porra! Então, eu desço!

Desde pequena Celia havia se rebelado contra a autoridade masculina, e Willie, que também reage à menor provocação, acusava-a de ser uma menininha malcriada. Com freqüência, ficava furioso com ela, mas tudo acabava perdoado mal Celia pegava o violão. Nico e eu procurávamos nos manter afastados, embora nem sempre desse certo. Vovó Hilda não se metia. A única coisa que me disse uma vez foi que Celia não estava acostumada a receber carinho, mas que, com o tempo, ela baixaria a crista.

Tabra foi operada para que lhe tirassem as bolas de futebol e lhe colocassem seios normais, umas bolsas com uma solução menos letal que o silicone. A propósito, o médico da primeira cirurgia acabou como um dos cirurgiões plásticos mais famosos da Costa Rica, de modo que a experiência adquirida com minha amiga não foi inútil. Imagino que agora ele deva ser um ancião e nem se lembre da jovem norte-americana que foi sua primeira cobaia. Tabra ficou seis horas na sala de cirurgia; tiveram que lhe raspar das costelas o silicone fossilizado e, quando saiu da clínica, estava tão abatida que a instalamos em nossa casa para cuidar dela até que pudesse se virar sozinha. Com os gânglios inflamados, não podia mexer os braços, e teve uma reação à anestesia que a deixou com náuseas por uma semana. Só tolerava sopas aguadas e pão torrado.

Nessa época, Jason já tinha ido para Nova York estudar e Sally havia se mudado para um apartamento que dividia com uma amiga em San Francisco, mas Vovó Hilda, Nico, Celia e as três crianças viviam temporariamente com a gente. A água-furtada de Sausalito ficara pequena para eles e estávamos nos trâmites finais da compra de uma casa, que ficava um pouco longe e precisava ser reformada, mas tinha piscina, era ampla e ficava ao lado de uns morros silvestres, local perfeito para criar os filhos. A nossa estava cheia e, em geral, o ambiente era de festa (apesar de Tabra se sentir mal), exceto quando Celia ou Willie se ouriçavam. Então, a menor faísca provocava uma briga.

Nesse dia, estourou uma por um assunto do escritório bastante grave, porque Celia acusou Willie de não ser claro com o dinheiro e ele ficou possesso. Insultaram-se horrores, e não pude acalmá-los nem conseguir que baixassem a voz para raciocinar e encontrar soluções. Em poucos minutos, o tom se elevou a bate-boca de subúrbio, que Nico finalmente deu um ponto final com o único grito que ouvimos dele em sua vida e que nos paralisou pela surpresa. Willie se foi com uma batida de porta que, por pouco, não botou abaixo as paredes. Num dos quartos, Tabra, ainda tonta pelo efeito da cirurgia e dos analgésicos para dor, ouvia os gritos e pensava estar sonhando. Vovó Hilda e Sally desapareceram com as crianças, acho que se esconderam no porão, entre as caveiras de gesso e as tocas dos zorrilhos.

A intenção de Celia foi me proteger, e eu não reagi para defender meu marido, de modo que a suspeita que ela levantou ficou flutuando no ar sem solução. Também não imaginei que essa discussão ia trazer conseqüências tão grandes. Willie se sentiu ferido de morte, não por Celia, mas por mim. Quando, por fim, conseguimos conversar, ele me disse que eu formava um círculo impenetrável com a minha família e o deixava de fora, que nem sequer eu confiava nele. Tratei de desfazer a confusão, mas foi impossível. Tínhamos baixado muito o nível. Ficamos ressentidos por semanas. Dessa vez eu não podia fugir, porque tinha Tabra convalescendo e minha família inteira em casa. Willie levantou um muro ao seu redor, mudo, furioso, ausente. Saía muito cedo para o escritório e voltava tarde, sentava-se sozinho para assistir tevê e não cozinhava mais para nós. Comíamos todo dia arroz com ovos fritos. Nem mesmo as crianças conseguiam comovê-lo, andavam na ponta dos pés e se cansaram de se aproximar com diversos pretextos — o avô tinha se transformado num velho resmungão. No entanto, mantivemos o pacto de não mencionar a palavra divórcio e acho que, apesar das aparências, nós dois sabíamos que não tínhamos chegado ao final, que ainda nos restava muita corda. À noite, dormíamos cada um no seu lado da cama, mas amanhecíamos sempre abraçados. Com o tempo, isso ajudou a nos reconciliar.

Talvez, Paula, eu tenha dado neste relato a impressão de que Willie e eu não fazíamos mais nada além de discutir. Claro que não era assim, filha. Exceto quando eu ia dormir na casa de Tabra, quer dizer, no auge de nossas escaramuças, andávamos de mãos dadas.

No carro, na rua, em todas as partes, sempre de mãos dadas. Foi assim desde o começo, mas esse costume se transformou numa necessidade duas semanas depois que nos conhecemos, por causa dos sapatos. Devido à minha estatura, sempre usei saltos altos, mas Willie insistiu que eu devia andar mais confortável, não como as concubinas chinesas da antigüidade, com os pés em petição de miséria. Me deu um par de tênis que está novo, na caixa, dezoito anos mais tarde. Para fazê-lo feliz, comprei umas sandálias que vi na televisão. Mostravam umas modelos altas e magras jogando basquete em traje de coquetel e de salto alto, exatamente o que eu precisava. Abandonei os sapatos que trouxera da Venezuela e os substituí por aquelas sandálias prodigiosas. Não deu certo: elas saíam dos meus pés, e tantas vezes acabei de cara no chão que, por questão de segurança, Willie passou a me levar sempre bem segura pela mão. Além disso, temos simpatia um pelo outro, e isso ajuda em qualquer relação. Gosto de Willie e demonstro isso das mais variadas maneiras. Ele me pediu que não traduzisse para o inglês as palavras de amor que lhe digo em espanhol, porque soam suspeitas. Eu sempre digo a ele que ninguém o amou mais que eu, nem sua própria mãe, e que ele acabaria abandonado numa clínica geriátrica se eu morresse, de modo que é melhor me fazer mimos e festinhas. Esse homem não é dos que esbanjam frases românticas, mas, se viveu comigo durante tantos anos sem me estrangular, deve ser porque também gosta um pouco de mim. Qual o segredo de um bom casamento? Não sei, cada casal é diferente. Estamos unidos por idéias, uma maneira similar de ver o mundo, camaradagem, lealdade, humor. Cuidamos um do outro. Temos o mesmo fuso horário, às vezes usamos a mesma escova de dentes e gostamos dos mesmos filmes. Willie diz que, quando estamos juntos, nossa energia se multiplica, que temos aquela "conexão espiritual" que ele sentiu ao me conhecer. Talvez. Dormir com ele me dá prazer.

Em vista das dificuldades, decidimos fazer terapia individual. Willie conseguiu um psiquiatra, com quem se acertou desde o começo, um urso grande e barbudo que defini como meu inimigo declarado, mas que, com o tempo, teria um papel fundamental em nossas vidas. Não sei o que Willie tentou resolver em sua terapia, imagino que o mais urgente era sua relação com os filhos. Na minha, comecei a escavar na memória e a me dar conta de que andava com uma carga muito pesada. Tive de enfrentar silêncios antigos, admitir que o abandono de meu pai havia me marcado aos 3 anos e que essa cicatriz ainda era visível, que isso determinou minha posição feminista e minha relação com os homens, desde meu avô e tio Ramón, contra quem sempre me rebelei, até Nico, que eu tratava como se fosse um menino, e nem é bom falar dos amantes e maridos, a quem nunca me entregara completamente. Numa sessão, o terapeuta do chá verde tentou me hipnotizar. Não conseguiu, mas, pelo menos, relaxei e pude ver dentro do meu coração um pedaço enorme de granito negro. Soube, então, que minha tarefa seria me livrar disso; teria de quebrá-lo em pedacinhos, pouco a pouco.

Para me desfazer daquela rocha escura, além da terapia e das caminhadas na mata diáfana de tuas cinzas, tive aulas de ioga e multipliquei as tranquilas sessões de acupuntura com o doutor Shima, tanto pelo benefício de sua ciência como pelo de sua presença. Repousando na maca com agulhas por todos os lados, eu meditava e me evadia para outras dimensões. Procurava você, filha. Pensava em tua alma, presa num corpo imóvel durante aquele longo ano de 1992. Às vezes, sentia uma garra na garganta e mal podia respirar, ou me agoniava o peso de um saco de areia no peito e me sentia enterrada numa cova, mas logo me lembrava de dirigir a respiração ao lugar da dor, com calma, como se supõe que se deve fazer durante o parto, e em seguida a angústia diminuía. Então, visualizava uma escada que me permitia sair da cova e subir para a claridade do dia, a céu aberto. O medo é inevitável, devo aceitá-lo, mas não posso permitir que me paralise. Uma vez, disse — ou escrevi em algum lugar — que, depois da tua morte, eu já não tenho medo de nada, mas não é verdade, Paula. Temo perder as pessoas que amo ou vê-las sofrer, temo a deterioração da velhice, temo as crescentes pobreza, violência e corrupção no mundo. Nesses anos sem você, aprendi a lidar com a tristeza, a torná-la minha aliada. Pouco a pouco a tua ausência e outras perdas de minha vida vão se transformando numa doce nostalgia. É isso o que pretendo com minha cambaleante prática espiritual: desfazer-me dos sentimentos negativos que me impedem de caminhar com desenvoltura. Quero transformar a raiva em energia criativa e a culpa numa zombeteira aceitação de minhas faltas; quero varrer para fora a arrogância e a vaidade. Não me iludo, nunca alcançarei o desprendimento absoluto, a autêntica compaixão ou o estado de êxtase dos iluminados — parece que não levo jeito para santa —, mas posso aspirar às migalhas: menos amarras, um pouco de carinho pelos outros, a alegria de uma consciência limpa.

É uma pena que você não tenha podido ver Miki Shima durante os meses em que te visitou com freqüência para te fazer acupuntura e te dar ervas chinesas. Você teria se apaixonado por ele, como minha mãe e eu nos apaixonamos. Usava ternos de duque, camisas engomadas, abotoaduras de ouro, gravatas de seda. Quando o conheci, o cabelo dele era preto, mas, anos mais tarde, já tinha alguns fios brancos, embora seu rosto se mantivesse sem uma ruga, com a pele rosada de um bebê, graças a suas poções milagrosas. Ele me contou que seus pais viveram juntos durante sessenta anos, detestando-se sem disfarce. Em casa, o marido não falava e a mulher falava sem tréguas para chateá-lo, mas o servia como uma esposa japonesa de antigamente: preparava-lhe o banho e escovava-lhe as costas, dava-lhe comida na boca, abanava-o no verão, "para que ele nunca pudesse dizer que ela tinha faltado com seus deveres", do mesmo modo que ele pagava as contas e dormia toda noite em casa, "para que ela não dissesse que ele era cruel". Um dia, a senhora morreu, apesar de ele ser muito mais velho e merecer com justiça um câncer de pulmão, pois fumava como uma chaminé. Ela, que era forte e incansável em seu ódio, se despachou em dois minutos com um ataque de coração. O pai de Miki nunca havia fervido água para o chá, muito menos tinha lavado as cuecas ou enrolado a esteira em que dormia. Os filhos acharam que ele morreria de inanição, mas Miki lhe receitou umas ervas e ele logo começou a engordar, a se desempenar, a rir e conversar pela primeira vez em anos. Agora se levanta de madrugada, come uma porção de arroz com tofu e as famosas ervas, medita, entoa cânticos, faz exercícios de tai chi e vai pescar trutas com três maços de cigarros no bolso. A caminhada até o rio dura umas duas horas. Volta com um peixe que ele mesmo cozinha, temperado com os pós mágicos de Miki, e termina o dia com um banho muito quente e outra cerimônia para honrar seus antepassados, e, de passagem, insultar a memória de sua mulher. "Tem 89 anos e está como um garoto", me contou Miki. Decidi que se esses misteriosos remédios chineses haviam devolvido a juventude a esse vovô japonês, também podiam me tirar do coração aquela rocha de desgosto.

DANÇA DE SALÃO E CHOCOLATE

⚜

Um dos psicólogos — havia vários à nossa disposição — nos aconselhou que Willie e eu compartilhássemos atividades divertidas, não apenas obrigações. Necessitávamos de mais leveza e alegria em nossas vidas. Propus a meu marido que fizéssemos aula de dança de salão, porque tínhamos assistido a um filme australiano sobre o assunto, *Vem dançar comigo*, e nos imaginava dançando iluminados por lâmpadas de cristal, ele de smoking, com sapatos bicolores, e eu com um vestido de lantejoulas e penas de avestruz, ambos aéreos, graciosos, nos movendo no mesmo ritmo, em perfeita harmonia, como esperávamos que algum dia fosse nosso casamento. Quando nos conhecemos, naquele inesquecível dia de outubro de 1987, Willie me levou para dançar num hotel de San Francisco e tive a chance de aproximar o nariz de seu peito e farejá-lo — por isso me apaixonei. Willie cheira a menino saudável. No entanto, a única lembrança que ele tem daquela ocasião é que eu o arrastava. Era como tentar domar uma égua selvagem. "Isso vai ser um problema entre nós?", parece que me perguntou. E garante que eu lhe respondi com uma vozinha submissa: "Claro que não!" Desde então já tinham se passado vários anos.

Decidimos começar com aulas particulares, para não passar vergonha diante de outros alunos mais adiantados. Ou melhor, fui eu que decidi isso, porque a verdade é que Willie é um bom dançarino e, em sua juventude, rodeavam-no para vê-lo e ganhava concursos de danças da moda; eu, em compensação, tenho a graça de um guindaste. O salão da academia tinha espelhos do teto ao assoalho nas quatro paredes, e a professora era uma escandinava de 19 anos com as pernas tão compridas como minha estatura completa, enfiadas em meias pretas com costura e sandálias de salto agulha. Anunciou que começaríamos dançando salsa. Ela me apontou uma cadeira, se enlaçou nos braços de Willie e esperou o compasso exato da música para se lançar à pista.

— O homem guia — foi sua primeira lição.

— Por quê? — perguntei.

— Não sei, mas é assim — disse.

— Ahã! — festejou Willie com ar de triunfo.

— Não me parece justo — insisti.

— O que não é justo? — perguntou a escandinava.

— Acho que deveria ser por turnos. Uma vez Willie guia e outra vez eu guio.

— O homem sempre guia! — exclamou a ignorante.

Ela e meu marido deslizaram pela pista ao som da música latina, entre os grandes espelhos que multiplicavam até o infinito seus corpos entrelaçados, as longas pernas com meias pretas e o sorriso idiota de Willie, enquanto eu resmungava em minha cadeira.

Ao sair da aula, tivemos uma briga no carro que por pouco não acaba em pancadaria. Segundo Willie, ele nem tinha notado as pernas ou os seios da professora, que isso eram idéias minhas. "Santo Deus, como é boba esta mulher!", exclamou. O fato de que eu tivesse passado uma hora na cadeira enquanto ele dançava era lógico, porque o homem guia e, uma vez que ele aprendesse, poderia me conduzir pela pista com a perfeição das garças em sua dança nupcial. Não foi exatamente assim que disse, mas a mim soou como zombaria. O psicólogo opinou que não devíamos nos dar por vencidos, que a dança de salão era uma eficaz disciplina do corpo e da alma. Que podia ele saber, um budista bebedor de chá verde que certamente nunca tinha dançado na vida?! Mas, enfim, fomos a uma segunda e a uma terceira aula antes que eu perdesse a paciência e desse uma trombada na professora. Jamais me senti tão humilhada. O resultado foi que perdemos o pouco que sabíamos de dança e, desde então, Willie e eu voltamos a dançar juntos apenas uma vez. Conto esse episódio, Paula, porque é como uma alegoria de nosso caráter: retrata-nos da cabeça aos pés.

Celia, Nico e as crianças se mudaram para sua nova casa, e o irmão de Celia foi morar com eles. Era um jovem alto e agradável, embora bastante mimado, que andava em busca de seu destino e pensava se instalar nos Estados Unidos. Acho que também não tinha uma boa relação com a família.

Entretanto, a publicação de *Paula* me trouxe prêmios que eu não merecia, doutorados, nomeação em algumas academias da língua e até as chaves simbólicas de uma cidade. As togas e os barretes se acumularam num baú, e Andrea os usava para se fantasiar. Minha neta havia entrado na fase ecológica, tinha um boneco que se chamava Salve-o-Atum. Por sorte nunca esqueci uma coisa que Carmen Balcells disse: "O prêmio não distingue quem o recebe nem quem o dá. Portanto, não deixe que ele suba à cabeça." De qualquer forma, isso era impossível: meus netos se encarregaram de me manter humilde, e Willie me lembrava que dormir sobre os louros era a melhor forma de amassá-los.

Nessa época, Willie, Tabra e eu fomos ao Chile para a estréia do filme *A casa dos espíritos*. Ainda havia muitos simpatizantes de

Pinochet que não tinham vergonha de admitir isso. Hoje, há poucos, porque o general perdeu prestígio entre seus partidários quando a história de seus roubos, sonegação de impostos e corrupção se tornou conhecida. Os mesmos que deixaram passar ao largo a tortura e os assassinatos não lhe perdoaram os milhões surrupiados. Já havia transcorrido quase seis anos desde que o ditador fora derrotado num plebiscito, mas os militares, a imprensa e a Justiça tratavam-no com enorme cautela. A direita controlava o Congresso, e o país obedecia à Constituição criada por Pinochet, que contava com imunidade parlamentar como senador vitalício e com o amparo de uma lei de anistia. A democracia estava sob rédeas, e havia um acordo social e político de não provocar os militares. Poucos anos mais tarde, em 1998, prenderam Pinochet na Inglaterra, aonde tinha ido cobrar comissões sobre a venda de armas, fazer uma revisão médica e tomar o chá das cinco com sua amiga, a ex-primeira-ministra Margaret Thatcher. Sua cara saiu estampada na imprensa internacional, acusado de crimes contra a humanidade. Então, veio abaixo a fortaleza legal que ele havia construído para se proteger e, finalmente, os chilenos se atreveram a sair à rua para ridicularizá-lo.

O filme foi uma porrada na extrema direita, mas foi recebido com entusiasmo pela maioria, especialmente pelos jovens que haviam sido criados sob censura rigorosa e desejavam saber mais a respeito do que acontecera no Chile durante os anos 1970 e 80. Na estréia, lembro que um senador de ultradireita se levantou furioso e saiu às pressas do cinema, anunciando aos berros que o filme era um monte de mentiras contra o benemérito da pátria, nosso general Pinochet. A imprensa me perguntou o que eu achava daquilo. "Todo mundo sabe que esse senhor é um imbecil", comentei de boa-fé, porque tinha ouvido isso muitas vezes. Lamento ter esquecido o nome daquele cavalheiro... Apesar dos tropeços iniciais, o filme fez muito sucesso e dez anos depois continuava sendo um dos favoritos na televisão e vídeo.

Tabra, que não conhecia o Chile, embora tivesse percorrido os mais ignotos lugares do planeta, teve uma impressão muito boa. Não sei o que esperava, mas se deparou com uma cidade de aspecto europeu vigiada por magníficas montanhas, gente hospitaleira e comida deliciosa. Nós nos instalamos numa suíte do hotel mais luxuoso, onde toda noite nos deixavam uma escultura de chocolate com temas locais, como o cacique Caupolicán armado com uma lança e seguido por dois ou três de seus guerreiros mapuches. Tabra consumia Caupolicán a duras penas, com a esperança de terminá-lo de uma vez por todas, mas dali a poucas horas trocavam-no por outro quilo de chocolate: um carro com dois bois ou seis *guasos*, nossos célebres vaqueiros, a cavalo com a bandeira chilena. E ela, que em pequena havia aprendido a não deixar nada no prato, atacava o chocolate com um suspiro, até que a venceu uma réplica do Aconcágua, o pico mais alto da cordilheira dos Andes, em chocolate maciço, tão contundente como a rocha escura que, segundo meu psicólogo, eu havia plantada no meio do peito.

LOUCOS BAIXINHOS

◦∞◦

Foi com espanto que Willie e eu nos demos conta de que estávamos juntos fazia nove anos; agora andávamos com passadas muito mais firmes. Segundo ele, desde o primeiro momento sentiu que eu era sua alma gêmea e me aceitou completamente, mas não foi o meu caso. Ainda hoje, mil anos depois, fico maravilhada com o fato de termos nos encontrado na vastidão do mundo, termos sentido atração um pelo outro e conseguido varrer os inconvenientes, que às vezes pareciam intransponíveis, para formar um casal.

As crianças, esses loucos baixinhos, como as definiu o humorista Gila, eram a coisa mais divertida da nossa existência. Sabrina havia afastado as sombras de seu nascimento e era evidente o dom que lhe deram as fadas para compensar suas limitações físicas: uma força de caráter capaz de vencer obstáculos que talvez aterrorizassem um samurai. O que outras crianças faziam sem esforço, como caminhar ou botar uma colherada de sopa na boca, exigia dela tenacidade invencível. E ela sempre conseguia. Mancava, as pernas lhe respondiam mal, mas ninguém duvidava de que, no futuro, caminharia, tal como aprendeu a nadar, e podia se pendurar numa árvore e pedalar uma bicicleta com uma só perna. Como sua avó materna, a primeira esposa de Willie, ela é uma atleta extraordinária; a parte superior de seu corpo é tão forte e ágil, que agora ela joga basquete numa cadeira de rodas. Era então uma menina delicada e bela, toda cor de açúcar queimado, com o perfil da famosa rainha Nefertiti. Aprendeu a falar antes que qualquer criança e nunca manifestou o mais leve traço de timidez, quem sabe porque se acostumou a viver rodeada de gente.

Alejandro saiu muito parecido no temperamento com Nico e igual à mãe na aparência. Como seu pai, tinha uma mente curiosa e compreendia conceitos matemáticos antes de poder pronunciar todas as consoantes do alfabeto. Era um menino tão bonito que as pessoas nos paravam na rua para lhe dizer gracinhas. Uma vez, em 2 de abril — lembro bem a data —, estávamos sozinhos em casa e ele veio assustado até a cozinha, onde eu preparava uma sopa, se agarrou nas minhas pernas e me disse: "Tem alguém na escada." Fomos ver, percorremos a casa sem encontrar ninguém e, ao voltar ao segundo andar, onde ficava a cozinha, ficou plantado, pálido, ao pé da escada.

— Ali!

— O que é, Alejandro? — perguntei. Eu só via os degraus de cerâmica.

— Tem o cabelo longo. — E escondeu o rosto na minha saia.

— Deve ser sua tia Paula. Não tenha medo, ela só veio nos dar um alô.

— Está morta!

— É o espírito dela, Alejandro.

— Você disse que ela estava na mata! Como chegou aqui?

— De táxi.

Imagino que depois do que disse você tinha desaparecido, porque o garoto aceitou subir as escadas de mãos dadas comigo. Acho que a lenda de teu fantasma começou quando minha mãe, que nos visitava umas duas vezes por ano e ficava várias semanas, porque a viagem de Santiago a San Francisco é uma travessia de Marco Polo que não se pode fazer a toda hora, disse que à noite ouvia ruídos, como se arrastassem móveis. Todos nós tínhamos ouvido e lhe demos inúmeras explicações: veados aparecem e andam pelo terraço, são os encanamentos que se contraem de frio, as madeiras secas da casa que estalam. Minha amiga Celia Correas Zapata, professora de literatura, que havia trabalhado com meus romances durante mais de dez anos na Universidade de São José e estava escrevendo um livro sobre eles, *Vida e espírito*, ficou uma noite para dormir no quarto que você ocupava antes e acordou à meia-noite com um intenso cheiro de jasmins, apesar de ser inverno. Também mencionou os ruídos, mas ninguém deu muita importância a isso tudo até que um jornalista alemão, que ficou para fazer uma longa entrevista comigo, jurou que vira a estante se afastar quase meio metro da parede, deslizando sem barulho e sem alterar a posição dos livros. Não tinha sido uma noite de terremoto, e dessa vez não se tratava de visões de mulheres latinas, mas do testemunho de um senhor alemão cuja palavra tinha peso atômico. Aceitamos a idéia de que você costumava nos visitar, embora essa possibilidade deixasse a faxineira muito nervosa. Ao saber o que havia se passado com Alejandro, Nico disse que certamente o menino tinha ouvido algum comentário e do resto sua imaginação infantil se incumbira. Meu filho sempre tem uma explicação racional que me desmonta as melhores histórias.

 Andrea acabou tolerando seus óculos e pudemos tirar os elásticos e ganchos de segurança, mas não melhorou sua lendária atrapalhação. Andava um pouco perdida no mundo, não podia subir por escadas rolantes nem usar portas giratórias. No fim de uma apresentação escolar, em que apareceu vestida de havaiana com um uquelele, fez uma profunda e longa reverência no palco, mas com o traseiro virado para o público. Uma gargalhada unânime recebeu aquela desrespeitosa saudação, diante da fúria familiar e do horror de minha neta, que passou uma semana sem sair de casa de vergonha. Andrea tinha um rosto estranho de bichinho de pelúcia, acentuado por seu cabelo crespo. Andava sempre fantasiada. Passou um ano completo vestida com uma de minhas camisolas de dormir — rosa, naturalmente —, e há uma foto dela no jardim-de-infância com uma estola de pele, uma fita de embrulho no peito, luvas de noiva e duas penas de avestruz na cabeça. Falava sozinha porque ouvia as vozes dos personagens de suas histórias, que não a deixavam em paz, e costumava se assustar com a própria imaginação. Na casa havia um espelho de parede ao fundo de um corredor, e, com freqüência, Andrea me pedia que a acompanhasse "ao caminho do espelho". Quando nos aproximávamos, seus passos se tornavam mais hesitantes porque um dragão espreitava, mas justamente quando a fera se preparava para se atirar sobre nós, Andrea voltava de outra dimensão para esta realidade. "É só um espelho, não tem monstro nenhum", dizia sem muita convicção. Um instante mais tarde, já estava de novo em sua história, levando-me pela mão pelo caminho ilusório. "Essa menina vai acabar louca de pedra ou escrevendo romances", concluiu sua mãe. Eu era assim na sua idade.

Nicole esticou mal começou a caminhar — de dura e quadrada como uma esquimó passou a flutuar com graça etérea. Tinha mente afiada, boa memória, um senso de orientação que lhe permitia saber sempre onde se achava e era capaz de comover o Drácula com seus olhos redondos e seu sorriso de coelho. Willie não escapava de sua sedução. Nicole tinha a mania de se sentar a seu lado quando ele via as notícias na tevê, mas em trinta segundos o convencia de que era melhor passarem para os desenhos animados. Willie ia para outro quarto ver seu programa, e ela, que detestava ficar sozinha, o seguia. Isso se repetia várias vezes durante a tarde. Uma vez, ela viu na tela um elefante macho montado sobre uma fêmea.

— O que estão fazendo, Willie?

— Se acasalando, Nicole.

— O quê?

— Estão fazendo um bebê.

— Não, Willie, você não entende, estão brigando.

— Tá certo, Nicole, estão brigando. Agora posso ver as notícias?

Nisso apareceu um elefante recém-nascido. Nicole deu um grito, correu pra ver de perto, com o nariz grudado na tela. Depois se virou para Willie, as mãos na cintura.

— É nisso que dá andar brigando, Willie!

A menininha teve de ir para uma creche quando ainda usava fraldas, porque nós todos, os adultos da família, trabalhávamos e não podíamos cuidar dela. Ao contrário da irmã, que sempre arrastava uma malinha com seus tesouros mais preciosos — uma infinidade de bugigangas cujo inventário mantinha rigorosamente na memória —, Nicole não tinha nenhum senso de propriedade, era livre e desimpedida como um pintassilgo.

LAGARTO EMPLUMADO

Tabra, a aventureira da tribo, viajava várias vezes ao ano para lugares remotos, em especial àqueles que o Departamento de Estado considerava desaconselháveis para os norte-americanos, fosse por serem perigosos, como o Congo, ou por se acharem no outro extremo político, como Cuba. Tinha percorrido o mundo em várias direções, em condições primitivas, com modéstia de peregrino e sozinha, até que conheceu um homem disposto a acompanhá-la. Como perdi a conta dos pretendentes de minha amiga e algumas histórias se confundem em minha memória, por razões de prudência elementar vou trocar o nome dele. Digamos que se chamava Alfredo López Lagarto Emplumado. Era muito desenvolto e tão bonito que não conseguia deixar de se olhar em qualquer vidro e espelho a seu alcance. De pele azeitonada, corpo atlético, era uma delícia para a vista, principalmente para a de Tabra, que permanecia muda de admiração enquanto ele falava de si mesmo. O pai era mexicano de Cholula, e a mãe, índia comanche do Texas, o que lhe garantia uma perpétua e firme cabeleira negra, que normalmente usava presa num rabo-de-cavalo, a menos que Tabra a trançasse para enfeitá-la com contas e penas. Sempre havia sentido curiosidade por viajar, mas não pudera fazê-lo porque sua magra renda não lhe permitia. Lagarto Emplumado se preparara a vida inteira para uma missão secreta que, no entanto, contava a quem quisesse ouvir: resgatar a coroa de Moctezuma de um museu da Áustria e devolvê-la aos astecas, seus legítimos donos. Tinha uma camiseta com o slogan: COROA OU MORTE, VIVA MOCTEZUMA. Willie quis saber se os astecas haviam dado mostras de apoiar sua iniciativa, e ele nos disse que não, porque ainda era uma missão muito secreta. A coroa, feita com quatrocentas penas de quetzal, tinha mais de cinco séculos de idade e provavelmente devia estar cheia de traças. Num jantar familiar, perguntamos a ele como pensava transportá-la, e não nos visitou mais; talvez tenha pensado que se tratava de gozação nossa. Tabra nos explicou que os imperialistas se apoderam dos tesouros culturais de outras nações; como os britânicos, que roubaram o conteúdo das tumbas egípcias e o levaram para Londres. Por sua vez, Lagarto admirava a tatuagem de Quetzalcóatl que ela tinha na panturrilha direita. Não podia ser um acaso que Tabra houvesse se tatuado com o deus da Mesoamérica, a serpente emplumada, que havia inspirado seu próprio nome.

Por exigência de Lagarto, que se sentia chamado pela natureza do deserto como bom comanche, fizeram uma excursão ao Vale da Morte. Eu avisei Tabra que não era uma boa idéia, que até o nome do lugar era de mau agouro. Ela dirigiu durante dias, jogou no ombro a barraca e a bagagem, e caminhou atrás de seu herói por muitos quilômetros, desidratada e com insolação, enquanto ele juntava pedrinhas sagradas para seus rituais. Minha amiga se absteve de queixas; não queria que ele lhe jogasse na cara seu estado físico debilitado e sua idade: ela era doze anos mais velha que ele. Por fim, Lagarto Emplumado encontrou o lugar perfeito para acampar. Tabra, vermelha como uma beterraba e com a língua inchada, armou a barraca e se atirou sobre o saco de dormir, tremendo de febre. O campeão da causa indígena a sacudiu para que se levantasse e lhe preparasse *huevos rancheros*.* "Água, água...", balbuciou Tabra. "Mesmo que estivesse morrendo, minha mãe fazia o feijão pro meu pai", seu Lagarto respondeu irritado.

Apesar da experiência no Vale da Morte, onde quase deixou seus ossos calcinados, Tabra o convidou para ir a Sumatra e Nova Guiné, aonde ela iria em busca de inspiração para suas jóias e de uma cabeça encolhida para sua coleção de objetos estranhos. Lagarto Emplumado, que cuidava muito de sua integridade física, levava uma pesada bolsa com loções e cremes, que não dividia com ninguém, e um calhamaço sobre todas as doenças e acidentes que um viajante pode sofrer neste planeta, desde o beribéri até o ataque de um píton. Numa aldeia da Nova Guiné, Tabra arranjou uma tosse; estava pálida e cansada, talvez seqüela da sangrenta cirurgia dos seios.

— Não me toque! Pode ser contagioso. Talvez você tenha uma doença causada por ingestão de miolos de antepassados — disse Lagarto Emplumado, alarmadíssimo, depois de consultar sua enciclopédia de desgraças.

— Que antepassados?

— Qualquer um. Não precisa nem ser dos nossos. Esta gente come os miolos dos mortos.

— Eles não comem o cérebro inteiro, Lagarto, só um pouquinho, como sinal de respeito. Mas duvido que tenhamos comido isso.

— Às vezes não se sabe o que há no prato. Além disso, comemos porco, e os porcos em Bukatingi se alimentam do que encontram pela frente. Não os viu fuçando no cemitério?

A relação de Tabra com Alfredo López Lagarto Emplumado se alterou temporariamente, quando ele resolveu voltar para uma antiga amante que o convenceu de que apenas um coração puro poderia resgatar a coroa de Moctezuma — enquanto estivesse com Tabra, o

---

* Ovos fritos sobre *tortilla* com molho de tomate, cebola e alho. (N. T.)

dele estaria contaminado. "Por que ela é mais pura que você?", perguntei à minha amiga, que havia contribuído para o fundo necessário para a concretização da epopéia da coroa. "Não se preocupe, ele voltará", Willie a consolou. "Deus não permita", pensei, disposta a destruir a lembrança daquele ingrato. Mas, ao ver os olhos tristes de Tabra, preferi me calar. Lagarto voltou logo que se deu conta de que a outra mulher, por mais pura que fosse, não pensava financiá-lo. Chegou com a idéia de que poderiam se amar em triângulo, mas Tabra jamais aceitaria uma solução tão mormônica.

Nesses dias, morreu o ex-marido de Tabra, o pregador de Samoa, que chegou a pesar 150 quilos e tinha a pressão alta e uma diabetes galopante. Amputaram um pé dele e, meses mais tarde, foi necessário lhe amputar também a perna acima do joelho. Tabra me havia contado o que padeceu em seu casamento; sei que precisou de anos de terapia para superar o trauma que lhe produziu a violência desse homem que a seduziu quando ela era uma menina, convenceu-a a fugirem juntos, surrou-a brutalmente desde o primeiro dia, manteve-a aterrorizada e, depois do divórcio, virou as costas ao próprio filho. Tabra criou Tongi sozinha, sem qualquer ajuda do pai do rapaz. No entanto, quando lhe perguntei se estava alegre com a morte dele, ela me olhou espantada. "Por que ia ficar alegre? Tongi está triste, e ele deixou muitos outros filhos."

COMPANHEIRO DE ESTRADA

~~~

Comparado com Lagarto Emplumado, meu companheiro de estrada, Willie, é uma verdadeira mãe: cuida de mim. E, comparadas com as expedições de Tabra aos confins do planeta, minhas viagenzinhas a trabalho eram lamentáveis, mas me deixavam extenuada do mesmo jeito. Tinha de embarcar a todo momento em aviões, onde me defendia a duras penas dos vírus e bactérias de outros passageiros, passava semanas ausente e dias inteiros preparando discursos. Não sei como conseguia tempo para escrever. Aprendi a falar em público sem pânico, a não me perder nos aeroportos, a sobreviver com o conteúdo de uma pequena maleta, a parar um táxi com um assobio e a sorrir para pessoas que me cumprimentavam, embora me doesse o estômago e os sapatos me apertassem. Não lembro onde estive, nem importa. Sei que percorri a Europa, Austrália, Nova Zelândia, América Latina, partes da África e da Ásia, e o Estados Unidos todo, menos Dakota do Norte. Nos aviões, escrevia à mão para minha mãe, para contar-lhe minhas aventuras, mas, ao ler as cartas uma década depois, é como se tudo aquilo tivesse acontecido com outra pessoa.

A única lembrança vívida que me restou foi uma cena em Nova York, em pleno inverno, que haveria de me doer até o dia em que consegui exorcizá-la, depois de uma viagem à Índia. Willie havia se reunido comigo no fim de semana e acabávamos de visitar Jason e um grupo de colegas dele da universidade, jovens intelectuais com jaqueta de couro. Durante esses meses em que estivera separado de Sally, não tornou a falar em casamento; achávamos que o namoro tivesse acabado, porque assim Sally havia sugerido umas duas vezes, embora Jason negasse completamente. Segundo ele, se casariam assim que se formasse. Numa visita que Ernesto nos fez na Califórnia, soubemos que teve um rápido mas intenso encontro amoroso com Sally, por isso achamos que ela estava livre de amarras. Jason soube disso apenas muitos anos depois. Nesse tempo, já tinham se desencadeado os acontecimentos que demoliram sua fé em nossa família, que ele tanto havia idealizado.

Willie e eu nos despedimos emocionados daquele filho, pensando no quanto havia mudado. Quando vivi com ele, passava a noite lendo ou de farra com os amigos, levantava-se às quatro da tarde, enrolado num cobertor encardido, e ia para o terraço fumar, beber cerveja e falar ao telefone, até que eu o mobilizasse a cascudos para assistir às aulas. Agora estava a ponto de se tornar escritor, como sempre soubemos que seria, porque tem talento. Willie e eu relembrávamos aquela etapa do passado, enquanto passeávamos pela Quinta Avenida em meio ao barulho e à multidão, trânsito, cimento e neve, quando, diante da vitrine de uma loja que exibia uma coleção de jóias antigas da Rússia imperial, vimos uma mulher encolhida no chão, tiritando. Era afro-americana, estava imunda, enrolada em trapos e coberta por um saco preto de lixo, e chorava. As pessoas passavam depressa ao seu lado, sem vê-la. Seu choro era tão desesperado que o mundo se congelou para mim, como numa fotografia; até o ar se deteve por um instante de pena daquela infeliz. Eu me abaixei a seu lado, dei-lhe todo o dinheiro que tinha, mesmo estando certa de que logo um gigolô viria pegá-lo, e tentei me comunicar com ela, mas não falava inglês ou estava além das palavras. Quem era? Como chegara àquele estado de abandono? Talvez viesse de uma ilha caribenha ou da costa africana e a maré a tivesse atirado na Quinta Avenida por acaso, como esses meteoritos que caem de outra dimensão na Terra. Fiquei com um angustiante sentimento de culpa porque não pude ou não quis ajudá-la. Continuamos andando, apressados, com frio; algumas quadras mais adiante, entramos no teatro e a mulher ficou para trás, perdida na noite. Não imaginei, na hora, que não poderia esquecê-la, que seu choro seria um apelo implacável, até que uns dois anos mais tarde a vida me desse a oportunidade de responder.

Se Willie conseguia escapar do trabalho, voava para se encontrar comigo em diversos pontos do país para passarmos uma ou duas noites juntos. Seu escritório o retinha e lhe dava mais desgostos que satisfações. Os clientes eram pessoas pobres que haviam se acidentado no trabalho. À medida que aumentava o número de imigrantes do México e da América Central, a maioria ilegais, aumentava também a xenofobia na Califórnia. Willie cobrava uma percentagem da indenização negociada para seus clientes ou que ganhava num julgamento, mas essas cifras eram cada vez mais irrisórias e difíceis de obter. Por sorte, ele não pagava aluguel, porque éramos donos do antigo bordel de Sausalito, onde tinha seu escritório. Tong, seu contador, fazia malabarismos de artista de circo para cobrir salários, contas, impostos, seguros e bancos. Esse nobre chinês protegia Willie como um filho boboca e economizava a ponto de sua mesquinhez alcançar níveis de lenda. Celia afirmava que, de noite, quando íamos embora do escritório, Tong tirava do lixo os copos de papel, lavava-os e os colocava de novo na cozinha. A verdade é que, sem o olho vigilante e o ábaco de seu contador, Willie teria naufragado. Tong tinha quase 50 anos, mas parecia um jovem estudante, magro, pequeno, com uma selva de cabelos espetados, e sempre se vestia com calças de brim e tênis. Não falava com sua esposa fazia doze anos, embora vivessem sob o mesmo teto, e também não se divorciavam para não dividir as economias e por medo da mãe dele, uma velhinha pequenina e feroz que tinha vivido trinta anos na Califórnia e pensava estar no sul da China. A senhora não falava uma só palavra de inglês, fazia suas compras nos mercados de Chinatown, ouvia rádio em cantonês e lia o jornal em mandarim de San Francisco. Tong e eu tínhamos em comum o afeto por Willie; isso nos unia, apesar de que nenhum dos dois entendia o sotaque do outro. No começo, assim que comecei a viver com Willie, Tong sentia por mim uma desconfiança atávica, que manifestava sempre que tinha oportunidade.

— O que seu contador tem contra mim? — perguntei um dia a Willie.

— Nada em particular. Todas as mulheres que tive me custaram caro, e como ele trata das minhas contas, prefere que eu viva em rigoroso celibato — me informou.

— Explique a ele que me sustento sozinha desde os 16 anos.

Imagino que lhe disse, porque Tong começou a me olhar com um mínimo de respeito. Um certo sábado, ele me encontrou no escritório limpando os banheiros e tirando o pó com o aspirador; então o respeito se transformou em admiração disfarçada.

— Você se casa com esta. Ela limpa — aconselhou a Willie em seu inglês um tanto limitado. Foi o primeiro a nos felicitar quando anunciamos que nos casaríamos.

Este longo amor com Willie foi uma dádiva nos anos maduros de minha existência. Quando me divorciei de teu pai, Paula, me preparei para continuar andando sozinha, porque achei que seria quase impossível encontrar outro companheiro. Sou mandona, independente, tribal, e tenho um trabalho pouco comum, que me exige passar metade do meu tempo sozinha, calada e escondida.

Poucos homens agüentam isso. Não quero pecar por falsa modéstia, também tenho algumas virtudes. Você se lembra de alguma, filha? Deixe-me ver, deixe-me pensar... Por exemplo: necessito de pouca manutenção, sou saudável e carinhosa. Você dizia que sou divertida, que ninguém se chateia comigo, mas isso era antes. Depois que você se foi acabou a minha vontade de ser a alma da festa. Me tornei introvertida; você não me reconheceria. O milagre foi achar — onde e quando menos esperava — o único homem que poderia me suportar. Sincronia. Sorte. Destino, diria minha avó. Willie garante que nos amamos em vidas anteriores e que continuaremos assim em vidas futuras, mas você sabe como me assustam o carma e a reencarnação. Prefiro limitar essa experiência amorosa a uma só vida, o que já é bastante. Willie ainda me parece tão estrangeiro! De manhã, quando está se barbeando e o vejo no espelho, costumo me perguntar quem, diabos, é esse homem branco demais, grande e norte-americano, e por que estamos no mesmo banheiro. Quando nos conhecemos, tínhamos muito pouco em comum, vínhamos de meios muito diferentes e tivemos que ir inventando um idioma — *espanglish* — para nos entender. Passado, cultura e costumes nos separavam, assim como os problemas inevitáveis dos filhos numa família adotada artificialmente, mas à força conseguimos abrir o espaço indispensável para o amor. É verdade que para me instalar nos Estados Unidos com ele deixei quase tudo que tinha e me acomodei como pude à desordem da batalha da sua vida, mas ele também fez muitas concessões e mudanças para que ficássemos juntos. Desde o começo adotou minha família e respeitou meu trabalho, me acompanhou no que pôde, me apoiou e me protegeu até de mim mesma, não me critica, se diverte suavemente com minhas manias, não deixa que passe por cima dele, não concorre comigo, e até nas brigas que tivemos ele me tratou com nobreza. Willie defende seu território sem alarde; diz que traçou um pequeno círculo de giz dentro do qual está a salvo de mim e da tribo: cuidado para não violá-lo. Uma imensa doçura se esconde sob sua aparência rude; é sentimental como um cachorro grande. Sem ele, eu não poderia escrever tanto e tão calmamente como faço, porque se ocupa de tudo que me assusta, desde meus contratos e nossa vida social, até o funcionamento das misteriosas máquinas domésticas. Apesar de ainda me surpreender de vê-lo ao meu lado, me acostumei à sua enorme presença e já não poderia viver sem ele. Willie preenche a casa, preenche a minha vida.

O POÇO VAZIO

Em abril de 1995, em Oklahoma City, um racista doido usou um caminhão com duas toneladas de explosivos para mandar um edifício federal pelos ares. Houve quinhentos feridos e 168 mortos, entre eles várias crianças. Uma mulher ficou presa sob um bloco de cimento e tiveram de amputar uma perna sem anestesia para poderem resgatá-la. Isso levou Celia a três dias de lamentações; disse que teria sido melhor que a infeliz tivesse morrido, já que, na tragédia, não perdera apenas a perna, mas também a mãe e os dois filhos pequenos. Sua reação foi idêntica à que tinha com outras más notícias da imprensa; carecia de defesas contra o mundo exterior. Não consegui adivinhar o que se passava com ela, apesar de nossa longa cumplicidade. Eu achava que conhecia Celia melhor do que ela mesma, mas tinha muita coisa na alma de minha nora que me escapava, como comprovaria algumas semanas mais tarde.

Willie e eu decidimos que era hora de tirar férias. Estávamos cansados, e eu não conseguia me livrar do luto, embora já houvesse transcorrido mais de dois anos da tua morte e três do desaparecimento de Jennifer. Ainda não sabia que a tristeza nunca acaba totalmente, fica sob a pele; sem ela, hoje eu não seria eu e não poderia me reconhecer no espelho. Desde que terminei *Paula*, não tinha escrito de novo. Fazia anos que acalentava a idéia de um romance sobre a febre do ouro na Califórnia, ambientada em meados do século XIX, mas me faltava o entusiasmo para empreender uma tarefa de tamanho fôlego. Pouca gente suspeitava de meu estado de ânimo, porque eu mantinha a atividade de sempre, mas minha alma gemia. Tomei gosto pela solidão, só queria estar com minha família, as pessoas me incomodavam, os amigos se reduziram a três ou quatro. Estava esgotada. Também não desejava continuar fazendo turnês de promoção explicando o que já estava dito nos livros. Necessitava de silêncio, mas era cada vez mais difícil consegui-lo. Vinham jornalistas de longe, nos invadiam com suas câmeras e flashes. Uma vez vieram uns turistas japoneses observar nossa casa como se fosse um monumento, justamente quando chegara uma equipe proveniente da Europa, que pretendia me fotografar dentro de uma enorme gaiola com uma majestosa cacatua branca. O bicho não parecia amistoso e possuía garras de condor. Vinha com seu treinador, que devia controlá-lo, mas cagou os móveis e quase me arrancou um olho dentro da gaiola. Entretanto, não podia me queixar: um público carinhoso me recebia e meus livros circulavam por toda parte. A tristeza se manifestava nas noites de insônia, na roupa escura, no desejo de viver numa caverna de anacoreta e na ausência de inspiração. Chamava as musas em vão. Até a mais esfarrapada delas havia me abandonado. Para alguém que vive para escrever e vive do que escreve, a seca interior é aterradora. Um dia, estava em Book Passage matando o tempo com sucessivas xícaras de chá, quando chegou Ann Lamott, uma escritora norte-americana muito querida por suas histórias cheias de humor, profundidade e fé no divino e no humano. Falei do meu problema com ela e ela me disse que essa história de "bloqueio de escritor" era conversa fiada, o que acontecia era que, às vezes, o poço ficava vazio e era necessário enchê-lo.

A idéia de que meu poço de histórias e o desejo de contá-las estavam secando me deixou em pânico, porque ninguém me daria emprego em lugar nenhum e eu tinha que ajudar a manter minha família. Nico trabalhava como engenheiro de computação em outra cidade, dirigia em auto-estradas durante mais de duas horas por dia, e Celia fazia o trabalho de três pessoas em meu escritório, mas eu não podia bancar todos os seus gastos; vivíamos numa das regiões mais caras dos Estados Unidos. Então me lembrei de meu treinamento de jornalista: se me dão uma pauta e tempo para me informar, posso escrever sobre qualquer coisa, menos política ou esporte. Resolvi fazer uma "reportagem" o mais diferente possível do assunto do livro anterior, nada a ver com perda e dor, só com os pecados prazerosos da vida: gula e luxúria. Como não seria uma obra de ficção, os caprichos das musas importavam pouco; eu só teria que pesquisar sobre comida, erotismo e a ponte entre ambos: afrodisíacos. Tranqüilizada com esse plano, aceitei a proposta de Tabra e Willie de ir para a Índia, embora não sentisse vontade de viajar e muito menos para a Índia, que é o lugar mais distante de nossa casa aonde se podia ir antes de empreender a volta pelo outro lado do planeta. Não me achava capaz de tolerar a pobreza mítica desse país, aldeias devastadas, crianças famélicas, menininhas de 9 anos submetidas a casamentos prematuros, trabalho forçado ou prostituição, mas Willie e Tabra me garantiram que a Índia era muito mais que isso e se dispuseram a me levar, nem que fosse amarrada. Além do mais, Paula, eu tinha prometido a você que um dia iria a esse país, porque você tinha voltado de lá fascinada e me convencera de que é a mais rica fonte de inspiração para um escritor. Alfredo López Lagarto Emplumado não nos acompanhou, apesar de ter reaparecido no horizonte de Tabra, porque pensava passar um mês na natureza com dois comanches, irmãos de tribo. Tabra teve que comprar para ele uns tambores sagrados, indispensáveis para os rituais.

Willie adquiriu um traje cáqui de explorador, munido de 37 bolsos, uma mochila, um chapéu australiano e uma nova objetiva para suas câmeras, que media e pesava como um pequeno canhão, enquanto Tabra e eu levávamos as mesmas saias ciganas de sempre, ideais porque nelas não se notam amassados nem manchas. Empreendemos uma travessia que acabou um século depois, quando aterrissamos em Nova Déli e mergulhamos no calor pegajoso da cidade e sua algaravia de vozes, trânsito e rádios desafinados. Fomos rodeados por um milhão de mãos, mas por sorte a cabeça de Willie sobressaía como um periscópio acima da massa humana: ele divisou um cartaz com seu nome nas mãos de um homem alto, com bigode autoritário e turbante. Era Sirinder, o guia que havíamos contratado em San Francisco através de uma agência. Ele abriu caminho com sua bengala, escolheu uns cules para carregar a bagagem e nos levou a seu velho carro.

Ficamos vários dias em Nova Déli, Willie agonizando com uma infecção intestinal, e Tabra e eu passeando e comprando bugigangas. "Acho que teu marido está muito mal", me disse ela no segundo dia, mas eu queria acompanhá-la a um distrito de artesãos onde ela mandava cortar pedras para suas jóias. No terceiro dia, Tabra me mostrou que meu marido estava tão fraco que já não falava, mas como ainda não tínhamos visitado a rua dos alfaiates, onde eu pensava adquirir um sári, não tomei uma decisão imediata. Imaginei que devíamos dar tempo a Willie; há dois tipos de doenças, as mortais e as que se curam sozinhas. À noite, Tabra sugeriu que, se Willie morresse, ia nos estragar a viagem. Diante da possibilidade de ter de cremá-lo às margens do Ganges, liguei para a recepção do hotel e logo enviaram um doutor baixinho, de cabelos oleosos, metido num terno brilhante cor de tijolo, que, ao ver meu marido como um cadáver, não pareceu nem um pouco alarmado. Extraiu de sua surrada maleta uma seringa de vidro, como a que meu avô usava em

1945, e se dispôs a injetar no paciente um líquido viscoso com uma agulha que descansava num fiapo de algodão e, sob todos os aspectos, parecia tão antiga como a seringa. Tabra quis intervir, mas eu garanti que não valia a pena arrumar uma encrenca por uma possível hepatite, se, de qualquer forma, o futuro do paciente era incerto. O médico fez o milagre de devolver a saúde a Willie em vinte horas. Assim pudemos continuar a viagem.

A Índia foi uma dessas experiências que marcam a gente, memorável por muitas razões, mas aqui não é o lugar para contá-las, já que isto não é uma crônica de viagem; basta dizer que me ajudou a encher o poço e me devolveu a paixão por escrever. Anotarei apenas dois episódios relevantes. O primeiro me deu uma idéia para honrar tua memória, Paula, e o segundo mudou nossa família para sempre.

QUEM QUER UMA MENINA?

⁓∞⁓

Sirinder, nosso motorista, tinha a perícia e a coragem necessárias para encarar o trânsito da cidade, esquivando-se de carros, ônibus, burros, bicicletas e mais de uma vaca esfomeada. Ninguém tinha pressa — a vida é longa —, exceto as motos, que ziguezagueavam em velocidade de foguete com cinco passageiros em cima. Sirinder deu mostras de ser homem de poucas palavras, e Tabra e eu aprendemos a não lhe fazer perguntas, pois só respondia a Willie. As estradas rurais eram estreitas e cheias de curvas, mas ele dirigia forçando o motor. Quando dois veículos se encontravam, párachoque com pára-choque, os motoristas se olhavam nos olhos e decidiam numa fração de segundo quem era o macho alfa; então, o outro dava passagem. Os acidentes que vimos consistiam sempre em dois caminhões de tamanho semelhante batidos de frente; não se soube a tempo quem era o motorista alfa. Não tínhamos cintos de segurança por causa do carma: ninguém morre antes do tempo. E não usávamos os faróis à noite pela mesma razão. A intuição de Sirinder avisava se um veículo podia vir em direção contrária; então, ligava os faróis e o ofuscava.

Ao nos afastarmos da cidade, a paisagem se tornou seca e dourada, depois poeirenta, puxando para o vermelho. As aldeias se espaçaram e as planícies se tornaram eternas, mas sempre havia algo que chamava a atenção. Willie andava com sua bolsa de câmeras, um tripé e a teleobjetiva, muito enjoada de instalar. Dizem que a única coisa que um fotógrafo lembra é a foto que não bateu. Willie poderá lembrar umas mil, como a do elefante pintado com listras amarelas e vestido de trapezista que andava sozinho naquele descampado. Em compensação, conseguiu imortalizar um grupo de trabalhadores que estavam transportando uma montanha de um lado da estrada para o outro. Os homens, mal cobertos por tangas, colocavam as pedras numas cestas e as mulheres as levavam na cabeça. Eram graciosas, magras, vestidas de sáris puídos de cores brilhantes — magenta, limão, esmeralda — e se moviam como juncos à brisa carregando o peso das pedras. Elas se consideravam "ajudantes" e ganhavam a metade do que os homens recebiam. Na hora de comer, eles se acocoraram em círculo com seus recipientes de lata e elas esperaram a certa distância. Mais tarde, comeram as sobras dos homens.

Ao fim de muitas horas de viagem, estávamos cansados, o sol começava a se pôr e pinceladas cor de incêndio cruzavam o céu. Na distância, entre os campos secos, se erguia uma árvore solitária, talvez uma acácia, e debaixo dela adivinhamos umas figuras que pareciam grandes pássaros, mas que vimos serem mulheres e crianças ao nos aproximarmos. O que faziam ali? Não havia aldeia nem poço pela vizinhança. Willie pediu a Sirinder que parasse para esticarmos as pernas. Tabra e eu caminhamos até as mulheres, que, ao nos verem, deram sinais de que iam se afastar. Mas a curiosidade delas venceu a timidez e logo estávamos juntas sob a acácia, rodeadas de crianças nuas. As mulheres usavam sáris gastos e empoeirados. Eram jovens, com longas cabeleiras escuras, a pele seca, os olhos fundos e maquiados com lápis khol. Na Índia, como em muitas partes do mundo, não existe o conceito de espaço pessoal que tanto defendemos no Ocidente. Na falta de um idioma comum, nos deram as boas-vindas com gestos e depois nos examinaram com dedos atrevidos, tocando-nos a roupa, o rosto, o cabelo vermelho-escuro de Tabra, um tom que talvez nunca tivessem visto, nossos enfeites de prata... Tiramos os braceletes para oferecer a elas, que os colocaram com prazer de adolescentes. Havia o suficiente para todas — dois ou três para cada uma delas.

Uma das mulheres, que poderia ter a tua idade, Paula, me pegou o rosto entre as mãos e me beijou suavemente na testa. Senti seus lábios partidos, seu hálito morno. Foi um gesto tão inesperado, tão íntimo, que não pude reter as lágrimas, as primeiras que eu derramava em muito tempo. As outras mulheres me acariciaram em silêncio, desorientadas com a minha reação.

Ao longe, a buzina de Sirinder nos indicou que era hora de partir. Nós nos despedimos das mulheres e começamos a nos afastar, mas uma nos seguiu e me tocou as costas. Ao me virar, ela me ofereceu um pacote. Achei que pretendia me dar alguma coisa pelas pulseiras e tentei lhe explicar por sinais que não era necessário, mas me obrigou a pegá-lo. Era muito leve, parecia apenas uma trouxa de panos, mas, ao abri-lo, vi que continha um bebê recém-nascido, pequenininho e escuro. Tinha os olhos fechados e cheirava como nenhuma outra criança que eu tenha tido nos braços, um cheiro acre de cinza, pó e excremento. Beijei o rosto dele, murmurei uma bênção e quis devolvê-lo à mãe, mas, em vez de recebê-lo, ela deu meia-volta e correu para se juntar às demais, enquanto eu fiquei ali, embalando o bebê, sem compreender o que acontecia. Um minuto depois Sirinder chegou gritando que o soltasse, não podia levá-lo, estava sujo, e o tirou de meus braços e foi entregá-lo às mulheres, mas elas recuaram, aterrorizadas diante da raiva do homem. Então, ele se inclinou e pôs a criança sobre a terra seca, sob a árvore.

Willie tinha vindo também e me levou quase arrasada para o carro, seguido por Tabra. Sirinder ligou o motor e nos afastamos, enquanto eu afundava a cabeça no peito de meu marido.

— Por que essa mulher pretendia nos dar seu bebê? — murmurou Willie.

— Era uma menina. Ninguém quer uma menina — explicou Sirinder.

Há histórias que têm o poder de curar. O que aconteceu naquela tarde debaixo da acácia desatou o nó que me sufocava, espanou as teias de aranha da pena por mim mesma e me obrigou a voltar ao mundo e transformar minha perda em ação. Não pude salvar aquela menininha, nem sua mãe desesperada, nem as "ajudantes" que carregavam a montanha pedra por pedra, nem milhões de mulheres como elas e como aquela, inesquecível, que chorava na Quinta Avenida durante um inverno em Nova York, mas prometi que, pelo menos, eu tentaria aliviar sua sorte, como você teria feito, para quem nenhuma tarefa de compaixão era impossível. "Você deve ganhar muita grana com seus livros, mamãe, para que eu possa ter um abrigo para pobres e você pagar as contas", você me dizia com perfeita seriedade. Os direitos autorais que havia recebido e continuava recebendo pelo livro *Paula* estavam congelados num banco, aguardando que me ocorresse como empregá-los. Naquele momento eu soube. Calculei que, se aumentasse o capital com cada livro que escrevesse no futuro, eu poderia fazer alguma coisa boa — seria apenas uma gota d'água no deserto das necessidades humanas, mas pelo menos não me sentiria impotente. "Vou criar uma fundação para ajudar mulheres e crianças", anunciei a Willie e Tabra naquela noite. Não imaginava que essa semente se transformaria, com os anos, numa árvore, como aquela acácia.

UMA VOZ NO PALÁCIO

◦≫

O palácio do marajá, todo em mármore, erguia-se no jardim do Éden, onde o tempo não existia, o clima era sempre ameno e o ar cheirava a gardênias. A água das fontes corria por sinuosos canais entre flores, gaiolas douradas de pássaros, guarda-sóis de seda branca e pavões soberbos. O palácio pertencia agora a uma cadeia internacional de hotéis que teve o bom senso de preservar o encanto original. O marajá, arruinado, mas com a dignidade intacta, ocupava uma ala do edifício, protegido da curiosidade alheia por um biombo de juncos e buganvílias roxas. No meio da tarde, hora sossegada, costumava se sentar no jardim para tomar o chá com uma menina impúbere que não era sua bisneta, mas sua quinta esposa, protegido por dois guardas com uniforme imperial, cimitarras ao cinto e turbantes emplumados. Em nossa suíte, digna de um rei, não havia um centímetro livre para descansar a vista na profusa decoração. Da sacada se apreciava a totalidade do jardim, separado por um alto muro das favelas que se estendiam até o horizonte. Depois de andarmos durante semanas por estradas empoeiradas, conseguimos descansar nesse palácio, onde um exército silencioso de empregados levou nossa roupa para lavar, nos trouxe chá e bolos de mel em bandejas de prata e nos preparou banhos de espuma. Foi o paraíso. Jantamos a deliciosa comida da Índia, contra a qual Willie já estava imunizado, e caímos na cama dispostos a dormir para sempre.

O telefone tocou às três da madrugada — assim indicavam os números verdes do relógio de viagem, que brilhavam no escuro —, me acordando de um sono quente e pesado. Estiquei a mão procurando às cegas o aparelho, sem o encontrar, até que topei com um interruptor e acendi a lâmpada. Não soube onde me achava, nem o que eram aqueles véus transparentes flutuando sobre a minha cabeça ou os demônios alados que ameaçavam da pintura no teto. Senti os lençóis úmidos, grudados na pele, e um cheiro adocicado que não pude identificar. O telefone continuava tocando e, a cada vez que soava a campainha, minha apreensão aumentava, porque só uma desgraça tremenda justificaria a urgência de um telefonema àquela hora. "Alguém morreu", disse em voz alta. "Calma, calma", repeti. Não podia ser Nico, porque eu já tinha perdido uma filha e, segundo a lei das probabilidades, isso não se repetiria em minha vida. Também não podia ser minha mãe, porque é imortal. Talvez fossem notícias de Jennifer... Teriam encontrado Jennifer? O som me guiou ao outro extremo do quarto e descobri um antiquado telefone entre dois elefantes de porcelana. Do outro lado do mundo me chegou, com uma clareza de presságio, a inconfundível voz de Celia. Não consegui lhe perguntar o que tinha acontecido.

— Parece que sou bissexual — me anunciou com voz trêmula.

— Que foi? — perguntou Willie, tonto de sono.

— Nada. É Celia. Diz que é bissexual.

— Ah! — resmungou meu marido, e continuou dormindo.

Imagino que me ligou para pedir socorro, mas não me ocorreu nada mágico que pudesse ajudá-la no momento. Pedi à minha nora que não tivesse pressa em tomar decisões drásticas, já que quase todos nós somos mais ou menos bissexuais, e, se havia esperado 29 anos para se descobrir, bem podia esperar que voltássemos à

Califórnia. Um assunto como aquele merecia ser discutido em família. Amaldiçoei a distância, que me impedia de ver a expressão do rosto de Celia. Prometi que trataríamos de voltar o mais rápido possível, embora às três da manhã não fosse bem o que se podia fazer para trocar as passagens aéreas, coisa que, inclusive de dia, era complicada na Índia. Meu sono tinha sumido e não voltei para a cama de véus. Também não me atrevi a acordar Tabra, que ocupava outro quarto do mesmo andar.

Fui à sacada esperar a manhã, sentada num balanço de madeira multicolorida com almofadões de seda cor de topázio. Uma trepadeira de jasmim e uma árvore de grandes flores brancas desprendiam aquela fragrância de cortesã que havia percebido no quarto. A notícia de Celia me causou uma lucidez estranha, como se pudesse me ver e ver minha família de fora, em pleno ar. "Essa nora nunca vai deixar de me surpreender", murmurei. No caso dela, o termo "bissexual" podia significar várias coisas, mas nenhuma inócua para os meus. Puxa, escrevi sem pensar: *os meus*. Assim sentia todos eles meus, de minha propriedade: Willie, meu filho, minha nora, meus netos, meus pais e, inclusive, os enteados, com quem vivia de escaramuça em escaramuça, eram meus. Havia me custado muito reuni-los e estava disposta a defender essa pequena comunidade contra as incertezas do destino e da má sorte. Celia era uma força incontrolável da natureza, ninguém tinha influência sobre ela. Não me perguntei duas vezes por quem tinha se apaixonado, a resposta me pareceu óbvia. "Ajude-nos, Paula, que isso não é brincadeira", pedi a você, mas não sei se me ouviu.

NADA PARA AGRADECER

O desastre — não me ocorre outra palavra para definir o que aconteceu — se desencadeou em fins de novembro, no dia de Ação de Graças. Certo, parece irônico, mas a gente não escolhe as datas para essas coisas. Willie e eu voltamos para a Califórnia o mais rápido que pudemos, mas conseguir vôos, trocar as passagens e atravessar meio planeta nos custou mais de três dias. Naquela noite em que Celia me acordou, consegui dizer a Willie do que se tratava, mas ele estava dormindo, não me ouviu e, na manhã seguinte, tive de repetir. Achou graça. "Essa Celia é uma bala perdida", disse, sem medir as conseqüências que a revelação de minha nora teria para a família. Tabra devia seguir viagem para Bali, de modo que nos despedimos sem muitas explicações. Ao chegar a San Francisco, Celia estava nos esperando no aeroporto, mas não disse nada até que estivéssemos sozinhas; não era uma confidência que estivesse disposta a fazer na frente de Willie.

— Nunca achei que isso ia acontecer comigo, Isabel. Lembre o que eu pensava dos gays — me disse.

— Me lembro, Celia. Como ia esquecer? Já foi pra cama com ela?

— Com quem?

— Com Sally, ora, quem mais ia ser?

— Como sabe que é ela?

— Ai, Celia, não é preciso ser adivinho. Foram pra cama?

— Isso não importa! — exclamou com os olhos flamejantes.

— Eu acho muito importante, mas posso estar enganada... O tesão passa, Celia, e não vale a pena destruir um casamento por isso. Você está confusa com a novidade, é só isso.

— Estou casada com um homem sensacional e tenho três filhos que não abandonarei jamais. Pode imaginar o quanto pensei antes de falar com você? Uma decisão dessas não se toma assim, sem mais nem menos. Não quero ferir Nico nem as crianças.

— É estranho que confesse tudo pra mim, que sou sua sogra. Não será que inconscientemente...?

— Não me venha com psicologia de almanaque! Nós duas nos contamos tudo — me interrompeu.

Ela estava certa.

Suportei uma semana de brutal ansiedade, mas nada comparado com a angústia de Celia e Sally, que deviam decidir o futuro delas. Tinham vivido na mesma casa, trabalhavam juntas, compartilhavam as crianças, segredos, interesses e diversões, mas eram muito diferentes em caráter e talvez nisso consistisse a mútua atração. Vovó Hilda me dissera que "essas garotas se querem muito". Calada, discreta, quase invisível, Vovó não deixava passar nada em branco. Quis me avisar? Impossível saber, porque essa velha prudente nunca teria feito um comentário malicioso.

Eu me debati na confusão de carregar aquele segredo enquanto preparava o peru do dia de Ação de Graças com uma receita nova que minha mãe tinha me mandado por carta. Primeiro se colocava um monte de ervas no liquidificador com azeite de oliva e limão, depois se injetava essa mistura verde com uma seringa entre a pele e a carne da ave e deixava marinar por 48 horas.

Sally pedira demissão do emprego em meu escritório, mas nos víamos quase todo dia quando eu visitava meus netos, porque ela passava muito tempo nessa casa. Eu procurava não cravar os olhos nela e em Celia quando estavam juntas, mas, quando se roçavam por acaso, meu coração dava um salto. Willie, aturdido pela longa viagem à Índia e pela ressaca da infecção intestinal, manteve-se à margem com a esperança de que as paixões se dissolvessem no ar.

Por sorte, consegui marcar hora com meu psicólogo, a quem não via fazia tempo, porque tinha se mudado para o sul da Califórnia, mas viera a San Francisco passar as festas com a família. Nós nos encontramos num café, porque não tinha mais seu consultório, e enquanto ele saboreava seu chá verde e eu meu cappuccino, coloquei-o a par da telenovela familiar. Ele me perguntou se, por acaso, eu estava louca: como me ocorria fazer o papel de alcoviteira numa situação daquelas? Não se tratava de um segredo que me correspondesse guardar.

— Você é a figura da mãe, nesse caso é um arquétipo: mãe de Nico, madrasta de Jason, sogra de Celia, avó das crianças. E futura sogra de Sally, se isso não tivesse acontecido — explicou.

— Tenho minhas dúvidas, acho que Sally não ia se casar com Jason.

— Essa não é a questão, Isabel. Deve enfrentá-las e exigir que confessem a verdade a Nico e a Jason. Dê um prazo curto. Se não falarem, você terá de falar.

Segui o conselho e o prazo se encerrou justamente no longo fim de semana do dia de Ação de Graças, sagrado para os norte-americanos.

Com o pretexto das festas, a família ia se juntar pela primeira vez em meses, incluindo Ernesto, que nos anunciou que tinha se apaixonado por uma colega de trabalho, Giulia, e a traria à

Califórnia para apresentá-la à família. O momento era pouco propício. Ele chegaria primeiro de Nova Jersey e Giulia apareceria no dia seguinte, o que nos dava um pouco de tempo para preparar os ânimos. Ainda bem que Fu, Grace e Sabrina iam festejar no Centro de Zen-Budismo — haveria três testemunhas a menos. Willie e eu estávamos tão baratinados que não podíamos ajudar nem com um conselho. Não entendo como sobrevivemos sem violência durante esse fim de semana. Celia se trancou com Nico e não sei como falou para ele, porque não havia jeito de fazê-lo com diplomacia ou de evitar o baque emocional de semelhante notícia. Seria impossível não ferir Nico e as crianças, como ela tanto temia. Acho que, no começo, Nico não se deu conta inteiramente do alcance do que havia acontecido e pensou que as coisas poderiam ser resolvidas com imaginação e tolerância. Iam se passar semanas, talvez meses, antes que compreendesse que sua vida havia mudado para sempre.

Jason e Sally estavam separados não só pela distância geográfica, como também pelo fato de que tinham pouco em comum. Era difícil imaginar Sally curtindo a vida noturna e a boemia entre intelectuais no caos de Nova York, ou Jason na Califórnia, vegetando no seio da família e chateado de morte. Muitos anos mais tarde, falando disso com ambos, as versões se contradizem. Jason me garantiu que estava apaixonado por Sally e convencido de que se casariam, por isso perdeu a cabeça quando ela ligou para ele. "Tenho de te contar uma coisa", anunciou. Ele pensou na hora que ela tinha sido infiel e sentiu uma onda de raiva, mas imaginou que não era algo sério demais, já que estava disposta a confessar. Ela conseguiu articular as frases para lhe explicar que se tratava de uma mulher, e Jason respirou aliviado porque achou que realmente não enfrentava um rival, eram besteiras que as mulheres fazem por curiosidade, mas então ela acrescentou que estava apaixonada por Celia. A dupla traição pegou Jason como uma bordoada. Não só perdia a namorada, como perdia uma cunhada de quem gostava como a uma irmã. Se sentiu esbofeteado pelas duas mulheres e também por Nico, porque ele não pudera impedir o drama. No fim de semana maldito, Jason apareceu em casa; estava magro, havia perdido não sei quantos quilos, e abatido. Vinha com uma mochila nas costas, sem se barbear, com os dentes apertados e cheirando a álcool. Teve que enfrentar a situação sem apoio, porque cada um andava perdido em seus próprios problemas.

Sally pegou Ernesto no aeroporto. Ele vinha de Nova Jersey, onde vivia desde 1992, quando trouxemos você doente para a Califórnia. Sally o levou para tomar um café e preveni-lo sobre o que se passava; ele não podia cair de pára-quedas no meio do melodrama, ia achar que tínhamos ficado loucos. Como explicaria a Giulia? Sua namorada era uma loira alta e tagarela, de olhos azuis, com o frescor de gente que confia na vida. Nós, as Irmãs da Perpétua Desordem, havíamos rezado durante vários anos para que Ernesto encontrasse um novo amor e Celia te havia encarregado da mesma missão, que você não só cumpriu como, de passagem, nos mandou um recadinho do Além: Giulia nasceu no mesmo dia que você, 22 de outubro, a mãe dela se chama Paula e o pai nasceu no mesmo dia e ano que eu. Coincidências demais. Só posso pensar que você a escolheu para que fizesse teu marido feliz. Ernesto e Giulia dissimularam o melhor possível seu desconcerto diante do descalabro familiar. Apesar das dramáticas circunstâncias, demos imediatamente a nossa aprovação a Giulia: era perfeita para Ernesto, forte, organizada, alegre e carinhosa. Segundo Willie, não valia a pena que nos incomodássemos, porque esse casal não necessitava da aprovação de uma família com quem não tinha laços de sangue. "Se se casarem, teremos que trazê-los para a Califórnia", respondi.

Enquanto isso, a carne do peru ficou verde com o tratamento intravenoso de temperos e, ao sair do forno, parecia tão podre quanto o ambiente que se respirava na casa. Nico e Jason, arrasados, não puderam participar do velório, porque aquele dia não foi outra coisa senão um velório. Alejandro e Nicole estavam de cama com febre; Andrea circulava chupando o dedo, vestida para a ocasião com meu sári, no qual se enrolou como um salsichão. Willie acabou indignado porque nenhum de seus dois filhos apareceu. Tinha fome, mas ninguém havia se ocupado do jantar, que, em qualquer Dia de Ação de Graças normal, é um banquete. Num impulso incontrolável, meu marido agarrou o peru verde por uma perna e o atirou no lixo.

VENTOS ADVERSOS

❦

O colapso familiar não aconteceu de um dia para o outro, levou vários meses nos quais Nico, Celia e Sally se debateram na incerteza, mas nunca perderam de vista as crianças. Tentaram protegê-las da melhor forma possível, apesar do caos. Eles se esmeraram em ser muito carinhosos, mas, nesses dramas, o sofrimento é inevitável. "Não importa, resolverão a coisa mais tarde na terapia", me tranqüilizou Willie. Celia e Nico continuaram juntos na mesma casa por um tempo, porque não tinham para onde ir, enquanto Sally entrava e saía em sua qualidade de tia. "Isso parece um filme francês. Eu prefiro não vir mais", anunciou Tabra, escandalizada. Minha tolerância também não dava para tanto e preferi não visitá-los mais, embora cada dia que passava sem ver meus netos fosse um dia fúnebre.

Enquanto procurava me manter perto de Nico, que nunca se abriu comigo, minha relação com Celia passava do choro e dos abraços às recriminações. Ela me acusou de não entender o que se passava, de ter a cabeça bitolada, de me meter em tudo. Por que, diabos, não os deixava em paz? Ela ofendia com seu gênio explosivo e modos bruscos, mas dali a duas horas me chamava para pedir desculpas — e nos reconciliávamos, até que o ciclo se repetia. Me dava uma pena tremenda vê-la sofrer. A decisão que havia tomado tinha um preço muito alto, e toda a paixão do mundo não a livraria do pagamento. Celia se perguntava se não haveria alguma coisa perversa nela que a incitava a destruir o que tinha de melhor, seus filhos, uma família em que estava a salvo, cômoda, cuidada, querida. Seu marido a adorava e era um homem bom, no entanto, se sentia presa nessa relação, se chateava, não cabia em sua pele, o coração fugia em desejos que ela não sabia nomear. Me contou que o edifício aparentemente perfeito de sua vida tinha vindo abaixo com o primeiro beijo de Sally. Isso lhe bastou para compreender que não poderia continuar com Nico, naquele instante seu destino mudava de rumo. Sabia que a rejeição contra ela seria implacável, inclusive na Califórnia, que se gabava de ser o lugar mais liberal do planeta.

— Acha que sou anormal, Isabel? — perguntou.

— Não, Celia. Boa parte das pessoas é gay. O problema é que você se deu conta um pouco tarde.

— Sei que vou perder todos os amigos e que minha família não vai mais falar comigo. Meus pais jamais entenderão isso. Você sabe como eles são.

— Se não podem aceitar você como é, paciência, por ora não precisa deles. Há outras prioridades, como seus filhos.

Celia deixou de ir ao meu escritório, porque não queria depender de mim, como disse. Mas se ela não tivesse se decidido, eu teria de tomar uma atitude. Não podíamos continuar juntas. Substituí-la foi quase impossível, tive que contratar três pessoas para fazer o trabalho que ela fazia sozinha. Eu estava acostumada com Celia, tinha uma confiança cega nela, e ela aprendera a imitar desde a minha assinatura até o meu estilo; brincávamos que, algum dia não muito distante, ela escreveria meus livros. Celia, Nico e Sally começaram a ir à terapia, separados e juntos, para resolver os detalhes. Para Celia receitaram de novo antidepressivos e soníferos — andava tonta por causa dos comprimidos.

Quanto a Jason, ninguém pensou muito nele; havia decidido ficar em Nova York depois de se formar. Nada mais o atraía na Califórnia e não queria ver Sally nem Celia de novo. Se sentiu só, achou que havia perdido toda a sua família. Continuou perdendo peso e mudou de aparência: deixou de ser um rapaz preguiçoso e se transformou num homem furioso que passava boa parte da noite vagando pelas ruas de Manhattan porque não conseguia dormir. Não faltavam garotas noctívagas a quem contava sua infelicidade para depois o consolarem na cama. "Iam se passar uns três ou quatro anos antes que eu confiasse de novo numa mulher", me disse muito depois, quando pudemos falar do assunto. Também perdeu a confiança em mim, porque eu não soube avaliar a parte de sofrimento que lhe tocou. "Deixe de frescura", respondeu Willie na primeira vez que mencionou isso, sua frase favorita para resolver os conflitos emocionais de seus filhos.

E eu? Me dediquei a cozinhar e tricotar. Me levantava de madrugada todo dia, preparava panelas de comida e as levava à casa de Nico, ou as deixava no teto da caminhonete de Celia, para que, pelo menos, não lhes faltasse alimento. Tricotava e tricotava com lã grossa uma peça informe e imensa que, segundo Willie, era um casaco para envolver a casa.

Em meio a essa tragicomédia, meus pais vieram de visita e aterrissaram justamente durante uma dessas tempestades descomunais que costumam alterar o clima abençoado do norte da Califórnia, como se a natureza quisesse ilustrar o estado de espírito de nossa família. Meus pais vivem num apartamento alegre num agradável bairro residencial de Santiago, entre árvores nobres, onde, ao entardecer, as empregadas de uniforme, mesmo hoje em dia, em pleno século XXI, passeiam com velhinhas quebradiças e cachorros tosados. São atendidos por Berta, que trabalhou com eles por mais de trinta anos e é muito mais importante em suas vidas que os sete filhos que somam entre os dois. Willie sugeriu uma vez que se instalassem na Califórnia para passar o resto de sua velhice perto da gente, mas não há dinheiro que possa pagar nos Estados Unidos a comodidade e as companhias que gozam no Chile. Me consolo dessa separação pensando em minha mãe com seu bigodudo professor de pintura, com suas amigas no chá das segundas-feiras, dormindo a sesta em lençóis engomados de linho, presidindo a mesa nos banquetes preparados por Berta, em seu lar cheio de parentes e amigos. Aqui os velhos ficariam muito sozinhos. Minha mãe e tio Ramón vêm nos ver pelo menos uma vez por ano, e eu vou duas ou três vezes ao Chile. Além disso, estamos em contato diário por carta e telefone. É quase impossível ocultar alguma coisa desses velhos astutos, mas não lhes disse nada do que acontecera com Celia porque me agarrei à vã esperança de que tudo se resolveria em tempo hábil; talvez fosse apenas um capricho da juventude. Por isso existe um vazio notório na correspondência com minha mãe durante esses meses; para reconstruir essa história tive que interrogar separadamente os participantes e várias testemunhas. Cada um lembra as coisas de maneira diferente, mas ao menos pudemos falar sem rodeios. Mal meus pais pisaram em San Francisco, perceberam que alguma coisa muito grave nos havia sacudido, e não tive outra saída senão lhes contar a verdade.

— Celia se apaixonou por Sally, a namorada de Jason — atirei a bomba de repente.

— Espero que não se saiba disso no Chile — murmurou minha mãe, quando pôde reagir.

— Vai-se saber. Não há como esconder essas coisas. Além disso, acontecem em todos os lugares.

— Sim, mas no Chile não são ventiladas.

— O que pensam fazer? — perguntou tio Ramón.

— Não sei. A família inteira está em terapia. Um exército de psicólogos está ficando rico com a gente.

— Se pudermos ajudar em alguma coisa... — murmurou minha mãe, sempre incondicional, embora lhe tremesse a voz, e acrescentou que devíamos deixar que se arranjassem sozinhos e ser discretos, porque os comentários só agravariam a situação.

— Trate de escrever, Isabel, assim ficará ocupada. É o único jeito pra você não se meter além da conta — me aconselhou tio Ramón.

— É o que Willie diz.

MAS CONTINUAMOS NAVEGANDO

⚜

Minhas Irmãs da Desordem acrescentaram outra vela em seus altares, além das que já tinham por Sabrina e Jennifer, para orar pelo restante da minha desequilibrada família e para que eu pudesse escrever de novo, porque fazia muito tempo que eu estava atrás de pretextos para não o fazer. O 8 de janeiro se aproximava e não me sentia capaz de escrever ficção; podia me impor a disciplina, mas me faltava leveza, embora a viagem à Índia tivesse me enchido a cabeça de imagens e cores. Já não me sentia paralisada, o poço da inspiração estava cheio, e eu tinha mais atividade que nunca porque a idéia da fundação começara a andar, mas para escrever um romance é preciso paixão enlouquecida, que já estava acesa, mas havia que lhe dar oxigênio e combustível para que ardesse com mais vigor.

Continuava remexendo a idéia de "uma memória dos sentidos", uma exploração do tema da comida e do amor carnal. Devido ao clima de paixões que imperava na família, talvez fosse sarcástico, mas não era essa a minha intenção. A idéia me ocorrera antes dos amores de Celia e Sally. Inclusive tinha um título, *Afrodite*, que, por ser vago, me dava plena liberdade.

Minha mãe me acompanhou às lojas de pornografia de San Francisco, em busca de inspiração, e se ofereceu para me ajudar com a parte da cozinha sensual. Perguntei a ela de onde tiraria receitas eróticas e respondeu que qualquer prato apresentado com malícia é afrodisíaco, de modo que não tinha por que desperdiçar energia com ninhos de andorinhas e chifres de rinoceronte, tão difíceis de conseguir nos mercados locais. Ela, criada num dos meios mais católicos e intolerantes do mundo, nunca tinha pisado numa loja "para adultos", como são chamadas, e tive que lhe traduzir do inglês as instruções de vários apetrechos de borracha que quase a mataram de rir. A pesquisa para *Afrodite* causou sonhos eróticos em nós duas. "Aos 70 e tantos anos, ainda penso nisso", me confessou minha mãe. Lembrei a ela que meu avô também pensava nisso aos 90. Willie e tio Ramón foram nossas cobaias, neles testamos as receitas afrodisíacas que, como a magia negra, só surtem efeito se a vítima sabe da trama. Um prato de ostras, sem a explicação de que estimula a libido, não dá resultados visíveis. Nem tudo foi drama nesses meses, também nos divertimos.

Quando podia, eu escapava com Tabra e meus pais para a tua mata de sequóias, Paula, para dar longas caminhadas. As chuvas nutriam o riacho onde jogamos tuas cinzas, e a mata tinha uma fragrância de terra molhada e árvores. Caminhávamos com bom ritmo, minha mãe e eu à frente, caladas, e tio Ramón com Tabra mais atrás, falando de Che Guevara. Meu padrasto acha que Tabra é uma das mulheres mais interessantes e bonitas que conheceu — são muitas — e ela o admira por diversas razões, principalmente porque, numa ocasião, esteve com o heróico guerrilheiro, e inclusive tem uma foto com ele. Tio Ramón lhe repetiu a mesma história duzentas vezes, mas ela não se cansa de ouvir nem ele de contar. Você nos saudava das copas das árvores; passeávamos com você. Me abstive de informar meus pais daquela visita que teu fantasma nos fez em casa, de táxi, Paula; não havia por que confundi-los mais ainda.

Já me perguntei de onde vem essa tendência a conviver com espíritos; parece que outras pessoas não têm essa mania. Antes de mais nada, devo esclarecer que raramente dei de cara com um, e, nas vezes em que isso aconteceu, não posso garantir que não estava sonhando; mas não duvido de que o teu me acompanha o tempo todo. Senão, para que estaria te escrevendo estas páginas?

Você se manifesta das maneiras mais estranhas. Por exemplo, uma vez, quando Nico estava trocando de trabalho, me ocorreu inventar uma corporação para lhe dar emprego. Inclusive consultei um contador e dois advogados, que me agoniaram com regulamentos, leis e cifras. "Se pudesse ligar pra Paula e lhe pedir um conselho!", exclamei em voz alta. Nesse momento, chegou o correio e, em meio à correspondência, havia um envelope para mim, escrito com uma letra tão parecida com a minha que o abri imediatamente. A carta continha poucas linhas escritas com lápis em folha de caderno: "De agora em diante não vou resolver os problemas dos outros antes que me peçam ajuda. Não vou atirar sobre os ombros responsabilidades que não são minhas. Não vou superproteger Nico e meus netos." Estava assinada por mim e datada de sete meses antes.

Então me lembrei de que havia ido à escola dos netos para "o dia dos avós", e a professora havia pedido a todos os presentes que escrevessem uma resolução ou um desejo e o pusessem num envelope com seu endereço, para que ela o enviasse pelo correio mais adiante. Não há nada de estranho nisso. O estranho é que chegasse justamente no momento em que eu clamava por receber teu conselho. Acontecem coisas inexplicáveis demais.

A idéia dos seres espirituais, reais, imaginários ou metafóricos, foi iniciada por minha avó materna. Esse ramo da família sempre foi original e me deu material para a literatura. Jamais teria escrito *A casa dos espíritos* se minha avó não me tivesse convencido de que o mundo é um lugar muito misterioso.

A situação familiar se resolveu de uma maneira mais ou menos normal. Normal para a Califórnia; no Chile teria sido um escândalo digno da imprensa marrom, principalmente porque Celia considerou necessário anunciar a coisa com um megafone e pregar as vantagens do amor gay. Dizia que todo mundo devia experimentar, que era muito melhor que ser heterossexual, e ridicularizava os homens e seus caprichosos penduricalhos. Tive que lembrar Celia de que ela tinha um filho e que não convinha desvalorizá-lo. Eu mesma falava demais, andávamos de boca em boca, as fofocas iam e vinham com grande rapidez. Pessoas que mal conhecíamos se aproximavam para nos dar os pêsames, como se estivéssemos de luto. Acho que toda a Califórnia soube. Tremenda confusão. No começo eu tinha vontade de me enfiar num buraco, mas Willie me convenceu de que não é a verdade exposta que nos torna vulneráveis, mas os segredos.

O divórcio de Nico e Celia não resolveu as coisas, porque continuávamos presos num emaranhado de relações que mudavam constantemente, mas que não se interrompiam, já que as três crianças nos mantinham unidos, quiséssemos ou não. Venderam a casa que com tanto esforço tínhamos comprado e dividiram o dinheiro. Decidiram que as crianças passariam uma semana com a mãe e outra com o pai, quer dizer, viveriam de malas prontas, mas era preferível isso que a solução salomônica de dividi-las ao meio.

Celia e Sally conseguiram uma casinha que precisava de umas reformas, mas estava muito bem localizada, e se instalaram da melhor maneira que puderam. Foi muito duro para elas no começo, porque seus próprios parentes e vários amigos lhes viraram as costas. Ficaram quase sozinhas, com poucos recursos e a sensação de serem julgadas e condenadas. Eu me mantive próxima a elas e tentei ajudá-las com freqüência, sem que Nico soubesse, porque não podia entender minha fraqueza por essa ex-nora que havia ferido a família. Celia me confessou que a acusaram de ter destruído um lar, mas, à medida que os meses passavam, o barulho foi diminuindo, como acontece quase sempre.

Nico encontrou uma velha casa a duas quadras da nossa e a remodelou, trocando os assoalhos, as janelas e os banheiros. Tinha um jardim coroado por duas enormes palmeiras e se debruçava às margens de uma pequena lagoa onde se abrigavam gansos e patos selvagens. Ali vivia com o irmão de Celia, a quem ofereceu teto durante um ano, e que por alguma razão não foi morar com sua irmã. Esse jovem continuava em busca de seu destino sem muito sucesso, talvez porque não tinha permissão para trabalhar e seu visto de turista, que já havia renovado umas duas vezes, estivesse a ponto de expirar. Com freqüência se deprimia ou ficava de mau humor, e mais de uma vez Nico teve de acabar com os chiliques daquele homem que já não era seu cunhado, mas continuava sendo seu hóspede.

Para Celia e Sally, que tinham empregos com horário flexível, cuidar das crianças na semana delas não era tão complicado como para Nico na dele: tinha de se arranjar sozinho e trabalhava muito longe. Ligia, a mesma senhora que havia embalado Nicole nos meses de seu choro inconsolável, o ajudava e continuaria a fazê-lo por vários anos. Ela pegava meus netos na escola, onde havia um jardim-de-infância que até Nicole podia freqüentar, levava-os para casa e ficava com eles até que eu chegasse, se podia, ou Nico, que tratava de sair mais cedo de seu escritório na semana em que ficava com os filhos e compensava as horas quando não os tinha. Nico nunca se mostrou abalado ou impaciente, pelo contrário, era um pai alegre e tranqüilo. Graças à sua organização, mantinha seu lar nos eixos, mas se levantava de madrugada e se deitava muito tarde, extenuado. "Você não tem um minuto pra si mesmo, Nico", eu disse um dia. "Sim, mamãe, tenho duas horas sozinho e calado no carro quando vou e volto do escritório. Quanto mais trânsito, melhor", me respondeu.

A relação de Nico e Celia se complicou. Nico defendia seu território como podia, e a verdade é que eu não o ajudava nessa tarefa ingrata. Por último, cansado de fofocas e pequenas traições, me pediu que acabasse minha amizade com sua ex-mulher, porque, como estava a situação, ele tinha de brigar em duas frentes. Ele se sentia desprezado e impotente como pai das crianças e atropelado por sua própria mãe. Celia me procurava se precisava de alguma coisa, e eu não o consultava antes de agir, de modo que, sem querer, sabotava algumas decisões que eles tinham combinado antes e que depois Celia mudava. Além disso, mentia para ele para evitar explicações e, naturalmente, ele sempre descobria; por exemplo, as crianças se encarregavam de lhe dizer que tinham me visto no dia anterior na casa de sua mãe.

Vovó Hilda, perplexa com o curso dos acontecimentos, voltou ao Chile para a casa de Hildita, sua única filha. Não se ouviu dela nenhuma palavra de crítica, absteve-se de dar sua opinião, fiel à sua fórmula de evitar conflitos, mas Hildita me contou que a cada três horas botava na boca uma de suas misteriosas pílulas verdes para a felicidade; tiveram um efeito mágico, porque, quando voltou um ano depois à Califórnia, pôde visitar Celia e Sally com o mesmo carinho de sempre. "Essas garotas são tão boas amigas, dá gosto ver como se dão bem", disse, repetindo o comentário que havia feito para mim muito antes, quando ninguém suspeitava do que ia acontecer.

UMA TRIBO MUITO AGITADA

☙

Nos primeiros tempos, eu telefonava escondida no banheiro para combinar encontros clandestinos com Celia. Willie, me ouvindo cochichar, começou a suspeitar que eu tinha um amante, nada mais lisonjeiro, porque bastava me ver nua para compreender que não mostraria meu corpo a ninguém fora ele. Mas, na realidade, faltavam forças a meu marido para ataques de ciúme. Nessa época, tinha mais casos legais do que nunca entre as mãos e ainda não se dava por vencido com o de Jovito Pacheco, aquele mexicano que caíra de um andaime num edifício em construção em San Francisco. Quando a companhia de seguros negou uma indenização, Willie entrou com um processo. A seleção do júri era fundamental, ele me explicou, porque existia uma crescente hostilidade contra os imigrantes latinos e era quase impossível conseguir um jurado benevolente. Em sua longa experiência como advogado, havia aprendido a descartar do júri as pessoas obesas, que por alguma razão sempre votavam contra ele, e as racistas e xenófobas, que sempre existiram, mas que aumentavam dia a dia. A hostilidade entre anglos e mexicanos na Califórnia é muito antiga, mas em 1994 foi aprovada uma lei, a Proposição 187, que fez esse sentimento explodir. Os norte-americanos adoram a idéia da imigração, é o fundamento do sonho americano

— um pobre-diabo que chega a estas plagas com uma mala de papelão pode se transformar em milionário —, mas detestam imigrantes. Esse ódio, que sofreram escandinavos, irlandeses, italianos, judeus, árabes e outros imigrantes, é pior contra gente de cor e em especial contra os hispânicos, porque são muitos e não há meio de detê-los.

Willie viajou ao México, alugou um carro e, seguindo complicadas indicações que recebera por carta, andou durante três dias coleando por picadas poeirentas até chegar a uma aldeia remota com casinhas de barro. Levava uma foto amarelada da família Pacheco, que lhe serviu para identificar seus clientes: uma avó de ferro, uma viúva tímida e quatro crianças sem pai, entre elas uma cega. Nunca haviam usado sapatos, não tinham água potável e eletricidade, e dormiam em enxergões no chão.

Willie convenceu a avó, que dirigia a família com mão firme, de que deviam acompanhá-lo à Califórnia para se apresentar no julgamento e garantiu que lhe mandaria os meios para fazê-lo. Quando quis voltar para a Cidade do México, se deu conta de que a autoestrada passava a quinhentos metros da vila, mas que nenhum de seus clientes a tinha usado; por isso, suas instruções só indicavam caminhos de mulas. Voltou em quatro horas. Deu um jeito na documentação para uma rápida visita dos Pacheco aos Estados Unidos, meteu-os num avião e os trouxe, mudos de espanto diante da perspectiva de voar num pássaro metálico. Em San Francisco, descobriu que a família não se sentia à vontade em nenhum hotel, por mais modesto que fosse: não conheciam os pratos nem os talheres — comiam tortillas — e nunca tinham visto um sanitário. Willie teve que lhes fazer uma demonstração, que provocou um ataque de riso nas crianças e perplexidade nas duas mulheres. Estavam intimidados com essa imensa cidade de cimento, essa torrente de trânsito e essa gente que falava uma algaravia incompreensível. Por fim, ficaram com outra família mexicana. As crianças se instalaram na frente da televisão, incrédulas com tal prodígio, enquanto Willie procurava explicar à avó e à viúva o que consistia um julgamento nos Estados Unidos.

No dia marcado, ele se apresentou com os Pacheco no tribunal: a avó à frente, enrolada em sua mantilha e com chinelos que ela mal podia manter em seus pés largos de camponesa, sem compreender nada de inglês, e atrás a viúva com as crianças. Na alegação final, Willie cunhou uma frase que em casa nos serviu de gozação por anos: "Senhores do júri, vão permitir que o advogado da defesa jogue esta pobre família na lixeira da história?" Mas nem isso conseguiu convencê-los. Não deram nada aos Pacheco. "Isso jamais teria acontecido com um branco", comentou Willie, enquanto se preparava para apelar em um tribunal superior. Estava indignado com o resultado do júri, mas a família encarou tudo com a indiferença de gente acostumada às desgraças. Esperavam muito pouco da vida e não entendiam por que aquele advogado de olhos azuis tinha se dado ao trabalho de ir buscá-los na aldeia deles para lhes mostrar como funcionava um banheiro.

Para amenizar a frustração por ter falhado com eles, Willie decidiu levá-los à Disneylândia, em Los Angeles, para que tivessem uma boa recordação da viagem, pelo menos.

— Para que criar expectativas que essas crianças nunca poderão satisfazer? — perguntei.

— Devem saber o que o mundo oferece, para prosperarem. Eu saí do gueto miserável onde me criei porque me dei conta de que podia aspirar mais — foi sua resposta.

— Você é um homem branco, Willie. E, como você mesmo diz, os brancos levam vantagem.

Meus netos se acostumaram à rotina de mudar de casa toda semana e ver a mãe casada com a tia Sally. Não era um arranjo inusitado na Califórnia, onde, em matéria de relações domésticas, dá para se esbaldar. Celia e Nico foram ao colégio dos filhos explicar o que havia acontecido e as professoras disseram que não se preocupassem, porque, quando as crianças chegassem à quarta série, oitenta por cento de seus colegas teriam madrastas ou padrastos, e, com freqüência, haveria três do mesmo sexo, teriam irmãos adotivos de outras raças ou estariam vivendo com os avós. A família dos livros de contos de fadas não existia mais.

Sally tinha visto as crianças nascerem e as amava tanto que, anos mais tarde, quando lhe perguntei se não pensava em ter filhos próprios, me respondeu: para quê, se já tinha três? Assumiu o papel de mãe com o coração aberto, coisa que nunca pude fazer com meus enteados, e só por isso nunca deixei de gostar dela. No entanto, uma vez tive a maldade de acusá-la de ter seduzido metade da minha família. Como pude dizer semelhante estupidez? Ela não era a sereia que atraía suas vítimas para se arrebentarem nas rochas; cada um foi responsável por seus atos e sentimentos. Além disso, eu não tenho autoridade moral para julgar ninguém; fiz na minha vida várias loucuras por amor, e quem sabe não farei mais alguma antes de morrer. O amor é um raio que nos atinge de repente e nos muda. Foi assim que aconteceu comigo e com Willie. Como não vou entender Celia e Sally?

Nesses dias, recebi uma carta da mãe de Celia acusando-me de ter pervertido sua filha com minhas idéias satânicas e de "ter manchado sua bela família, em que o erro sempre se chamou erro e o pecado, pecado", ao contrário do que eu transmitia em meus livros e em minha conduta. Imagino que não se levou em conta que Celia era gay; o problema foi que a garota não sabia disso, se casou e teve três filhos antes de poder admitir a coisa. Que razão eu teria para induzir minha nora a ferir minha família? Achei extraordinário que alguém me atribuísse tanto poder.

— Que sorte! Nunca mais teremos de falar com esta senhora — foi a primeira coisa que Willie disse quando leu a carta.

— Vistos de fora, damos a impressão de ser muito decadentes, Willie.

— Você não sabe o que acontece a portas fechadas em outras famílias. A diferença com a nossa é que tudo fica às claras.

Eu me acalmei um pouco em relação aos netos porque contavam com a dedicação de seus pais, em ambas as casas existiam mais ou menos as mesmas regras de convivência e a escola lhes dava estabilidade. Não acabariam traumatizados, mas mimados demais. Havia tanta franqueza para lhes explicar as coisas que, às vezes, eles prefeririam não perguntar, porque a resposta podia ir mais longe do que desejavam ouvir. Desde o começo estabeleci o hábito de vê-los quase diariamente, quando estavam com Nico, e uma vez por semana em casa de Celia e Sally. Nico era firme e consistente, suas regras eram claras, mas também prodigalizava grande ternura e paciência a seus filhos. Em muitos domingos, eu o surpreendi de manhã dormindo com todas as crianças na sua cama, e nada me comovia tanto como vê-lo chegar com as duas meninas no colo e Alejandro pendurado em suas pernas. Na casa de Celia, havia um ambiente mais descontraído, desordem, música e dois gatos ariscos que perdiam os pêlos sobre os móveis. Costumavam improvisar uma tenda com cobertores na sala, onde acampavam durante a semana inteira. Acho que Sally mantinha firme as costuras dessa família; sem ela, Celia teria naufragado nessa época de tanta perturbação. Sally possuía um instinto certeiro com as crianças, adivinhava os problemas antes que acontecessem e as vigiava com discrição, sem aporrinhar.

Reservei "dias especiais" para cada neto, separadamente, em que eles escolhiam a atividade. Foi assim que me saturei com os desenhos animados *Tarzan* (treze vezes) e *Mulan* (dezessete); podia recitar os diálogos de trás pra frente. Sempre queriam o mesmo no dia especial: pizza, picolé e cinema, exceto uma vez que Alejandro mostrou interesse em ver os homens vestidos de freiras na tevê. Um grupo de homossexuais, gente de teatro, se fantasiava de freiras com os rostos pintados e se pavoneava pedindo dinheiro para obras de caridade. O desatino é que isso foi durante a Semana Santa. Deu no noticiário porque a Igreja Católica ordenou a seus fiéis que não visitassem San Francisco, para sabotar o turismo dessa cidade que, como Sodoma e Gomorra, vivia em pecado mortal. Levei Alejandro para ver *Tarzan* mais uma vez.

Nico se tornara muito calado e tinha uma dureza nova no olhar. A raiva o tinha fechado como a uma ostra, não compartilhava seus sentimentos com ninguém. Não foi o único que sofreu, a cada um tocou sua parte, mas ele e Jason ficaram sós. Me agarrei ao consolo de que ninguém agiu com perfídia e foi uma dessas tempestades em que se perde o controle do timão. Que houve entre Celia e ele, a portas fechadas? Que papel Sally desempenhou? Foi inútil sondá-lo — sempre me respondeu com um beijo na testa e alguma frase neutra para me distrair —, mas não perco a esperança de saber, na minha hora final, quando ele não se atrever a negar o último desejo de sua mãe moribunda. A existência de Nico se reduziu ao trabalho e aos filhos. Nunca foi muito sociável, suas amizades tinham sido apresentadas por Celia e ele não tentou mantê-las. Isolou-se.

Nesses dias, veio limpar as vidraças de nossa casa um psiquiatra com pinta de ator de cinema e aspirações de romancista, que ganhava mais dinheiro limpando janelas alheias do que ouvindo as queixas maçantes de seus pacientes. Na verdade, ele não fazia o trabalho, mas sim uma ou duas holandesas esplêndidas que não me explicou onde fisgava, sempre diferentes, bronzeadas pelo sol californiano, com cabeleiras platinadas e shortinhos curtos. As belas subiam pelas escadas de mão com panos e baldes, enquanto ele se sentava na cozinha e me contava o argumento de seu próximo romance. Me dava raiva, não só pelas loiras burras que faziam o trabalho pesado que depois ele cobrava, como porque esse homem não era nem a sombra de Nico e dispunha de quantas mulheres desejasse. Perguntei a ele como fazia, e ele me disse: "Emprestando meus ouvidos, gostam que as ouça." Decidi dar a dica a meu filho. Apesar de sua arrogância, o psiquiatra era melhor que o hippie velho que o precedera na limpeza das vidraças, que, antes de aceitar uma xícara de chá, examinava a chaleira minuciosamente para se certificar de que não havia chumbo, falava aos sussurros, e uma vez perdeu quinze minutos tentando tirar um inseto da janela sem machucá-lo. Quase caiu da escada quando lhe ofereci um mata-moscas.

Eu vivia na cola de Nico, nos víamos quase todos os dias, mas ele se tornara um desconhecido para mim, cada dia mais retraído e distante, embora exibisse sempre a mesma impecável cortesia. Essa delicadeza chegou a me encher; teria preferido que arrancássemos os cabelos mutuamente. Em dois ou três meses, já não agüentava mais e decidi que não podíamos continuar adiando uma conversa franca. Os confrontos são muito raros entre nós, em parte porque nos damos bem sem alardes sentimentais e em parte porque somos assim, por temperamento e hábito. Durante os 25 anos de meu primeiro casamento, nunca ninguém levantou a voz, meus filhos se acostumaram a uma absurda urbanidade britânica. Além disso, temos bons propósitos e supomos que se há ofensa é por erro ou omissão, não por vontade de nos ferir. Pela primeira vez, chantageei meu filho e, com a voz embargada, falei de meu amor incondicional e o que tinha feito por ele e seus filhos desde que nasceram, censurei seu distanciamento e rejeição... enfim, um discurso patético. Mas tive que admitir que ele sempre se portara como um príncipe comigo, exceto quando fez a brincadeira de mau gosto de se enforcar, aos 12 anos. Você lembra, Paula, que teu irmão se pendurou com um arnês no umbral de uma porta? Quando o vi, com a língua de fora e uma corda grossa no pescoço, quase passei desta pra uma melhor. Nunca o perdoei! "Por que não vamos ao que interessa, velha?", perguntou amavelmente depois de me ouvir um bom tempo, quando não pôde mais evitar que os olhos se desviassem para o teto. Então nos lançamos a um ataque frontal. Chegamos a um acordo civilizado: ele faria um esforço para estar mais presente em minha vida e eu faria um esforço para estar mais ausente da sua. Ou seja, nem careca nem com duas perucas, como dizem na Venezuela. Não pensava cumprir minha parte do trato, como se viu em seguida, quando lhe sugeri que procurasse conhecer mulheres porque, na idade dele, não convinha o celibato: órgão que não se usa atrofia.

— Soube que esteve conversando com uma garota muito agradável, numa festa no teu trabalho. Quem é? — perguntei.

— Como é que sabe? — respondeu alarmado.

— Ah, tenho minhas fontes. Vai ligar pra ela?

— Três filhos, mamãe! Pra mim chega. Não me sobra tempo pra romance.

E riu.

Estava certa de que Nico podia atrair quem quisesse: tinha a estampa de um nobre do Renascimento italiano, era de boa índole (nisso saiu ao pai) e não era nada bobo (nisso saiu a mim), mas se eu não lhe botasse pilha, ia acabar num mosteiro trapista. Contei para ele sobre o psiquiatra com sua corte de holandesas que limpavam as janelas de nossa casa, mas não demonstrou o menor interesse. "Não se meta", Willie me disse de novo, como sempre. Mas é claro que eu ia me meter, só devia dar a Nico um pouco de tempo para que lambesse as feridas.

SEGUNDA PARTE

COMEÇA O OUTONO

◈

Segundo o dicionário, outono não é apenas a estação dourada do ano, mas a idade em que se deixa de ser jovem. Willie estava quase com 60 e eu percorria com passo ainda firme a década dos 50, mas minha juventude acabou junto com você, Paula, no corredor dos passos perdidos daquele hospital madrileno. Senti a maturidade como uma viagem para dentro e o começo de uma nova forma de liberdade: podia usar sapatos confortáveis e já não tinha que fazer dieta nem agradar a meio mundo, só àqueles que realmente me importam. Antes tinha as antenas sempre prontas para captar a energia masculina no ar; depois dos 50 as antenas enferrujaram e agora só Willie me atrai. Bem, Antonio Banderas também, mas isso é puramente teórico. Willie e eu tivemos o corpo e a mente mudados. A memória prodigiosa dele começou a dar uns tropeços, já não conseguia lembrar os números de telefone de todos os seus amigos e conhecidos. Suas costas e joelhos enrijeceram, suas alergias pioraram, e me acostumei a ouvi-lo pigarrear a todo instante como uma locomotiva velha. Por sua vez, ele se resignou às minhas peculiaridades: os problemas emocionais me provocam cólicas e dor de cabeça, não posso ver filmes sanguinários, não gosto de reuniões sociais, devoro chocolate às escondidas, me irrito com facilidade e torro dinheiro como se crescesse em árvores. Neste outono da vida, por fim, nos conhecemos e nos aceitamos inteiramente; nossa relação enriqueceu. Estarmos juntos nos parece tão natural como respirar, e a paixão sexual cedeu lugar a encontros mais tranqüilos e ternos. Nada de castidade. Nós nos apegamos, já não queremos nos separar, mas isso não significa que não tenhamos algumas brigas; nunca largo minha espada, por via das dúvidas.

Numa das viagens a Nova York, parada obrigatória em todas as turnês de promoção de meus livros, visitamos Ernesto e Giulia em sua casa de Nova Jersey. Eles nos abriram as portas — e o que vimos foi um pequeno altar com uma cruz, as armas de aiquidô de Ernesto, uma vela, duas rosas num vaso e uma foto sua, Paula. A casa tinha a mesma claridade e simplicidade dos ambientes que você havia decorado em tua curta vida, talvez porque Ernesto compartilhasse o mesmo gosto. "Ela nos protege", disse Giulia sem a menor afetação, apontando teu retrato ao passar. Compreendi que essa jovem tivera a inteligência de adotar você como amiga em vez de competir com tua lembrança, e com isso ganhou a admiração da família de Ernesto, que havia adorado você, e da nossa, naturalmente. Então, comecei a planejar a forma para que se instalassem na Califórnia, onde poderiam fazer parte da tribo. Que tribo? Restava pouco dela: Jason em Nova York, Celia em outro casamento, Nico emburrado e ausente, meus três netos indo e vindo com suas malinhas de palhaço, meus pais no Chile, e Tabra viajando por recantos ignotos do mundo. Até Sabrina víamos pouco; ela tinha sua própria vida, já podia circular sozinha com um andador e pedira para o Natal uma bicicleta maior do que a que tinha.

— Estamos ficando sem tribo, Willie. Devemos fazer alguma coisa logo, ou acabaremos jogando bingo numa casa geriátrica na Flórida, como tantos velhos americanos, que estão mais sozinhos do que se morassem na Lua.

— Qual é a alternativa? — perguntou meu marido, certamente pensando na morte.

— Nos transformarmos num peso para a família, mas antes precisamos aumentá-la — informei.

Era uma brincadeira, claro, porque o mais terrível da velhice não é a solidão, mas a dependência. Não quero incomodar meu filho e meus netos com a minha decrepitude, embora não fosse nada mau passar meus últimos anos perto deles. Fiz uma lista de prioridades para meus 80 anos: saúde, recursos econômicos, família, cachorra, histórias. Os dois primeiros pontos me permitiriam decidir como e onde viver; o terceiro e quarto me acompanhariam; e as histórias me manteriam calada e divertida, sem atritos com ninguém. Willie e eu temos pavor de perder a lucidez e com isso Nico ou, pior ainda, estranhos, decidam por nós. Penso em você, filha, que esteve meses à mercê de desconhecidos antes que pudéssemos te trazer para a Califórnia. Quantas vezes você pode ter sido maltratada por um médico, uma enfermeira ou uma empregada, e eu não fiquei sabendo? Quantas vezes terá desejado, no silêncio daquele ano, morrer de uma vez e em paz?

Os anos transcorrem silenciosos, na ponta dos pés, zombando da gente em sussurro, e de repente nos assustam no espelho, nos acertam nos joelhos e nos cravam um punhal nas costas. A velhice nos ataca dia após dia, mas parece se tornar evidente ao final de cada década. Há uma foto minha, tirada aos 49 anos, apresentando *O plano infinito* na Espanha; é de uma mulher jovem, as mãos nos quadris, desafiante, com um xale vermelho nos ombros, as unhas pintadas e uns longos brincos de Tabra. Foi nesse exato momento, com Antonio Banderas a meu lado e uma taça de champanhe na mão, que me disseram que você acabava de dar entrada no hospital. Saí correndo, sem imaginar que a tua vida e a minha juventude estavam por terminar. Outra foto minha, um ano mais tarde, mostra uma mulher madura, os cabelos curtos, os olhos tristes, a roupa escura, sem enfeites. O corpo me pesava, eu me olhava no espelho e não me reconhecia. Não foi apenas tristeza que me envelheceu subitamente, porque, ao repassar o álbum de fotos familiares, pude comprovar que quando fiz 30 anos e depois 40 também houve uma mudança drástica na minha aparência. Assim será no futuro, só que, em vez de eu perceber a cada década, será a cada ano bissexto, como diz minha mãe. Ela vai vinte anos adiante de mim, abrindo caminho, mostrando como serei em cada etapa de minha vida. "Tome cálcio e hormônios, para que seus ossos não falhem, como os meus", me aconselha. Repete que me cuide, que me ame, que saboreie as horas, porque tudo se vai muito rápido, que não deixe de escrever, para manter a mente ativa, e que faça ioga para poder me abaixar e calçar os sapatos sozinha. Acrescenta que não me esforce para preservar uma aparência jovem, porque os anos serão notados de qualquer forma, por mais que a gente disfarce, e não há nada mais ridículo que uma velha botando banca de lolita. Não há truques mágicos que evitem a deterioração, no máximo pode-se adiar um pouco. "Depois dos cinqüenta, a vaidade só serve para sofrer", me garante essa mulher com fama de bonita. Mas a fealdade da velhice me assusta e penso combatê-la enquanto me restar saúde; por isso estiquei a cara com cirurgia plástica, já que não descobriram a forma de rejuvenescer com uma poção. Não nasci com a esplêndida matéria-prima de Sofia Loren, necessito de toda a ajuda que possa conseguir. A cirurgia equivale a desprender músculos e pele, cortar o que sobra e costurar a carne de novo na caveira, colada como malha de bailarino. Durante semanas tive a sensação de andar com uma máscara de madeira, mas no final valeu a pena. Um bom cirurgião pode enganar o tempo. Esse é um assunto que não devo comentar na frente de minhas Irmãs da Desordem ou de Nico, porque acham que a velhice tem a sua beleza própria, inclusive com verrugas peludas e varizes. Você era da mesma opinião, Paula. Sempre gostou mais dos velhos que das crianças.

EM PÉSSIMAS MÃOS

⁂

A propósito de cirurgia plástica, numa quarta-feira de madrugada, Tabra me telefonou um tanto perturbada, com a novidade de que um de seus seios havia desaparecido.

— Está brincando?

— Murchou. Um lado está liso, mas o outro seio está como novo. Não dói nada. Acha que devo ir ao médico?

Fui pegá-la imediatamente e a levei ao consultório do cirurgião que a tinha operado. Ele nos garantiu que não era culpa sua, mas da fábrica: às vezes, os implantes saem defeituosos, se rasgam e o líquido se espalha pelo corpo. Tabra não tinha por que se preocupar, acrescentou, o implante era feito com uma solução salina que, com o tempo, o corpo absorvia sem perigo para a saúde. "Mas ela não pode ficar com um seio apenas!", intervim. O médico achou razoável e alguns dias depois substituiu o balão furado, embora não tenha pensado em dar um desconto no preço de seus serviços. Três semanas depois, murchou o outro seio. Tabra chegou coberta com um poncho em nossa casa.

— Se ele não se responsabilizar pelas suas tetas, vou processar o desgraçado! Ele vai ter que te operar de graça! — berrou Willie.

— Prefiro não incomodá-lo de novo, Willie. Ele pode se irritar. Fui consultar outro médico — ela admitiu.

— E esse sabe alguma coisa de seios? — perguntei.

— É um homem muito decente. Veja, todo ano vai à Nicarágua operar de graça crianças com lábio leporino.

Na verdade, fez um trabalho excelente e Tabra terá os seios firmes de uma donzela até que morra aos 100 anos. As mulheres da família dela vivem muito. Poucos meses depois, apareceu na imprensa o primeiro cirurgião, o dos implantes furados. Haviam cassado a licença dele e estavam a ponto de prendê-lo porque deixara uma paciente sozinha no consultório, sem uma enfermeira, a noite toda, depois de operá-la. A mulher sofreu um ataque e morreu. Meu neto Alejandro calculou o custo de cada seio de sua tia Tabra e sugeriu que ela cobrasse dos interessados: 10 dólares para olhar e 15 para tocar. Recuperaria seu investimento num prazo aproximado de três anos e cento e cinqüenta dias. Mas ela estava bem com suas jóias e não precisava recorrer a medidas tão drásticas.

Em vista da prosperidade de seu negócio, Tabra contratou um gerente de idéias faraônicas. Ela construíra seu negócio do nada; começou vendendo na rua e, passo a passo, com muito trabalho, perseverança e talento, conseguiu fazer uma empresa modelo. Não entendi para que necessitava de um sujeito arrogante que nunca havia fabricado uma pulseira na vida, nem usado. Não podia nem se gabar de ter uma cabeleira preta. Ela sabia muito mais que ele. O diplomado começou comprando computadores como os da NASA, que um amigo dele vendia e que nenhum dos refugiados asiáticos de Tabra aprendeu a usar, apesar de alguns deles falarem vários idiomas e terem uma sólida educação, e a seguir decidiu que era necessário contratar um grupo de consultores para formar uma diretoria.

Escolheu-os entre seus amigos e lhes deu um bom salário. Em menos de um ano, o negócio de Tabra cambaleava como o escritório de Willie, porque saía mais dinheiro do que entrava e era preciso manter um exército de empregados cujas funções ninguém compreendia. Isso coincidiu com uma queda na economia do país e com a moda, naquele ano, das jóias minimalistas, em vez das grandes peças étnicas de Tabra; além disso, houve roubos internos na companhia e má administração. Foi esse o momento escolhido pelo gerente para dar o fora e deixar Tabra soterrada de dívidas. Arrumou um emprego de consultor em outra empresa, recomendado pelos mesmos amigos que ele tinha em sua diretoria.

Durante quase um ano, Tabra lutou contra os credores e a pressão dos bancos, mas por fim se resignou à bancarrota. Perdeu tudo. Vendeu sua poética propriedade na mata por muito menos do que pagara por ela. Os bancos se apropriaram de seus bens, desde sua caminhonete até as máquinas da fábrica e a maior parte da matéria-prima adquirida durante uma vida. Meses antes, Tabra tinha me dado uns frascos com contas e pedras semipreciosas, que guardei no porão, esperando o momento em que me ensinaria a usá-las; não suspeitava que depois serviriam para ela voltar a trabalhar. Willie e eu esvaziamos e pintamos o quarto do primeiro andar que foi teu, Paula, e o oferecemos a Tabra, para que pelo menos tivesse teto e família. Ela se mudou com os poucos móveis e objetos de arte que pôde salvar. Arranjamos uma mesa grande e ali ela começou tudo de novo, como trinta anos atrás, a fazer suas jóias uma por uma. Quase diariamente saíamos para caminhar e falávamos da vida. Nunca a ouvi se queixar ou praguejar contra o gerente que a arruinou. "É culpa minha tê-lo contratado. Isso nunca vai me acontecer de novo", foi tudo o que disse. Nos anos que a conheço, que são muitos, minha amiga esteve doente, desiludida, pobre e com mil problemas, mas eu a vi desesperada apenas quando seu pai morreu. Por muito tempo, ela chorou esse homem que adorava sem que eu pudesse ajudá-la. Não mudou na época de sua falência. Com humor e coragem, ela se dispôs a percorrer desde o começo o caminho que tinha trilhado em sua juventude, convencida de que, se o fizera aos 20 anos, poderia tornar a fazê-lo aos 50. Tinha a vantagem de ter seu nome reconhecido em vários países; qualquer um no negócio de jóias étnicas sabe quem ela é; donos de galerias de arte do Japão, Inglaterra, das ilhas do Caribe e de muitos outros lugares aparecem para comprar suas jóias, e há clientes que as colecionam de forma obsessiva (chegam a juntar mais de quinhentas e continuam comprando).

Tabra demonstrou ser a hóspede ideal. Por educação, comia o que houvesse no prato, e sem nossas caminhadas diárias eu teria acabado uma bola. Era discreta, silenciosa e divertida; além disso nos distraía com suas opiniões.

— As baleias são machistas. Quando a fêmea está no cio, os machos a rodeiam e a violam — comentou.

— Não se pode julgar os cetáceos com um critério cristão — rebateu Willie.

— A moral é uma só, Willie.

— Os índios ianomâmis da floresta amazônica raptam as mulheres de outras tribos e são polígamos.

Então, Tabra, que sente grande respeito pelos povos primitivos, concluiu que nesse caso não se aplica a mesma moral que às baleias. Imagine as discussões políticas! Willie é muito progressista, mas, comparado com Tabra, parece um talibã. Para se distrair durante outro dos repentinos sumiços de Alfredo López Lagarto Emplumado, que coincidiu com a falência, nossa amiga voltou ao vício dos encontros às cegas através de anúncios nos jornais. Um dos candidatos se apresentou com a camisa aberta até o umbigo, exibindo meia dúzia de cruzes de ouro sobre o peito cabeludo. Isso, mais o fato de que era de raça branca e estava ficando careca no topo, teria sido suficiente para que ela não se interessasse, mas ele parecia inteligente e ela decidiu lhe dar uma oportunidade. Encontraram-se num café, conversaram por um bom tempo e descobriram coisas em comum, como Che Guevara e outros heróicos guerrilheiros. No segundo encontro, o homem havia abotoado a camisa e levou para ela um presente embalado com perfeição. Ao abri-lo, descobriu um pênis de tamanho otimista talhado em madeira. Tabra chegou furiosa em casa e o jogou na lareira, mas Willie a convenceu de que era um objeto de arte e, se ela colecionava cabaças para cobrir as vergonhas masculinas na Nova Guiné, não via razão para se ofender com aquele presente. Apesar de suas dúvidas, ela saiu de novo com o galã. No terceiro encontro, esgotaram os temas relacionados à guerrilha latino-americana e permaneceram calados durante um momento muito longo, até que ela, para dizer alguma coisa, anunciou que gostava de tomates. "Eu gosto dos SEUS tomates", respondeu ele, botando uma garra no seio que tanta grana tinha custado. E como ela ficou paralisada de espanto diante daquele atropelo, ele se sentiu autorizado a dar o passo seguinte e a convidou para uma orgia em que os comensais ficavam nus e se atiravam de cabeça numa pirâmide humana para brincar como os romanos nos tempos de Nero. Costumes da Califórnia, aparentemente. Tabra botou a culpa em Willie, disse que o pênis não tinha sido um presente artístico, mas uma proposta desonesta e um atentado à decência, como suspeitara. Houve outros pretendentes, muito divertidos para nós, mas nem tanto para ela.

 Tabra não era a única que nos causava surpresas. Ficamos sabendo que Sally e o irmão de Celia haviam se casado para que ele conseguisse um visto e pudesse permanecer no país. Para convencer o Serviço de Imigração de que era um casamento de verdade, fizeram uma festa com bolo de noivos e tiraram fotos em que Sally usava o famoso vestido cor de merengue que havia definhado no meu closet durante anos. Pedi a Celia que escondesse a foto, porque não haveria jeito de explicar às crianças que a companheira de sua mamãe tinha se casado com o tio, mas Celia não gosta de segredos. Diz que com o tempo tudo se sabe e não há nada mais perigoso que a mentira.

EM BUSCA DE UMA NAMORADA

Nico ficou muito bonito. Usava o cabelo comprido como um apóstolo, e suas feições haviam se assemelhado às de seu avô, olhos grandes de pálpebras lânguidas, nariz aristocrático, mandíbula quadrada, mãos elegantes. Era inexplicável que não houvesse uma dúzia de mulheres espremendo-se na porta da casa dele. Escondidas de Willie, que não entende nada desses assuntos, Tabra e eu decidimos procurar uma namorada para Nico, exatamente o que você teria feito nessas circunstâncias, filha, por isso, não se chateie comigo.

— Na Índia e em muitos outros lugares, os casamentos são arranjados. Há menos divórcios que no mundo ocidental — explicou-me Tabra.

— Isso não prova que sejam felizes, mas que têm mais paciência — aleguei.

— O sistema funciona. Casar por amor traz muitos problemas; é mais garantido juntar duas pessoas compatíveis, que aprendem a se gostar com o tempo.

— É meio arriscado, mas não me ocorre uma idéia melhor — admiti.

Não é fácil fazer esses acertos na Califórnia, como ela mesma tinha comprovado durante anos, já que nenhuma das agências casamenteiras lhe conseguiu um homem que valesse a pena. O melhor tinha sido Lagarto Emplumado, mas continuava sem dar notícias. Examinávamos a imprensa com regularidade para ver se a coroa de Moctezuma havia sido devolvida ao México, mas nada. Em vista dos péssimos resultados obtidos por Tabra, não quis recorrer a anúncios nos jornais nem a agências; além do mais, teria sido uma indiscrição, já que não havia consultado Nico. Minhas amizades não serviam porque já não eram jovens, e nenhuma mulher na menopausa ia se encarregar de meus três netos, por mais simpático que Nico fosse.

Eu me dediquei a procurar uma namorada por todos os cantos, e afiei o olho no processo. Perguntava a amigos e conhecidos, examinava as jovens que me pediam autógrafo nas livrarias; cheguei a abordar com a maior cara-de-pau duas garotas na rua, mas esse método se mostrou pouco eficiente e muito lento. Nesse passo, teu irmão chegaria solteiro aos 70 anos. Eu analisava as mulheres e, no final, ia descartando uma por uma por diversos motivos: sérias ou fofoqueiras, tagarelas ou tímidas, fumantes ou macrobióticas, vestidas como suas mães ou com uma tatuagem da Virgem de Guadalupe nas costas. Tratava-se de meu filho, a escolha não podia ser feita descuidadamente.

Começava a me desesperar, quando Tabra me apresentou Amanda, fotógrafa e escritora, que desejava fazer uma reportagem comigo no Amazonas para uma revista de viagens. Amanda era muito interessante e bonita, mas estava casada e pensava ter filhos logo, de modo que não servia a meus desígnios sentimentais. No entanto, na conversa com ela surgiu o assunto de meu filho e lhe contei o drama todo, porque já não era nenhum segredo o que havia acontecido com Celia; ela mesma o espalhara aos ventos. Amanda me anunciou que conhecia a garota ideal: Lori Barra. Era sua melhor amiga, de coração generoso, sem filhos, bonita, refinada, designer gráfica de Nova York, instalada em San Francisco. Tinha um pretendente detestável, segundo ela, mas logo daríamos um jeito de nos desfazer dele para Lori ficar disponível para ser apresentada a Nico. Não tão depressa, eu disse, primeiro eu devia conhecê-la a fundo. Amanda organizou um almoço, e levei Andrea, porque me pareceu que a jovem designer devia ter uma idéia aproximada do que lhe cairia em cima. Dos três netos, Andrea era, sem dúvida, a mais peculiar. Ela me apareceu vestida de mendiga, com trapos cor-de-rosa amarrados em diversas partes do corpo, um chapéu de palha com flores murchas e seu boneco Salve-o-Atum. Estive a ponto de arrastá-la para comprar roupas mais apresentáveis, mas logo decidi que era preferível que Lori a conhecesse em seu estado natural.

Amanda não disse nada sobre nossos planos à sua amiga, nem eu a Nico, para não alarmá-los. O almoço num restaurante japonês foi uma boa artimanha que não levantou suspeitas em Lori, que só desejava nos conhecer porque gostava das jóias de Tabra e tinha lido uns dois livros meus, dois pontos a seu favor. Tabra e eu ficamos muito impressionadas com ela; era um remanso de simplicidade e encanto. Andrea a observou sem dizer uma palavra, enquanto procurava em vão jogar na boca pedaços de peixe cru com dois pauzinhos.

— Não se conhece uma pessoa em uma hora — disse Tabra depois.

— É perfeita! Até se parece com Nico, os dois são altos, magros, bonitos, de ossos nobres, e se vestem de preto: parecem gêmeos.

— Essa não é a base de um bom casamento.

— Na Índia são os horóscopos, que, digamos, também não é muito científico. Tudo é questão de sorte, Tabra — respondi.

— Devemos saber mais sobre ela. É preciso vê-la em circunstâncias difíceis.

— Como uma guerra, por exemplo?

— Isso seria o ideal, mas não há nenhuma por perto. Que acha de a convidarmos para ir à Amazônia? — sugeriu Tabra.

Foi assim que Lori, que nos tinha visto uma só vez por cima de um prato de sushi, acabou voando com a gente para o Brasil, na qualidade de ajudante de Amanda, a fotógrafa.

Ao planejar a odisséia à Amazônia, imaginei que iríamos a um lugar muito primitivo, onde ficaria em evidência o caráter de Lori e das demais expedicionárias, mas infelizmente a viagem foi muito menos perigosa que o esperado. Amanda e Lori tinham previsto até o menor detalhe, e chegamos sem inconvenientes a Manaus, depois de uns dias na Bahia, onde demos uma parada para conhecer Jorge Amado. Tabra e eu tínhamos lido sua obra completa e queríamos ver se o homem era tão extraordinário como o escritor.

Amado nos recebeu com sua esposa, Zélia Gattai, em sua casa, sentado numa poltrona, amável e hospitaleiro. Aos 84 anos, meio cego e bastante doente, ainda era dono do humor e da inteligência que caracterizam seus romances. Era o pai espiritual da Bahia, havia citações de seus livros em toda parte: gravadas em pedra, enfeitando as fachadas dos edifícios municipais, em grafites e pinturas primitivas nas cabanas dos pobres. Praças e ruas ostentavam orgulhosas os nomes de seus livros e personagens. Amado nos convidou a provar as delícias culinárias de sua terra no restaurante da Dadá, uma bela negra que não inspirou seu célebre romance *Dona Flor e seus dois maridos* porque era uma menina quando ele o escreveu, mas se encaixava na descrição da personagem: bonita, pequena e agradavelmente cheia sem ser gorda. Essa réplica de Dona Flor nos recebeu com mais de vinte suculentos pratos e uma amostra de suas sobremesas, que culminou com docinhos de *punhetinha*, que, na gíria local, quer dizer "masturbação". Nem preciso dizer como tudo me serviu para meu livro *Afrodite*!

O velho escritor também nos levou a um terreiro ou templo, de que era o pai protetor, para presenciarmos uma cerimônia de candomblé, religião levada para o Brasil pelos escravos africanos há vários séculos, e que hoje conta com mais de dois milhões de adeptos nesse país, inclusive brancos urbanos de classe média. Os ofícios divinos haviam começado cedo com o sacrifício de alguns animais aos deuses (orixás), mas não vimos essa parte. A cerimônia se realizou numa construção que parecia uma escola modesta, enfeitada com papel crepom e fotos das mães-de-santo já falecidas. Nós nos sentamos em duros bancos de madeira, e, em seguida, chegaram os músicos que começaram a tocar seus tambores com um ritmo irresistível. Entrou uma longa fila de mulheres vestidas de branco, girando com os braços para o alto em torno de um poste sagrado, invocando os orixás. Uma a uma foram entrando em transe. Nada de espumas pela boca nem convulsões violentas, nada de velas negras nem serpentes, nada de máscaras aterrorizantes nem cabeças de galo sangrentas. As mulheres mais velhas levavam para outra peça as que eram "montadas" pelos deuses e depois as traziam de volta, enfeitadas com os coloridos atributos de seus orixás, para que continuassem dançando até o amanhecer, quando a liturgia concluía com uma abundante refeição de carne assada dos animais sacrificados, mandioca e doces.

Explicaram que cada pessoa pertence a um orixá — às vezes a mais de um — e que, em qualquer momento da vida, pode ser chamado para se colocar a serviço de sua divindade. Desejei descobrir qual era o meu. Anos antes, quando li o livro de Jean Shinoda Bolen, minha irmã da desordem, sobre as deusas que supostamente há em cada mulher, fiquei um tanto confusa. Talvez o candomblé fosse mais preciso. Uma mãe-de-santo, mulher enorme, com uma saia ampla de rendas, um turbante de vários lenços e uma cascata de colares e pulseiras, nos "lançou as conchas", que lá se chama *jogo de búzios*. Empurrei Lori para que tirasse a sorte primeiro, e os búzios lhe anunciaram um misterioso novo amor, "alguém que conhecia, mas que ainda não tinha visto". Tabra e eu havíamos falado muito de Nico, embora procurando não revelar nossas intenções; se, nesses dias, Lori não o conhecia, era porque devia estar na lua. "Vou ter filhos?", perguntou Lori. Três, responderam as conchinhas. "Olha lá!", exclamei encantada, mas um olhar de Tabra me devolveu à racionalidade. Depois foi a minha vez. A mãe-de-santo esfregou longamente um punhado de conchinhas, me mandou acariciá-las e depois as jogou sobre um pano preto. "Você pertence a Iemanjá, a deusa dos oceanos, mãe de tudo. Com Iemanjá começa a vida. É forte, protetora, cuida de seus filhos. Você os conforta e os ajuda em seus momentos de dor. Pode curar a falta de fertilidade das mulheres. Iemanjá é compassiva, mas quando se irrita é terrível, como uma tempestade no oceano." Acrescentou que eu tinha passado por um grande sofrimento, que havia me paralisado por um tempo, mas que já começava a se dissipar. Tabra, que não acredita nessas coisas, teve de admitir que, pelo menos, a parte da maternidade me servia. "Disse por acaso", foi sua conclusão.

Vista do avião, a Amazônia é uma mancha verde, interminável. De baixo, é a pátria da água: vapor, chuva, rios largos como mares, suor. O território amazônico ocupa sessenta por cento da superfície do Brasil, uma área maior que a Índia, e faz parte da Venezuela, Colômbia, Peru e Equador. Em algumas regiões ainda impera a "lei da selva" entre bandidos e traficantes de ouro, drogas, madeira e animais, que se matam entre si e, se não podem exterminar os índios com impunidade, tomam suas terras, expulsando-os. É um continente em si mesmo, um mundo misterioso e fascinante. Me pareceu tão incompreensível em sua imensidão, que não imaginei que poderia me servir de inspiração, mas, vários anos mais tarde, usei muito do que vi em meu primeiro romance juvenil.

Como resumo da viagem, já que os detalhes não cabem neste relato, posso dizer que foi mais segura do que o desejado, porque íamos preparadas para uma dramática aventura de Tarzan. O mais próximo do Tarzan foi uma macaca pulguenta preta que se grudou em mim e me esperava desde o amanhecer, na porta de meu quarto, para se instalar em meus ombros, com a cauda enrolada em meu pescoço, catando piolhos na minha cabeça com seus dedinhos de duende. Foi um romance delicado. O resto foi um passeio ecoturístico: os mosquitos eram suportáveis, as piranhas não nos arrancaram pedaços, e não tivemos que nos esquivar de flechas envenenadas; contrabandistas, soldados, bandidos e traficantes passaram ao nosso lado sem nos ver; não contraímos malária; vermes não se introduziram sob nossa pele nem peixes como agulhas em nossas vias urinárias. As quatro expedicionárias escaparam sãs e salvas. No entanto, esta pequena aventura cumpriu amplamente seu propósito, já que cheguei a conhecer Lori.

CINCO BALAÇOS

Lori passou na prova com notas máximas. Era tal como a havia descrito Amanda: de mente aberta e bondade natural. Com discrição e eficiência, aliviava a carga de suas companheiras, resolvia detalhes tediosos e suavizava atritos inevitáveis. Tinha bons modos (o que é fundamental para a convivência saudável), pernas longas (o que nunca é demais) e um riso franco que, sem dúvida, seduziria Nico. Tinha a vantagem de uns poucos anos mais que ele, já que a experiência sempre serve, mas era muito jovem. Era bonita, de feições fortes, com uma sensacional cabeleira escura e crespa e olhos dourados, mas isso era o de menos, porque meu filho não dá nenhuma importância à aparência física; briga comigo porque uso maquiagem e não quer acreditar que com a cara lavada me sinto como um carabineiro. Observei Lori com a atenção de um urubu e até lhe armei algumas trapaças, mas não pude pegá-la em erro. Isso me preocupou um pouco.

Ao fim de duas semanas, exaustas, voltamos ao Rio de Janeiro, onde pegaríamos o avião para a Califórnia. Ficamos num hotel de Copacabana e, em vez de nos bronzearmos nas praias de areias brancas, nos ocorreu ir a uma favela, para ter uma idéia de como vivem os pobres, e procurar outra pitonisa que nos jogasse os búzios, porque Tabra continuava me irritando com seu ceticismo sobre minha deusa Iemanjá. Fomos com uma jornalista brasileira e um motorista, que nos levou numa caminhonete em alguns morros de miséria absoluta, onde não entrava a polícia e turistas menos ainda. Num terreiro muito mais modesto que o da Bahia, uma mulher de idade madura nos recebeu, vestida com calças de brim. A sacerdotisa repetiu o mesmo ritual das conchas que tínhamos visto na Bahia e, sem hesitar, disse que eu pertencia à deusa Iemanjá. Era impossível que as duas adivinhas tivessem combinado. Desta vez, Tabra teve de engolir seus comentários irônicos.

Deixamos a favela e, no caminho de volta, vimos um modesto local onde vendiam comida típica a quilo. Me pareceu mais pitoresco que almoçar coquetel de camarões no terraço do hotel e pedi ao motorista que parasse. O homem ficou na caminhonete para tomar conta do equipamento fotográfico, enquanto nós entramos na fila diante de uma mesa grande para que nos servissem a comida com uma colher de pau num prato de papelão. Não sei por que fui lá fora, seguida por Lori e Amanda, talvez para perguntar ao motorista se desejava comer. Ao chegar à porta do restaurante, notei que a rua, antes cheia de atividade e trânsito intenso, havia se esvaziado: não passavam carros, as lojas pareciam fechadas, as pessoas haviam desaparecido. No outro lado da rua, a uns dez metros de distância, um jovem com calças azuis e uma camiseta de manga curta, esperava na parada do ônibus. Por trás apareceu um homem bonito, também jovem, de calças escuras e uma camiseta similar, tendo à mão, sem disfarçar uma grande pistola. Ele levantou a arma, apontou para a cabeça do outro e disparou. Por um instante, eu não soube o que havia acontecido, porque o tiro não foi explosivo como no cinema, mas um som surdo e seco. Um jato de sangue espirrou antes que a vítima caísse. E, quando ela estava no chão, o assassino lhe disparou mais quatro tiros. Em seguida, calmo e desafiante, se afastou pela rua. Avancei como uma autômata até o homem que sangrava na calçada. Ele estremeceu em convulsões violentas e em seguida ficou quieto, enquanto ao seu redor crescia e crescia uma poça de sangue luminoso. Não pude me abaixar para socorrê-lo, porque minhas amigas e o motorista, que se escondera na caminhonete durante o crime, me arrastaram para o veículo. Num minuto a rua voltou a se encher de gente, ouvi gritos, buzinas, vi os clientes saírem correndo do restaurante.

A jornalista brasileira nos obrigou a entrar na caminhonete, dizendo ao motorista que nos levasse ao hotel por ruazinhas laterais. Pensei que ela desejava evitar os engarrafamentos, que, sem dúvida, ocorreriam, mas nos explicou que se tratava de uma estratégia para enganar a polícia. Levamos uns quarenta minutos para chegar no hotel, que pareceram eternos. No trajeto me assaltavam imagens do golpe militar no Chile, os mortos na rua, o sangue, a violência súbita, a sensação de que a qualquer momento pode acontecer alguma coisa fatal, que ninguém está seguro em lugar nenhum. No hotel nos aguardava a imprensa com várias câmeras de televisão; inexplicavelmente, a história vazara, mas meu editor, que também estava ali, não nos permitiu falar com ninguém. Ele nos levou depressa para um dos quartos e nos ordenou que permanecêssemos trancadas até que pudesse nos levar diretamente ao avião, porque o assassinato podia ter sido um acerto de contas entre criminosos, embora pela forma como ocorrera, na rua e em plena luz do meio-dia, parecesse mais uma das famosas execuções da polícia, que naquela época costumava incorporar a lei com plena impunidade. A imprensa e o público comentavam, mas nunca havia provas, e, se as havia, desapareciam oportunamente. Ao se saber que um grupo de estrangeiras, entre as quais estava eu — meus livros são mais ou menos conhecidos no Brasil —, havia presenciado o crime, os jornalistas imaginaram que podíamos identificar o assassino. Se esse era o caso, disseram, mais de um tentaria impedi-lo. Em poucas horas estávamos no avião de volta à Califórnia. A jornalista e o motorista tiveram de se esconder durante semanas.

Esse incidente foi a prova de fogo para Lori. Quando escapávamos de fininho na caminhonete, ela tremia nos braços de Amanda. Admito que ver um homem sangrando com cinco tiros é terrível, mas Lori havia sido assaltada em Nova York duas ou três vezes e trilhara meio mundo, não era a primeira vez que se encontrava numa situação de violência. Ela foi a única que não agüentou, nós ficamos mudas. Sua reação foi tão dramática que, ao chegar ao hotel, tiveram que chamar um médico para que lhe receitar um tranqüilizante. Essa jovem calma, que durante as semanas anteriores tinha se mantido sorridente sob pressão e demonstrara bom humor diante da falta de conforto, ousadia para se banhar no rio entre piranhas, e firmeza para pôr em seu lugar quatro russos bêbados que esbanjavam suas atenções com ela e Amanda, embora tenham tratado Tabra e a mim com o respeito devido a duas vovozinhas da Ucrânia, desabou com os cinco balaços. Talvez Lori pudesse assumir o encargo de meus três netos e lidar com a nossa estranha família sem se abalar, mas ao vê-la naquele estado compreendi que era mais vulnerável do que parecia à primeira vista. Precisaria de um pouco de ajuda.

OFÍCIO DE ALCOVITEIRA

⸙

A Amazônia me incendiou a imaginação. Acabei de escrever *Afrodite* em poucas semanas, acrescentando as receitas eróticas da cozinha da Dadá na Bahia e outras inventadas por minha mãe. Em seguida, pedi a Lori que diagramasse o livro, bom pretexto para ir baixando as defesas dela.

Amanda era minha cúmplice. Uma vez fomos as três a um retiro budista, por iniciativa de Lori, e acabamos dormindo numas celas com paredes de papel de arroz sobre colchonetes no chão, depois de longas sessões de meditação. Era preciso se sentar durante horas em *safus*, umas almofadas redondas e duras que são parte da prática espiritual. Quem agüenta a almofada já ganhou meio caminho para a iluminação. Esse tormento era interrompido três vezes ao dia para se comer grãos e dar lentos passeios em círculo, em silêncio completo, por um jardim japonês de pinheiros anões e pedras muito bem ordenadas. Em nossa austera cela, sufocávamos o riso por causa dos *safus*, mas chegou uma senhora com tranças grisalhas e olhos límpidos para nos lembrar as regras. "Que tipo de religião é essa que proíbe a gente de rir?", comentou Amanda. Eu estava um pouco preocupada, porque Lori parecia ter prazer naquele antro de paz e murmúrios, que talvez combinasse com o temperamento equilibrado de Nico, mas era incompatível com a tarefa de criar três crianças. Amanda me explicou que Lori tinha vivido dois anos no Japão e ainda carregava resquícios zen, mas eu não precisava me angustiar, a coisa não era incurável.

Convidei Lori para jantar com Amanda e Tabra em nossa casa, e lhe apresentei Nico e as duas crianças que ela não conhecia e que, comparadas com Andrea, eram quase anódinas. Havia dito a Lori que Nico ainda andava chateado por causa do divórcio e que não seria fácil para ele encontrar uma namorada, já que nenhuma mulher em seu juízo perfeito desejaria um homem com três pirralhos. Com Nico comentei, de passagem, que havia conhecido uma mulher ideal, mas como era mais velha que ele e tinha uma espécie de pretendente, deveríamos continuar procurando. "Acho que essa parte é minha", respondeu sorrindo, mas uma sombra de pânico cruzou seu olhar. Confessei o plano a Willie, porque, de qualquer forma, já o havia adivinhado, e, em vez de me repetir a conversa de sempre, que não me metesse e tal, se esmerou para fazer uma comida vegetariana apetitosa para Lori, porque gostou dela de imediato: disse que tinha classe e se encaixaria muito bem em nosso clã. Você também teria gostado, filha, vocês duas têm muito em comum. Durante a janta, Lori e Nico não trocaram uma só palavra, nem mesmo se olharam. Amanda e Tabra concordaram comigo que tínhamos falhado estrondosamente, mas um mês mais tarde meu filho me confessou que havia saído várias vezes com Lori. Não pude entender como se arranjaram para me ocultar tudo durante um mês inteiro.

— Estão apaixonados? — perguntei.

— Acho que ainda é cedo pra isso — respondeu teu irmão, com a cautela habitual.

— Nunca é cedo para o amor, ainda mais na sua idade, Nico.

— Acabo de fazer 30 anos!

— Trinta, é? Mas se ontem você ainda se quebrava todo andando de patins e jogava ovos de funda nas pessoas! Os anos voam, meu filho, não há tempo a perder.

Anos depois, Amanda me contou que, no dia seguinte à janta em que conheceu Lori, meu filho se plantou diante da porta de seu escritório com uma rosa amarela na mão, e, quando finalmente ela saiu para almoçar e o encontrou ali, como um poste, em pleno sol, Nico disse que "estava passando por lá". Não sabe mentir, foi traído pelo rubor.

Logo desapareceu no horizonte, sem alarde, o homem com quem Lori tinha um caso, um fotógrafo de viagens muito famoso. Era quinze anos mais velho que ela, se achava irresistível para as mulheres, e talvez o fosse antes que a vaidade e os anos tivessem-no tornado um tanto patético. Quando não estava em alguma de suas excursões nos confins do mundo, Lori se mudava para seu apartamento em San Francisco, uma água-furtada sem móveis, mas com uma vista fenomenal, onde compartilhava com ele uma estranha lua-de-mel que mais parecia uma peregrinação a um mosteiro. Ela suportava amavelmente a patológica ânsia de controle desse homem, suas manias de solteirão e o fato lamentável de que as paredes estivessem cobertas de garotas asiáticas com pouca roupa que ele fotografava quando não estava nas geleiras da Antártida ou nas areias do Saara. Lori tinha de se submeter às regras de convivência: silêncio, reverências, tirar os sapatos, não tocar em nada na água-furtada, não cozinhar porque ele se incomodava com os cheiros, não telefonar para ninguém e muito menos convidar alguém (isso teria sido uma tremenda falta de respeito). Tinha de andar na ponta dos pés. A única vantagem desse bom senhor eram suas ausências. O que Lori admirava nele? Suas amigas não conseguiam compreender. Por sorte, ela já começava a se cansar de competir com as garotas asiáticas e pôde abandoná-lo sem culpa quando Amanda e outras amigas assumiram a tarefa de ridicularizá-lo, enquanto exaltavam as virtudes reais e outras imaginárias de Nico. Ao se despedir, ele lhe disse que não aparecesse em nenhum dos lugares onde haviam estado juntos. Lembro o momento em que o amor de Nico e Lori se tornou público. Num sábado, ele nos deixou as crianças (para elas o melhor programa era dormir com os avós e se encher de doces e televisão) e voltou para buscá-las no domingo de manhã. Bastou ver suas orelhas escarlates, como ficam quando quer me esconder alguma coisa, para adivinhar que tinha passado a noite com Lori e, conhecendo-o, deduzir que o assunto estava ficando sério. Três meses mais tarde estavam vivendo juntos.

 O dia em que Lori chegou com sua bagagem à casa de Nico, deixei para ela uma carta sobre o travesseiro dando-lhe as boas-vindas à nossa tribo e dizendo que a tínhamos esperado, que sabíamos que ela existia em alguma parte e que fora apenas uma questão de tempo encontrá-la. De passagem eu lhe dei um conselho que, se eu mesma tivesse seguido, teria economizado uma fortuna em terapeutas: que aceitasse as crianças como se aceitam as árvores, com gratidão, porque são uma bênção, mas sem expectativas ou desejos; não se espera que as árvores sejam diferentes, nós as amamos como são. Por que não fiz isso com meus enteados, Lindsay e Harleigh? Se os tivesse aceitado como árvores, talvez tivesse brigado menos com Willie. Não só pretendi mudá-los, como eu mesma me atribuí o ingrato papel de guardiã do resto da família e de nossa casa durante os anos em que eles se dedicaram à heroína. Acrescentei nessa carta para Lori que era inútil tentar controlar a vida das crianças ou protegê-las demais. Se não pude protegê-la da morte, Paula, como poderia proteger Nico e meus netos da vida? Outro conselho que não sigo.

Para viver com Nico e se incorporar à tribo, Lori teve que mudar sua vida por completo. De uma sofisticada jovem solteira num apartamento perfeito em San Francisco, transformou-se em esposa e mãe num subúrbio, com todas as chatices que isso implica. Antes, Lori tinha cada detalhe sob controle, agora se debatia na desordem inevitável de uma casa com crianças. Levantava muito cedo e, depois de finalizar as tarefas domésticas, ia a San Francisco, ao seu escritório de design, ou passava horas na auto-estrada para se encontrar com clientes em outras cidades. Não restava tempo para a leitura, sua paixão pela fotografia, as viagens que sempre tinha feito, suas numerosas amizades e sua prática de ioga zen, mas estava apaixonada e assumiu sem chiar o papel de esposa e mãe. Rapidamente, a família a absorveu. Na época, ela não sabia, mas teria de esperar quase dez anos — até que as crianças aprendessem a se virar por si próprias — para recuperar, mediante esforço crescente, sua antiga identidade.

Lori transformou a existência e a casa de Nico. Sumiram os móveis toscos, as flores artificiais, os quadros cafonas. Ela redecorou a casa e criou um jardim. Pintou o living, que antes parecia um calabouço, de vermelho veneziano — quase caí dura quando vi a amostra, mas ficou chique —, comprou móveis leves e pôs almofadas de seda jogadas aqui e ali, como nas revistas de decoração. Nos banheiros, colocou fotos da família, velas e toalhas felpudas em tons verdes e roxos. Em seu quarto, havia orquídeas, colares pendurados nas paredes, uma cadeira de balanço, lâmpadas antigas cobertas de rendas e um baú japonês. Notava-se a mão dela em tudo, inclusive na cozinha, onde as pizzas requentadas e as garrafas de Coca-Cola foram substituídas por receitas italianas de uma bisavó da Sicília, tofu e iogurte. Nico se interessa por cozinha, sua especialidade é aquela paella valenciana que você ensinou, mas, enquanto ficou sozinho, não tinha tempo nem ânimo para as panelas. Com Lori os recuperou.

Ela trouxe uma sensação de lar que fazia muita falta, e Nico se animou; eu nunca o tinha visto tão contente e brincalhão. Andavam de mãos dadas e se beijavam atrás das portas, espiados pelas crianças, enquanto Tabra, Amanda e eu nos felicitávamos pela escolha. Às vezes, eu aterrissava na casa deles na hora do café da manhã, porque o espetáculo dessa família feliz me reconfortava pelo resto do dia. A luz da manhã inundava a cozinha, pela janela via-se o jardim, um pouco depois a lagoa e os patos selvagens. Nico preparava um monte de panquecas, Lori picava frutas, e as crianças, risonhas, descabeladas e de pijama, devoravam tudo com avidez. Ainda eram muito pequenas e tinham o coração aberto. O ambiente era festivo e terno, um alívio depois do drama de doenças, mortes, divórcio e brigas que haviam suportado por tanto tempo.

SOGRA INFERNAL

Paula, eu disse que "às vezes" aparecia, mas a verdade é que tinha a chave da casa de Nico e Lori e estava mal-acostumada: chegava a qualquer hora, sem avisar antes, interferia na vida de meus netos, tratava Nico como se fosse um menino... em resumo, era uma sogra perniciosa. Uma vez comprei um tapete e, sem pedir permissão, coloquei-o na sala da casa deles, depois de afastar os móveis. Não imaginei que, se alguém decidisse renovar a decoração de minha casa para me fazer uma surpresa, receberia uma cacetada na cabeça. Você teria me devolvido o tapete com um sermão memorável, Paula, embora eu não tivesse me atrevido a te impor um tapete persa de três metros por cinco. Lori me agradeceu, pálida mas cortês. Outra vez, comprei uns elegantes panos de cozinha, para substituir os trapos que eles usavam, que atirei no lixo, sem suspeitar que tinham pertencido à finada avó de Lori e que ela os guardara durante vinte anos. Com o pretexto de acordar meus netos com um beijo, eu me metia na casa ao amanhecer. Não era raro que, ao sair do banheiro, quase nua, Lori topasse com sua sogra no corredor. Além disso, eu me encontrava com Celia às escondidas, o que, na realidade, era uma forma de trair Lori, embora eu não fosse capaz de ver a coisa desse modo. Por essas brincadeiras do destino, invariavelmente Nico ficava sabendo. Embora visse Celia e Sally muito menos, sempre mantive contato com elas, certa de que com o tempo as coisas se suavizariam. As mentiras e omissões iam se acumulando do meu lado e o ressentimento pelo lado de Nico. Lori estava confusa, tudo à sua volta se movia, nada era claro e conciso. Não entendia que meu filho e eu nos tratássemos com franqueza absoluta em tudo, menos no assunto Celia. Foi ela quem insistiu na verdade, disse que não suportava esse terreno escorregadio e perguntou até quando íamos evitar um saudável confronto. Não é necessário dizer que o tivemos várias vezes.

— Tenho que manter uma certa relação com Celia e espero que seja civilizada, mas mínima. Ela é grosseira, me provoca com seu mau gênio e com o fato de que muda as regras constantemente. A única coisa que temos em comum são os filhos, mas se você se mete no meio, tudo fica complicado — me explicou Nico.

— Entendo, mas eu não estou na sua posição. Você é meu filho e eu te adoro. Minha amizade com Celia não tem nada a ver com você ou com Lori.

— Claro que tem, mamãe. Fica com pena de ver Celia em dificuldades. E não pensa em mim? Não esqueça que foi ela quem provocou essa situação, ela acabou com esta família, fez o que desejava e isso trouxe conseqüências.

— Não quero ser uma avó de meio turno, Nico. Preciso ver as crianças também durante as semanas que estão com Celia e Sally.

— Não posso impedir isso, mas quero que saiba que estou magoado e irritado, mamãe. Você trata Celia como a filha pródiga. Ela nunca vai substituir Paula, se é isso que pretende. Você se sente devedora porque ela estava junto quando minha irmã morreu, mas eu também estava. Quanto mais você se aproxima de Celia, mais Lori e eu nos distanciamos, é inevitável.

— Ai, meu filho! Não existem regras fixas para as relações humanas, elas podem ser inventadas, podem ser originais. Com o tempo a raiva passa e as feridas cicatrizam...

— Sim, mas isso não me aproximará de Celia, garanto a você. Por acaso você convive com meu pai, ou Willie com as ex-mulheres dele? Isso é um divórcio. Quero manter Celia a uma distância prudente para poder relaxar e viver.

Certa noite memorável, Nico e Lori vieram me dizer que eu me metia demais na vida deles. Procuraram falar com delicadeza, mas deu na mesma, o trauma quase me custou um infarto. Tive um ataque pueril, convencida de que haviam cometido a pior injustiça comigo. Meu filho me expulsava de sua existência! Me ordenava que não contradissesse suas instruções em relação às crianças; nada de sorvetes antes da janta, dinheiro e presentes quando não era uma ocasião especial, de tevê à meia-noite. Para que serve uma avó, então? Pretendia me condenar à solidão? Willie se mostrou solidário, mas no fundo me gozava. Me fez ver que Lori era tão independente como eu, que havia vivido sozinha por anos e não estava acostumada a que outras pessoas passeassem por sua casa sem convite, e que idéia havia sido aquela de levar um tapete para uma designer?

Mal consegui controlar o desespero, liguei para o Chile e falei com meus pais, que no começo não entenderam muito bem o problema, porque nas famílias chilenas as relações costumam ser como a que eu havia imposto a esse casal, mas depois se lembraram de que, nos Estados Unidos, os costumes são diferentes. "Filha, neste mundo se perde tudo. Não custa nada se desprender do material, o difícil é abandonar os afetos", minha mãe disse com pena, porque essa foi sua sorte — nenhum de seus filhos ou netos vive perto dela. Suas palavras desencadearam outra torrente de queixas, que tio Ramón interrompeu com a voz da razão para me explicar que Lori devia ter feito muitas concessões para ficar com Nico: mudar de cidade e de casa, modificar seu estilo de vida, se adaptar a três enteados e a novos parentes, e mais e mais, mas o pior era a esmagadora presença da sogra. Esse casal precisava de ar e espaço para cultivar sua relação sem que eu fosse testemunha de cada um de seus movimentos. Recomendou que me tornasse invisível e acrescentou que os filhos devem se separar da mãe ou ficam infantilizados para sempre. Por melhores intenções que eu tivesse, disse, sempre seria a matriarca, posição à qual certamente os outros resistem. Tinha razão: meu papel na tribo é descomunal e me falta o comedimento de Vovó Hilda. Willie me descreve como um furacão numa garrafa.

Então me lembrei de um filme de Woody Allen em que a mãe dele, uma velha avassaladora com uma selva de cabelos tingidos cor de ferrugem e olhos de coruja, o acompanha a um espetáculo de teatro. O mágico pede um voluntário do público para fazê-lo desaparecer e, sem pensar duas vezes, a senhora sobe ao palco e entra de gatinhas no baú. O ilusionista faz seu truque e ela evapora para sempre. Procuram pela velha dentro do baú encantado, nos bastidores, no resto do edifício e na rua: nada. Por fim, chegam os policiais, detetives e bombeiros, mas os esforços para encontrá-la são inúteis. Seu filho, feliz, acha que por fim se livrou dela para sempre, mas a velha maldita lhe aparece no céu, montada numa nuvem, onipresente e infalível como Jeová. Eu era assim, pelo visto, igual às mães judias das piadas. Com o pretexto de ajudar e proteger meu filho e meus netos, tinha me transformado numa jibóia sufocante. "Se concentre em seu marido, esse pobre homem já deve estar de saco cheio da tua família", acrescentou minha mãe. Willie? Cheio da minha família? Não tinha pensado nisso. Mas minha mãe tinha razão, Willie havia suportado a tua agonia, Paula, e meu longo luto, os problemas de Celia, o divórcio de Nico, minhas ausências por viagens, minha dedicação obsessiva à literatura, que me mantinha sempre com um pé em outra dimensão, e, quem sabe, quantas outras coisas mais.

Era hora de soltar o reboque cheio de gente que eu vinha arrastando desde os 19 anos e me ocupar mais dele. Sacudi a angústia, joguei no lixo a chave da casa de Nico e me dispus a me ausentar da vida dele, mas sem desaparecer de todo. Nessa noite, fiz um dos pratos preferidos de Willie, talharim com mariscos, abri a melhor garrafa de vinho branco e o esperei vestida de vermelho. "O que aconteceu?", perguntou, perplexo, ao chegar, deixando cair sua pesada maleta no chão.

LORI ENTRA PELA PORTA LARGA

Essa foi uma época de muitos ajustes nas relações da família. Acho que minha necessidade de criar e manter uma família ou, melhor dizendo, uma pequena tribo, existiu em mim desde que me casei aos 20 anos; se agravou quando saí do Chile — já que, ao chegar à Venezuela com meu primeiro marido e as crianças, não tínhamos amigos nem parentes, exceto meus pais, que também buscaram asilo em Caracas —, e se consolidou definitivamente quando me transformei em imigrante nos Estados Unidos. Antes que eu entrasse em sua vida, Willie não tinha idéia do que era uma família; perdera o pai aos 6 anos, a mãe se retirara para um mundo espiritual privado a que ele não pôde ter acesso, seus dois primeiros casamentos fracassaram e seus filhos se lançaram muito cedo no caminho das drogas. No começo, Willie custou a entender minha obsessão por me reunir com meus filhos, viver o mais perto possível deles e acrescentar a esse pequeno grupo outras pessoas para formar a família grande e unida com que sempre sonhei. Willie considerava isso uma fantasia romântica, impossível de viver na prática, mas nos anos que estamos juntos não só se deu conta de que essa é a maneira de coexistir na maior parte do mundo, como tomou gosto pela coisa. A tribo tem inconvenientes, mas também muitas vantagens. Eu a prefiro mil vezes ao sonho americano de absoluta liberdade individual, que, embora ajude a se ir adiante neste mundo, traz junto alienação e solidão. Por essas razões e por tudo que havíamos compartilhado com Celia, perdê-la foi um golpe duro. Tinha nos ferido a todos, é verdade, e havia tirado dos eixos a família que com tanto esforço tínhamos reunido, mas assim mesmo eu sentia saudades dela.

Nico tratava de manter Celia a distância, não só por ser o normal entre pessoas que se divorciam, como porque sentia que ela invadia seu território. Eu não soube avaliar seus sentimentos, não achei necessário escolher entre os dois, pensei que minha amizade com Celia não tinha nada a ver com ele. Não dei a ele o apoio incondicional que, como mãe, devia ter dado. Ele se sentiu traído por mim e imagino o quanto deve ter lhe doído. Não podíamos falar com franqueza porque eu evitava a verdade e ele quase chorava e ficava sem palavras. Nós nos amávamos muito e não sabíamos lidar com uma situação em que inevitavelmente nos feríamos. Nico me escreveu várias cartas. Sozinho diante de uma folha de papel, ele conseguia se expressar e eu podia ouvi-lo. Que falta você me fez então, Paula! Sempre teve o dom da clareza. Por fim, decidimos ir juntos à terapia, onde podíamos falar e chorar, ficar de mãos dadas e nos perdoar.

Enquanto seu irmão e eu procurávamos examinar a fundo nossa relação, indagando o passado e a verdade de cada um, Lori se encarregou de curá-lo das feridas que o divórcio lhe deixara; ela o fez sentir-se amado e desejado, e isso o transformou. Faziam longas caminhadas, iam a museus, teatros e bom cinema; ela o apresentou a seus amigos, quase todos artistas, e o fez se interessar em viajar, como ela havia feito desde muito jovem. Às crianças deu um ambiente calmo, como Sally fazia na outra casa. Andrea escreveu numa redação da escola que "ter três mães era melhor que uma só".

Em um ano ou dois, o escritório de Lori deixou de dar lucro. Os clientes acharam que a visão do artista podia ser substituída por um programa de computador. Milhares de designers ficaram sem emprego. Lori era uma das melhores. Havia feito um trabalho tão bonito com meu livro *Afrodite* que meus editores, em mais de vinte países, usaram o mesmo projeto e as mesmas ilustrações que ela escolheu. Por isso, e não pelo conteúdo, o livro chamou a atenção. Não era um assunto para ser levado a sério e, além disso, acabavam de botar no mercado uma droga nova que prometia acabar com a impotência masculina. Para que estudar meu ridículo manual e servir ostras de camisola transparente se bastava tomar uma pilulazinha azul? O tom das cartas que recebi de alguns leitores de *Afrodite* era tremendamente diferente das que recebi por *Paula*. Um senhor de 77 anos me convidou a participar de horas de intenso prazer com ele e sua escrava sexual, e um jovem libanês me mandou trinta páginas sobre as vantagens de um harém. Tudo isso enquanto, nos Estados Unidos, só se falava do escândalo do presidente Bill Clinton com uma funcionária gordinha da Casa Branca que conseguiu ofuscar os êxitos de seu governo e mais tarde custaria a eleição aos democratas. Um vestido e algumas calcinhas manchados chegaram a ter mais peso na política norte-americana que a destacada administração econômica, política e relação internacional de um dos presidentes mais brilhantes que o país já teve. Isso provocou uma investigação legal digna da Inquisição, que custou a bagatela de 51 milhões de dólares aos contribuintes. Participei de um programa de rádio ao vivo em que se recebiam ligações dos ouvintes. Alguém me perguntou o que eu pensava desse assunto, e eu disse que era a "chupada de tico" mais cara da História. Essa frase iria me perseguir por muitos anos. Foi impossível ocultar das crianças o que estava acontecendo, porque os detalhes mais escabrosos eram publicados.

— Que é sexo oral? — perguntou Nicole, termo que ela ouvira até a exaustão na tevê.

— Oral? É quando se fala disso — respondeu Andrea, que possui o vasto vocabulário de toda boa leitora.

Por esses dias, uma revista decidiu fazer uma reportagem sobre meu livro em nossa casa, e coube a Lori supervisioná-la, porque eu não entendi que diabos eles pretendiam. Três dias antes apareceram dois artistas para conferir a luz, fazer amostras de cores, tomar medidas e bater fotos polaroid. Para a reportagem, vieram sete pessoas em duas caminhonetes com catorze caixas cheias de objetos diversos, desde facas até coador de chá. Essas invasões me aconteceram com alguma freqüência, mas nunca me acostumei. Nesse caso, a equipe incluía uma estilista e dois chefs, que se apoderaram da cozinha para preparar um menu inspirado em meu livro. Elaboraram os pratos com espantosa lentidão, porque colocavam cada folha de alface como uma pena num chapéu, no ângulo exato entre o tomate e o aspargo. Willie ficou tão nervoso que saiu de casa, mas Lori parecia compreender a importância da maldita alface. Enquanto isso, a estilista trocou as flores do jardim, que Willie havia plantado com suas próprias mãos, por outras mais coloridas. Nada disso apareceu na revista, porque as fotos eram detalhes em primeiro plano: metade de uma amêijoa e um pedacinho de limão. Perguntei por que haviam trazido os guardanapos japoneses, as colheres de casco de tartaruga e as lanternas venezianas, mas Lori me deu uma olhada significativa para que me calasse. Isso durou um dia inteiro, e como não podia atacar a comida antes que fosse fotografada, entornamos cinco garrafas de vinho branco e três de tinto com o estômago vazio. No fim, até a estilista andava aos tropeções. Lori, que só bebeu chá de jasmim, teve que carregar as catorze caixas de volta para as caminhonetes.

Lori se manteve em campo mais tempo que outros designers, mas chegou um dia em que não foi possível ignorar os números vermelhos em seu livro de contabilidade. Então, propus a ela que se encarregasse por completo da fundação que eu havia criado na minha volta da Índia, inspirada por aquela menina sob a acácia, coisa que ela andava fazendo em parte durante um certo tempo. Todos os anos, destino uma porção substancial de minha renda à fundação, de acordo com esse divertido plano que te ocorreu de fazer o bem, Paula, financiada pela venda de meus livros. Nesse ano em que esteve dormindo, você me ensinou muito, filha; paralisada e muda continuou sendo minha mestra, tal como foi durante os 28 anos de tua vida. Muito pouca gente tem a oportunidade que você me deu de estar quieta e em silêncio, recordando. Pude revisar meu passado, me dar conta de quem essencialmente sou, quando me desprendo da vaidade, e decidir como desejo ser nos anos que me restam neste mundo. Me apropriei de teu lema: "Só se tem o que se dá", e descobri, surpresa, que é a pedra fundamental de minha alegria. Lori possui a tua mesma integridade e compaixão; poderia cumprir o propósito de "Dar até que doa", como você costumava dizer. Diante da mesa mágica de minha avó, nos instalamos para conversar durante dias, até que foi se definindo uma missão clara: apoiar as mulheres mais pobres por qualquer meio que estivesse a nosso alcance. As sociedades mais atrasadas e miseráveis são aquelas em que as mulheres são submissas. Se se ajuda uma mulher, seus filhos não morrem de fome, e se as famílias progridem, a aldeia se beneficia, mas essa verdade tão evidente é ignorada no mundo da filantropia, onde, para cada dólar destinado a programas de mulheres, vinte são entregues aos homens.

Contei a Lori sobre a mulher que tinha visto chorando, coberta com um saco de lixo na Quinta Avenida, e a recente experiência de Tabra, que voltara de Bangladesh, onde minha fundação mantinha escolas para meninas em aldeias remotas e uma pequena clínica para mulheres. Tabra foi com uma dentista amiga sua, que desejava oferecer seus serviços durante duas semanas na clínica. Encheram as malas de remédios, seringas, escovas e tudo mais que conseguiram com dentistas amigos. Mal chegaram à aldeia, viram que já havia uma fila de pacientes na porta do local, um recinto quente e cheio de mosquitos, onde, além das paredes, havia pouco mais. A primeira mulher tinha vários molares podres e estava louca de dor que persistia havia meses. Tabra serviu de ajudante, enquanto sua amiga, que nunca fizera uma extração, anestesiava a boca da mulher com mãos trêmulas e tratava de arrancar os dentes estragados sem desmaiar. Quando terminou, a infeliz lhe beijou as mãos, agradecida e aliviada. Nesse dia atenderam quinze pacientes e tiraram nove molares e vários dentes, enquanto os homens da comunidade, num círculo estreito, observavam e comentavam. Na manhã seguinte, Tabra e a dentista chegaram cedo à clínica improvisada e encontraram a primeira paciente do dia anterior com a cara inchada como uma melancia. Estava acompanhada pelo marido, que vociferava indignado que tinham lhe estragado a esposa, e já estava reunindo os homens da aldeia para se vingar. Aterrorizada, a dentista administrou antibióticos e calmantes à mulher, rogando aos céus que não houvesse conseqüências fatais. "O que foi que fiz? Está disforme!", gemeu quando o casal se foi. "Não é pela extração. O marido deu umas porradas nela ontem, porque não chegou a tempo de lhe preparar a comida", explicou a pessoa que traduzia.

— Essa é a vida da maioria das mulheres, Lori. São sempre as mais pobres entre os pobres. Fazem dois terços do trabalho no mundo, mas possuem menos de um por cento dos bens — expliquei.

Até então a fundação havia distribuído dinheiro obedecendo a impulsos ou cedendo à pressão de uma causa justa, mas graças a Lori estabelecemos prioridades: educação, o primeiro passo para a independência em todo sentido; proteção, porque há mulheres demais encurraladas pelo medo; e saúde, sem a qual educação e proteção não valem muito. Acrescentei controle da natalidade, que para mim foi essencial — se eu não tivesse podido decidir uma coisa tão básica como o número de filhos, não poderia ter feito nada do que fiz. Por sorte, inventou-se a pílula anticoncepcional; do contrário, eu teria tido uma dezena de filhos.

Lori se apaixonou pelo trabalho da fundação e, no processo, demonstrou que havia nascido para isso. Tem idealismo, é organizada, dá atenção ao menor detalhe e não foge do esforço, que nesse caso é muito. Me mostrou que não era negócio espalhar dinheiro a torto e a direito, era preciso avaliar os resultados e apoiar os programas durante anos; essa é a única forma da ajuda ter alguma serventia. Também tínhamos que nos concentrar, não se podia fazer doações em lugares remotos que ninguém supervisionava ou abranger mais do que o possível. Era melhor dar mais a menos organizações. Em um ano, Lori mudou a cara da fundação e pude delegar tudo a ela; só me pede que assine os cheques. Saiu-se tão bem que não só multiplicou a ajuda que damos, como também o capital, e agora lida com mais dinheiro do que jamais imaginamos. Tudo se destina à missão que nos propusemos, cumprindo assim o teu plano, Paula.

OS CAVALEIROS DA MONGÓLIA

❦

Em meado desse ano, tive um sonho espetacular e o anotei para contar a minha mãe, como nós duas sempre fazemos. Não há nada mais chato do que ouvir os sonhos dos outros; por isso os psicólogos cobram caro. Em nosso caso, os sonhos são fundamentais, porque nos ajudam a entender a realidade e trazer à luz o que está enterrado nas cavernas da alma. Eu estava ao pé de uma escarpa erodida pelo vento, numa praia de areias brancas, com um mar escuro e um céu límpido cor de anil. De repente, no alto da escarpa surgiram dois enormes cavalos de guerra com seus cavaleiros. Homens e animais iam ornados como guerreiros asiáticos da antigüidade — Mongólia, China ou Japão —, com estandartes de seda, com pompons e franjas, penas e adornos heráldicos, uma esplêndida parafernália de guerra brilhando ao sol. Depois de um instante de hesitação na borda do abismo, os cavalos levantaram as patas dianteiras, relincharam e, com um salto de anjos, se lançaram ao vazio, formando no céu um amplo arco de franjas, plumagens e bandeiras, enquanto eu segurava a respiração diante da coragem daqueles centauros. Era um ato ritual, não suicida: uma demonstração de bravura e habilidade. Um momento antes de tocar a terra, os cavalos baixavam o pescoço e caíam sobre uma paleta, se encolhiam e rolavam sobre si mesmos, levantando uma nuvem de pó dourado. E, quando o pó baixava e o barulho aquietava, os alazões se punham de pé em câmara lenta, com os cavaleiros em cima, e se afastavam a galope pela praia até o horizonte.

Dias mais tarde, quando ainda andava com essas imagens frescas na memória, tentando achar o sentido, topei com uma autora de livros sobre sonhos. Ela me deu sua interpretação, que acabou sendo muito parecida com a dos búzios no Brasil: uma longa e dramática derrocada pusera à prova minha coragem, mas eu tinha levantado e, como os cavalos, sacudira a poeira e corria para o futuro. No sonho, os cavalos sabiam rolar e os cavaleiros não caíam. Segundo ela, as provas passadas tinham me ensinado a cair e eu já não devia ter mais medo, porque sempre poderia me levantar. "Lembre-se desses cavalos quando fraquejar", disse.

Eu me lembrei, dois dias mais tarde, quando estreou uma peça de teatro baseada no meu livro *Paula*.

A caminho do teatro, passamos pela feira de Folsom, em San Francisco. Não suspeitávamos que nesse dia acontecia o carnaval dos sadomasoquistas: quadras e quadras abarrotadas de gente nas mais variadas indumentárias. "Liberdade! Liberdade pra fazer o que quero: foder!", gritava um sujeito vestido com uma batina de padre aberta na frente para mostrar um cinto de castidade. Tatuagens, máscaras, gorros de revolucionários russos, correntes, chicotes, cilícios de vários tipos. As mulheres exibiam bocas e unhas pintadas de preto ou verde, botas com salto agulha, cintas-liga de plástico negro, enfim, todos os símbolos dessa cultura curiosa. Havia várias mulheres gordas monumentais, suando em calças e casacos de couro com suásticas e adesivos de caveiras. Damas e cavalheiros usavam argolas ou alfinetes atravessados no nariz, lábios, orelhas e mamilos. Não me atrevi a olhar mais embaixo. Sobre o capô de um carro dos anos 60, havia uma jovem com os seios à mostra e as mãos amarradas, sendo açoitada no peito e nos braços com um chicote de crina de cavalo por outra mulher vestida de vampiro. Não era de brincadeira, a garota estava muito machucada e seus gritos eram ouvidos pelo bairro inteiro; tudo isso diante do olhar divertido de dois policiais e vários turistas que tiravam fotos. Quis intervir, mas Willie me agarrou pela jaqueta, me suspendeu e me tirou dali esperneando no ar. Meia quadra depois, vimos um gigante pançudo que levava um anão preso numa correia e numa coleira de cachorro. O anão, como seu dono, ia de coturnos e pelado, exceto por um forro de couro preto com rebites metálicos no penduricalho, mantido precariamente por umas tirinhas invisíveis enfiadas nas nádegas. O pequenino latiu para nós, mas o gigante nos cumprimentou muito amável e nos ofereceu pirulitos em forma de pênis. Willie me soltou e ficou olhando o casal, boquiaberto. "Se um dia escrever um romance, esse anão será o meu protagonista", disse, inesperadamente.

Paula, a peça, começou com os atores em círculo, de mãos dadas, chamando teu espírito. Foi tão emocionante, que nem Willie conseguiu conter os soluços quando, no final, leram a carta que você me escreveu "para ser aberta quando eu morrer". Uma bailarina etérea e graciosa, vestida de branco, tinha o papel principal. Às vezes, estava estendida numa maca, em coma, outras, seu espírito dançava entre os atores. Só falou no final, para pedir a sua mãe que a ajudasse a morrer. Quatro atrizes representaram momentos de minha vida, desde a menina até a avó, e passavam de mão em mão um xale vermelho de seda, que simbolizava a narradora. O mesmo ator fez Ernesto e Willie; outro era o tio Ramón, e arrancou risadas do público quando declarou seu amor a minha mãe ou explicou que era descendente direto de Jesus Cristo: vejam o túmulo de Jesús Huidobro no cemitério de Santiago. Saímos do teatro em silêncio, com a certeza de que você ainda flutua entre os vivos. Imaginou alguma vez que emocionaria tanta gente?

No dia seguinte fomos à mata de tuas cinzas, saudar você e Jennifer. O verão tinha acabado, o chão estava atapetado de folhas secas, algumas árvores haviam se vestido com as cores da fortuna, desde cobre-escuro até ouro refulgente, e no ar já se anunciava a primeira chuva. Nós nos sentamos num tronco de sequóia na capela formada pelas copas das árvores. Dois esquilos brincavam com uma pelota a nossos pés, olhando-nos de soslaio, sem medo. Pude ver você intacta, antes que a doença cometesse seus estragos: aos 3 anos cantando e dançando em Genebra, aos 15 recebendo um diploma, aos 26 vestida de noiva. Os cavalos do meu sonho, que caíam e se levantavam de novo, me vieram à mente, porque eu tinha caído e levantado de novo muitas vezes na vida, mas nenhuma queda foi tão dura como a da tua morte.

UM CASAMENTO MEMORÁVEL

❦

Em janeiro de 1999, dois anos depois da primeira noite que passaram juntos, Nico e Lori se casaram. Até então, ela havia resistido, porque não achava necessário, mas ele levou em consideração que as crianças haviam passado por muitos sobressaltos e se sentiriam mais seguras se eles se casassem. Sempre tinham visto Celia e Sally juntas e nunca questionaram seu amor, mas acho que temiam que Lori fugisse ao menor descuido. Nico tinha razão, porque as crianças festejaram a decisão mais que ninguém. "Agora Lori vai ficar mais com a gente", me disse Andrea. Dizem que são necessários oito anos para uma mulher se adaptar ao papel de madrasta, e o caso mais difícil é o da que chega sem filhos. Para Lori não foi fácil mudar sua vida e aceitar as crianças; sentia-se invadida. No entanto, assumiu as tarefas ingratas, desde lavar roupa até comprar sapatos para Andrea, que só usava sandálias de plástico verde, mas não qualquer sandália, tinha de ser de Taiwan. Matava-se trabalhando para ser a mãe perfeita, sem falhar num só detalhe, mas não era necessário que se esmerasse tanto, já que as crianças gostavam dela pelas mesmas razões que todos nós gostávamos: seu riso, seu carinho incondicional, suas brincadeiras amistosas, seu cabelo rebelde, sua imensa bondade, sua maneira de estar sempre presente nas horas boas e más.

O casamento foi em San Francisco; uma cerimônia alegre que culminou com uma aula coletiva de *swing*, única ocasião em que Willie e eu dançamos juntos desde aquela humilhante experiência com a professora escandinava. Willie, de smoking, via a si mesmo como Paul Newman num de seus filmes (não lembro qual). Ernesto e Giulia vieram de Nova Jersey; Vovó Hilda e meus pais, do Chile. Jason não veio porque tinha que trabalhar. Continuava sozinho, embora não lhe faltassem mulheres por uma noite. Segundo ele, andava procurando alguém tão digno de confiança quanto Willie.

Conhecemos os amigos de Lori, que chegaram dos quatro pontos cardeais. Com o tempo, vários deles se tornaram os melhores amigos de Willie e meus, apesar da diferença de idade. Depois, quando nos entregaram as fotos da festa, me dei conta de que todos pareciam modelos de revistas; nunca vi um grupo de gente tão bonita. A maioria era de artistas de talento e sem pretensões: designers, desenhistas, caricaturistas, fotógrafos, cineastas. Willie e eu fizemos amizade imediata com os pais de Lori, que não viam em mim a encarnação de Satanás, como acontecera com os de Celia, apesar de, no brinde, eu ter tido a falta de tato de aludir ao amor carnal entre nossos filhos. Nico ainda não me perdoou. Os Barra, gente simples e carinhosa, são de origem italiana e viveram mais de cinqüenta anos na mesma casinha do Brooklyn, onde criaram seus quatro filhos, a uma quadra das antigas mansões dos mafiosos, que se distinguem entre as demais do bairro pelas fontes de mármore, as colunas gregas e as estátuas de anjos. A mãe, Lucille, está ficando cega devagarinho, mas não dá importância a isso, não tanto por orgulho, mas para não incomodar. Dentro de sua casa, que conhece de memória, anda sem hesitação, e em sua cozinha é imbatível; continua a preparar tateando as complicadas receitas herdadas de geração em geração. Tom, seu marido, um avô de contos de fadas, me abraçou com simpatia verdadeira.

— Rezei muito para que Lori e Nico se cassassem — confessou.

— Para que não continuassem vivendo em pecado mortal? — perguntei, de brincadeira, sabendo que é católico praticante.

— Sim, mas principalmente por causa das crianças — respondeu com absoluta seriedade.

Antes de se aposentar, Tom foi dono de uma farmácia de bairro. Isso o treinou para o esforço e o susto, porque o assaltaram várias vezes. Embora não seja tão jovem, continua tirando de pá a neve no inverno e pintando os tetos no verão, numa escada de tesoura. Lidou sem hesitar com inquilinos bastante estranhos que, ao longo dos anos, ocuparam sucessivamente um pequeno apartamento no primeiro andar da casa, como um levantador de pesos que o ameaçava com um martelo; um paranóico que acumulava jornais do assoalho ao teto e deixara apenas uma trilha de formigas, que ia da porta ao banheiro e dali à cama; ou um que explodiu — não me ocorre outra palavra para descrever o que aconteceu — e deixou as paredes cobertas de excrementos, sangue e órgãos, que Tom teve de limpar. Ninguém pôde explicar a coisa, porque não se acharam sinais de explosivos; imagino que deve ter sido como o fenômeno da autocombustão. Apesar dessa e de outras experiências macabras, Lucille e Tom mantêm intacta sua confiança na humanidade.

Sabrina, que já tinha 5 anos, dançou a noite inteira pendurada em diferentes pessoas, enquanto suas mães vegetarianas aproveitavam para beliscar disfarçadamente chuletas de porco e ovelha. Alejandro, de terno e gravata de coveiro, apresentou as alianças, acompanhado por Andrea e Nicole, vestidas de princesas em seda âmbar, em contraste com o longo vestido roxo da noiva, que estava radiante. Nico estava orgulhoso, de preto, com camisa à la Mao, com o cabelo amarrado na nuca e mais parecido que nunca com um nobre florentino do século XVI. Era um final como aqueles que jamais poderei escrever em meus romances: casaram e foram muito felizes. Foi o que disse a Willie, enquanto ele dançava o *swing* e eu tentava segui-lo. O homem guia, como dizia aquela escandinava.

— Posso morrer agora mesmo de um oportuno ataque do coração — eu disse a ele. — Meu trabalho neste mundo já está completo: encaminhei meu filho.

— Nem pense nisso, agora é que vão precisar de você — respondeu ele.

Pelo fim da noite, quando os comensais já se despediam, me arrastei de gatinhas para baixo de uma mesa com toalha longa, acompanhada por uma dúzia de crianças, bêbadas de açúcar, excitadas pela música e com a roupa em farrapos de tanta correria. Se espalhara entre elas o boato de que eu conhecia todos os contos de fadas que existem, era só coisa de me pedir para contar. Sabrina quis que o conto fosse de uma sereia. Contei aquele da sereia pequetitinha que caiu num copo de uísque e Willie a engoliu sem se dar conta. A descrição da viagem da infeliz criatura pelos órgãos do avô, navegando com infinitas peripécias no sistema digestivo, onde se deparou com todo tipo de obstáculos e perigos repugnantes, depois chegou à urina, foi parar num esgoto e daí na baía de San Francisco, deixou-as mudas de espanto. No dia seguinte, Nicole veio com olhos arregalados me dizer que não gostara da história da sereiazinha.

— É uma história verdadeira? — perguntou.

— Nem tudo é verdadeiro, mas nem tudo é falso.

— Quanto é verdadeiro e quanto é falso?

— Não sei, Nicole. A essência da história é verdadeira. Pra mim, como contadora de histórias, isso é a única coisa que importa.

— As sereias não existem. Então, a história toda é mentira.

— E como você sabe se, por acaso, essa sereia não era uma bactéria, por exemplo?

— Uma sereia é uma sereia e uma bactéria é uma bactéria — respondeu, indignada.

A CHINA APÓS O AMOR

∽∞∾

Tong aceitou um convite social pela primeira vez nos trinta anos que havia trabalhado como contador no escritório de Willie. Resignamo-nos a não convidá-lo, porque jamais aparecia, mas o casamento de Nico e Lori era um acontecimento importante, inclusive para um homem tão introvertido como ele. "É obrigação ir?", perguntou. Lori respondeu que sim, coisa que ninguém tinha se atrevido a fazer antes. Chegou sozinho, porque finalmente sua mulher, depois de anos e anos dormindo na mesma cama sem falar com ele, havia pedido o divórcio. Pensei que, em vista do sucesso que havia obtido com Nico e Lori, também poderia procurar uma namorada para Tong, mas ele me informou que desejava uma chinesa, e não tenho contatos nessa comunidade. Tong tinha a vantagem de que Chinatown, em San Francisco, é o bairro chinês mais populoso e célebre do mundo ocidental, mas, quando lhe sugeri que procurasse ali, me explicou que queria uma mulher que não fosse contaminada pelos Estados Unidos. Sonhava com uma esposa submissa, com os olhos cravados no chão, que cozinhasse seus pratos favoritos, lhe cortasse as unhas, lhe desse um filho homem e, de passagem, servisse como escrava para a sogra. Não sei quem havia posto essa fantasia na cabeça dele, imagino que sua mãe, aquela diminuta anciã diante da qual todos nós tremíamos. "Você acha que ainda há mulheres assim neste mundo, Tong?", perguntei, perplexa. Como resposta, ele me levou até seu computador e me mostrou uma lista interminável de fotos e descrições de mulheres dispostas a se casar com um desconhecido para fugir de seu país ou de sua família. Estavam classificadas por raça, nacionalidade e religião — e, se o sujeito é mais exigente, até pelo tamanho do sutiã. Se eu tivesse sabido antes que existia esse supermercado de oferta feminina, não teria me angustiado tanto por Nico. Embora, pensando bem, tenha sido melhor não saber: nessas listas ele jamais teria achado Lori.

A futura namorada se tornou um longo e complicado projeto de trabalho. Nessa época, dividíamos equanimemente o bordel de Sausalito entre o escritório de Willie, o meu no primeiro andar e o de Lori no segundo, onde dirigia a fundação. O toque elegante de Lori também havia mudado essa velha casa, que agora exibia posters de meus livros, tapetes tibetanos, vasos de porcelana azul e branca para plantas e uma cozinha completa onde nunca faltava o necessário para servir chá como no Savoy. Tong se encarregou de selecionar as candidatas, que nós criticávamos: esta tem olhos de malvada, esta é evangélica, esta se maquia como uma puta etc. Não permitimos que o contador se deixasse impressionar pela aparência, já que as fotos mentem, como ele sabia muito bem, porque Lori havia melhorado muito o retrato dele no computador: deixara-o mais alto, mais jovem e mais branco, o que pelo visto é um traço apreciado na China. A mãe de Tong se instalou na cozinha a comparar signos astrais, e quando por fim surgiu uma jovem enfermeira de Cantão, que pareceu ideal a nós todos, a senhora foi consultar um sábio astrólogo em Chinatown, que também deu sua aprovação. Na foto sorria uma jovem de faces vermelhas e olhos vivos, um rosto que dava vontade de beijar.

Depois de uma correspondência formal, que durou vários meses, entre Tong e a namorada hipotética, Willie anunciou que iriam juntos à China conhecê-la. Não pude ir com eles porque tinha trabalho demais, embora morresse de curiosidade. Pedi a Tabra que ficasse comigo, pois não gosto de dormir sozinha. Minha amiga conseguira reerguer outra vez o seu negócio. Já não morava com a gente. Encontrara uma casinha, com um pátio que dava para uns morros dourados, onde podia criar a ilusão do isolamento que tanto desejava. A convivência com a nossa tribo deve ter sido um tormento para ela, que necessita de solidão, mas aceitou me fazer companhia durante a ausência de meu marido. Por um tempo, Tabra deixou de procurar um companheiro nos encontros às cegas, porque trabalhava dia e noite para escapar de suas dívidas, mas nunca deixou de esperar a volta do Lagarto Emplumado, que às vezes costumava surgir no horizonte. De repente, sua voz gravada na secretária eletrônica ordenava: "São quatro e meia da tarde. Me ligue antes das cinco ou nunca mais vai me ver." Tabra chegava em casa pela meia-noite, exausta, e se deparava com a simpática mensagem, que a deixava transtornada durante semanas. Por sorte, seu trabalho a obrigava a viajar. Passava temporadas em Bali, na Índia e em outros lugares distantes, de onde me enviava cartas deliciosas, cheias de aventuras, escritas com a ironia fluente que a caracteriza.

— Trate de escrever um livro de viagens, Tabra — pedi várias vezes.

— Sou artista, não sou escritora — defendeu. — Mas, se você pode fazer colares, imagino que eu possa escrever um livro.

Willie levou à China sua pesada maleta de câmeras e voltou com algumas fotos muito boas, principalmente de pessoas, que é o que mais lhe interessa. Como sempre, a foto mais sensacional é a que não conseguiu tirar. Numa aldeia remota da Mongólia, onde foi parar sozinho porque desejava dar a Tong a oportunidade de passar uns dias com a garota sem tê-lo como testemunha, viu uma mulher de 10 anos com os pés atados, como faziam antigamente com as meninas nessa parte do mundo. Ele se aproximou para perguntar, por intermédio de sinais, se podia tirar uma foto de seus diminutos "lírios dourados" e a velha se mandou aos gritos, com toda a rapidez que suas patinhas disformes permitiam; nunca tinha visto ninguém de olhos azuis e achou que era a Morte que chegava para levá-la.

A viagem foi um sucesso, segundo meu marido, porque a futura namorada de Tong era perfeita, exatamente o que seu contador procurava: tímida, dócil e ignorante dos direitos que as mulheres desfrutam nos Estados Unidos. Parecia saudável e forte, certamente poderia lhe dar o tão desejado filho homem. Seu nome era Lili, e ela ganhava a vida como enfermeira num centro cirúrgico, trabalhando dezesseis horas por dia, seis dias por semana, por um salário equivalente a 200 dólares ao mês. "Com razão quer dar o fora", comentou Willie, como se viver com Tong e sua mãe fosse mais suave.

TEMPOS DE TEMPESTADE

◦◦◦

Resolvi curtir duas semanas de solidão, que pensava empregar no livro sobre a Califórnia nos tempos da febre do ouro. Finalmente eu o estava escrevendo. Fazia quatro anos que o adiava. Já tinha título, *Filha da fortuna*, uma montanha de pesquisa histórica e até a imagem da capa. A protagonista é uma jovem chilena, Eliza Sommers, nascida por volta de 1833, que decide seguir o amante, que partiu enlouquecido pelo ouro. Para uma moça de então, uma aventura dessas era impensável, mas acho que as mulheres são capazes de fazer proezas por amor. Eliza jamais teria pensado em cruzar meio mundo por causa do ouro, mas não hesitou em fazê-lo por um homem. No entanto, meus planos de escrever em paz não deram certo, porque Nico adoeceu. Para extrair dois dentes de siso, foi necessário fazer anestesia geral por alguns minutos, o que costuma ser perigoso para os que sofrem de porfiria. Levantou da cadeira do dentista, andou até a recepção, onde Lori o esperava, e sentiu que o mundo se tornava negro; os joelhos dele travaram, caiu para trás, duro como um tronco, e bateu com a nuca e as costas contra a parede. Ficou desmaiado no chão. Foi o começo de muitos meses de sofrimento para ele e de angústia para nós, da família, principalmente para Lori, que não sabia o que acontecia, e para mim, que sabia bem demais.

Minhas mais trágicas lembranças se ergueram furiosas como ondas. Achava que, depois de passar pela experiência de perder você, Paula, nada mais poderia me atingir com tanta força, mas a mínima possibilidade de que alguma coisa semelhante acontecesse ao filho que me restava me derrubou feio. Tinha um peso no peito, como uma rocha me esmagando, que me cortava a respiração. Eu me sentia vulnerável, em carne viva, a ponto de chorar a todo instante. À noite, quando todos descansavam, ouvia um rumor entre as paredes, havia gemidos presos nos umbrais, suspiros nos quartos desocupados. Era meu próprio medo, imagino. A dor acumulada nesse longo ano da tua agonia estava emboscada na casa.

Tenho uma cena gravada para sempre na memória. Entrei um dia no teu quarto e vi teu irmão, de costas para a porta, mudando tuas fraldas com a mesma naturalidade com que o fazia com os filhos. Falava, como se você pudesse entendê-lo, dos tempos da Venezuela, quando os dois eram adolescentes e você dava um jeito de acobertar as travessuras dele e lhe livrar a cara quando se metia em encrencas. Nico não me viu. Saí e fechei a porta silenciosamente. Esse filho sempre esteve comigo, compartilhamos tristezas primordiais, fracassos retumbantes, sucessos efêmeros; deixamos tudo para trás e recomeçamos em outro lugar; brigamos e nos ajudamos; em poucas palavras: acho que somos inseparáveis.

Semanas antes do acidente no dentista, Nico fizera os exames anuais de porfiria e os resultados não haviam sido bons, seus níveis tinham duplicado desde o ano anterior. Depois do golpe, continuaram subindo de forma alarmante, e Cheri Forrester, que não o perdia de vista, estava preocupada. À dor constante nas costas, que o impedia de levantar os braços ou se curvar, se somou a pressão do trabalho, sua relação com Celia, que passava por uma etapa péssima, os altos e baixos comigo, que falhava com muita freqüência em meu propósito de deixá-lo em paz, e um cansaço tão profundo que, às vezes, Nico dormia em pé. Até a própria voz lhe saía num murmúrio, como se fosse excessivo o esforço de exalar ar. Às vezes, as crises de porfiria são acompanhadas de transtornos mentais que alteram a personalidade. Nico, que em tempos normais exibe a mesma calma alegre do Dalai Lama, costumava ferver de raiva, mas disfarçava graças ao insólito controle que exerce sobre si mesmo. Negava-se a falar de sua condição, não queria que o tratassem com cuidados especiais. Lori e eu nos limitávamos a observá-lo, sem fazer perguntas, para não chateá-lo mais, mas lhe sugerimos que, pelo menos, deixasse o emprego, que ficava muito longe e não lhe proporcionava satisfação nem desafios. Pensávamos que, com seu temperamento tranqüilo, intuição e conhecimento matemático, poderia se dedicar a operações no mercado financeiro, mas ele achou muito arriscado. Contei para ele o sonho dos cavalos, para ilustrar que a gente pode cair e se levantar de novo, e me respondeu que era muito interessante, mas que não fora ele que sonhara.

 Lori não podia ajudá-lo com sua saúde, mas o apoiou e o acompanhou sem fraquejar um instante sequer, embora ela mesma estivesse sofrendo, porque desejava ardentemente ser mãe e para isso se submetera à batelada de tratamentos de fertilidade. Quando foi morar com Nico, tinham falado de filhos, é claro. Ela não podia renunciar à maternidade, já que havia adiado demais à espera de um amor verdadeiro, mas desde o começo ele disse que não ia ter mais filhos, não só porque podia transmitir porfiria, como também porque já tinha três. Foi pai muito jovem, não pôde experimentar a liberdade e as aventuras que preencheram os primeiros 35 anos de Lori, e pretendia gozar o amor que caíra em sua vida, ser camarada, amante, amigo e marido. Durante as semanas em que as crianças ficavam com Celia e Sally, eles eram namorados, mas o resto do tempo só podiam ser pais.

Ela dizia que Nico não compreendia seu vazio e achava, talvez com razão, que ninguém estava disposto a mover uma peça do quebra-cabeça familiar para dar espaço a ela; sentia-se como uma estranha. Captava algo negativo no ar quando se mencionava a possibilidade de outro filho, e eu tive muita culpa nisso, porque no começo não a apoiei: levei mais de um ano para me dar conta da importância que a maternidade tinha para ela. Procurei não interferir, para não feri-la, mas meu silêncio era eloqüente: pensava que um bebê acabaria com a pouca liberdade que ela e Nico tinham; também temia que desbancasse meus netos. Para cúmulo, no Dia das Mães, uma das meninas desenhou um cartãozinho carinhoso, deu a Lori e dali a pouco pediu de volta, porque queria dá-lo a Celia. Para Lori, foi como uma facada no peito, apesar de Nico ter explicado inúmeras vezes que a menina era pequena demais para se dar conta do que tinha feito. Seu senso de dever chegou a ser quase um castigo; cuidava e servia as crianças com uma espécie de desespero, como se quisesse compensar o fato de não as sentir como suas. E não eram, tinham mãe, mas, se haviam adotado Sally, com a mesma rapidez deviam estar dispostas a gostar dela.

Nesse tempo, várias amigas de Lori ficaram grávidas; estava rodeada de meia dúzia de mulheres que se gabavam de suas barrigas; não se falava de outra coisa, o ar cheirava a bebê, enquanto a pressão aumentava para ela porque suas possibilidades de ser mãe diminuíam mês a mês, como lhe explicou o especialista que tratava dela. Nunca passou pela mente de Lori sentir ciúme das amigas, pelo contrário, ela se dedicava a fotografá-las, fazendo assim uma coleção de imagens extraordinárias, com o tema da gravidez, que espero que um dia se transforme em livro.

O casal ia à terapia, onde imagino que discutiram o assunto até a exaustão. Num impulso, Nico ligou para o Chile, para falar com tio Ramón, em cujo bom senso sempre confiou cegamente. "Como pretende que Lori seja mãe de seus filhos se você não quer ser pai dos filhos dela?", foi a resposta. Era um argumento de justiça primitiva. Nico não só cedeu, como se entusiasmou com a idéia; no entanto, o peso daquela decisão recaiu inteiro sobre Lori. Ela se submeteu sozinha e calada aos tratamentos de fertilidade, que causavam estragos em seu corpo e ânimo. Ela, que tanto se preocupava em comer bem, fazer exercícios e levar uma vida saudável, começou a se sentir envenenada pelo bombardeio de drogas e hormônios. Suas tentativas falharam uma vez depois da outra. "Se a ciência não resolve, é preciso se entregar às mãos do padre Hurtado", disse Pía, minha leal amiga, do Chile. Mas nem suas orações, nem as maquinações de minhas irmãs da desordem, nem as invocações a você, Paula, deram resultados. E assim foi por um ano inteiro.

OUTRA CASA PARA OS ESPÍRITOS

No topo do mesmo morro onde estava a nossa casa, puseram à venda um terreno de cerca de um hectare com mais de cem carvalhos velhos e uma soberba vista da baía. Willie não me deixou em paz até que concordei em comprá-lo, apesar de me parecer um capricho supérfluo. Ele se apropriou do projeto e decidiu construir a verdadeira casa dos espíritos. "Você tem mentalidade de castelã, necessita de estilo. E eu, de um jardim", disse. Na minha opinião, nos mudarmos era uma idéia descabelada, porque a casa onde tínhamos vivido durante mais de dez anos possuía sua história e um fantasma querido: não podia permitir que desconhecidos morassem entre essas paredes. Mas Willie não deu ouvidos a meus argumentos e seguiu em frente com seus planos. Todo dia, ele subia o morro para fotografar cada etapa da construção; não se colocou um só prego sem que a coisa fosse registrada por sua câmera, enquanto eu, agarrada à minha velha morada, não queria saber da outra. Acompanhei Willie algumas vezes por cortesia, mas não consegui entender a planta, a casa me parecia um emaranhado de vigas e pilares, lúgubre e grande demais. Pedi mais janelas e clarabóias. Willie dizia que eu estava apaixonada pelo velho irlandês que fazia as clarabóias, porque para as duas casas eu lhe encomendei mais de uma dúzia; mais uma e o telhado teria esfarelado como biscoito. Quem ia limpar aquele transatlântico? Seria necessário um capitão que entendesse daquele emaranhado de tubos e cabos, das caldeiras, dos ventiladores e de outras máquinas para mudar o clima. Willie desdenhou minhas objeções malévolas, mas me deu razão quanto ao tamanho das janelas e das clarabóias, e, quando por fim ficou pronta, faltando apenas a cor da pintura, ele me levou para ver a casa.

A surpresa foi imensa: era muito mais que uma casa, era uma prova de amor, meu próprio Taj Mahal. Este amante imaginou uma casa de campo chilena, de paredes grossas e coberta de telhas, com arcos coloniais, sacadas de ferro forjado, uma fonte espanhola e uma cabana nos fundos do jardim para que eu escrevesse. O casarão de meus avós em Santiago, que inspirou meu primeiro livro, nunca foi tão grande nem tão belo, nem tão luminoso, como eu o descrevi no romance. A casa que Willie construiu era a que imaginei. Erguia-se orgulhosa no alto do morro, rodeada de carvalhos, com três palmeiras no pátio de pedra da entrada — três damas altas, com chapéus de penas verdes —, que foram transportadas de guindaste e plantadas nos buracos que tinham sido abertos. Havia um letreiro de madeira pendurado na sacada: A CASA DOS ESPÍRITOS. Minha resistência se evaporou com um suspiro — e saltei para Willie, abracei-o agradecida e me apoderei do lugar.

Decidi pintar a casa de cor de pêssego por fora e de cor de sorvete de baunilha por dentro. Ficou como uma torta, mas contratamos uma senhora com sete meses de gravidez que, com uma escada, martelo, maçarico e ácido, atacou as paredes, as portas e os ferros, e lhes deu, numa semana, um século de antigüidade. Se não a tivéssemos parado, ela teria reduzido a casa inteira a um monte de escombros antes de ganhar o bebê em nosso pátio. O resultado é uma incongruência histórica: um casarão chileno de 1900 num morro da Califórnia em pleno século XXI.

Em contraste comigo, que sempre tinha à mão minha bagagem para fugir às pressas, a única ocasião em que Willie ficou realmente tentado a se divorciar foi durante a mudança. Está certo que me comportei como um coronel nazista, mas em dois dias estávamos instalados como se morássemos ali havia um ano. A tribo toda participou, desde Nico com seu cinturão de ferramentas para colocar lâmpadas e pendurar quadros, até os amigos e os netos, que puseram xícaras e pratos nos armários, desamarraram caixas e levaram o lixo em sacos. Naquela confusão, Paula, você quase se perdeu. Duas noites mais tarde demos a tarefa por acabada, e todos nós, as catorze pessoas que se desconjuntaram na mudança, jantamos na "mesa da castelã", como a chamou Willie desde o começo, com velas e flores: salada de camarões, refogado chileno e pudim de leite. Nada de comida chinesa pedida por telefone. Assim foi inaugurado um estilo de vida que não havíamos tido até então.

Se eu iria me divertir em minha nova condição de castelã, muito mais iria Willie, que necessita de vista, espaço e tetos altos para se expandir, uma cozinha ampla para suas experiências, uma grelha para as infelizes reses que costuma assar e um jardim para suas plantas. Apesar de um milhão de alergias que o atormentam desde a infância, sai várias vezes por dia para cheirar as flores, contar os brotos de cada arbusto e aspirar profundamente o aroma fresco do louro, o doce da menta, o penetrante do pinheiro e do alecrim, enquanto os corvos, negros e sábios, zombam dele no céu. Plantou dezesseis roseiras virginais para repor as que deixou na outra casa. Quando o conheci, tinha dezesseis roseiras em barris, que havia transportado durante anos pelos caminhos dos divórcios e mudanças, mas as pôs em terra firme quando se rendeu ao amor comigo. Desde o primeiro ano, cortou flores para minha a cabana, único lugar da casa onde elas podem ficar, porque elas o matam. Minha amiga Pía veio do Chile benzer a casa e trouxe, escondida na mala, uma mudinha do "roseiral da Paula" que tem junto à capela em seu jardim e que dois anos mais tarde ia nos deleitar com rosas cor-de-rosa em profusão. De sua cidadezinha de Santa Fe de Segarra, onde vive, Carmen Balcells me envia toda semana um ramo hiperbólico de flores, que também devo escamotear de Willie. Minha agente é generosa como os fidalgos da Espanha imperial. Uma vez me deu uma maleta de chocolates mágicos: dois anos depois ainda apareciam em meus sapatos ou dentro de alguma carteira; reproduziam-se misteriosamente na escuridão.

De maio a setembro, esquentamos a piscina como uma sopa e a casa se enche de crianças próprias e alheias, que se materializam na atmosfera, e visitas que chegam sem se anunciar, como o carteiro. Mais que uma família, somos uma aldeia. Montanhas de toalhas úmidas, chinelos órfãos, brinquedos de plástico; pilhas de frutas, biscoitos, queijos e saladas sobre a grande mesa da cozinha; fumaça e gordura nas grelhas onde Willie faz bailar filés, costelas, hambúrgueres e salsichas. Abundância e agitação, que compensam os meses invernais de retiro, solidão e silêncio, o tempo sagrado da escrita. O verão pertence às mulheres; nós nos reunimos no jardim, no carnaval das flores e das abelhas com suas vestes de listras amarelas, para bronzear as pernas e vigiar as crianças, experimentar novas receitas na cozinha, pintar as unhas dos pés na sala e, em sessões especiais, trocar roupas com as amigas. Minhas roupas são quase todas de Lea, uma estilista criativa que me faz tudo enviesado e longo, assim estica, encolhe, se adapta e serve igualmente a um batalhão de mulheres de diferentes estaturas, incluindo Lori, com seu corpo de modelo, que já abandonou o negro absoluto, uniforme obrigatório em Nova York, e adotou as cores da Califórnia. Até Andrea costuma usar meus vestidos, mas Nicole jamais, porque tem um olho implacável para a moda. Nesses meses estivais, caem os aniversários de metade da família e de muitos amigos próximos, e os festejamos em conjunto.

É a época das farras, fofocas e risos. As crianças assam biscoitos e preparam lanches com queijo e vitaminas de frutas e sorvetes. Imagino que em toda comuna há alguém que assume os trabalhos mais chatos; na nossa é Lori: temos de disputar pau a pau com ela a tarefa de lavar montanhas de louça. Se nos descuidamos, é capaz de lavar o assoalho de gatinhas.

O melhor foi que um mês depois de nos mudarmos começaram os mesmos barulhos inexplicáveis que nos acordavam na outra casa, e quando minha mãe veio de visita do Chile, comprovou que os móveis se moviam à noite. Era o que a casa necessitava para fazer jus ao seu nome. Não perdemos você na mudança, filha.

Chegara o momento de chamar Ernesto e Giulia, que havia meses consideravam a possibilidade de se mudarem para a Califórnia, para que fizessem parte da tribo e vivessem na casa que tínhamos deixado e que estava à espera deles. Tinham se casado fazia uns dois anos, numa cerimônia a que compareceram as famílias dos noivos e a nossa, inclusive Jason, que ainda não sabia do rápido interlúdio amoroso entre Ernesto e Sally. Ernesto confessaria a ele, mais tarde, com tristeza. Em compensação, Giulia sabia, mas não é do tipo de mulher que tem ciúmes do passado. A noiva, esplêndida em seu vestido simples de cetim branco, fingiu não perceber a inoportuna reação de alguns convidados, que por pouco não lhe estragaram o casamento. Apesar de encantados com ela, os parentes de Ernesto se trancavam por turnos no banheiro para choramingar, porque se lembravam de você, Paula. Não foi o meu caso; na verdade, estava muito contente, sempre soube que você mesma procurou Giulia para que seu marido não ficasse sozinho, como às vezes você brincava que faria. Por que falava da morte, filha? Que premonições tinha? Ernesto diz que vocês sentiam que o amor não seria longo, que deviam gozá-lo rapidamente, antes que lhes fosse arrebatado.

A vida de Ernesto e Giulia em Nova Jersey era cômoda e ambos contavam com um bom emprego, mas se sentiam sozinhos e cederam a meu convite para ficar em nossa antiga casa. Para aceitar esse presente, Ernesto precisava de um trabalho na Califórnia e, como é protegido por um anjo, foi contratado por uma empresa que fica a dez minutos de distância de sua nova morada. Levaram alguns meses para vender seu apartamento e atravessar o continente num caminhão carregado com suas coisas. Entraram nessa casa no mesmo dia de maio em que vários anos antes trouxemos você da Espanha, para que passasse ali o resto de vida que te restava. Me pareceu um claro sinal de bom augúrio. Percebemos isso porque Giulia me deu um álbum onde havia arquivado, em ordem cronológica, as cartas que lhe escrevi em 1991, quando você estava recém-casada em Madri, e as mandei para Ernesto em 1992, quando você estava doente na Califórnia e ele trabalhava em Nova Jersey. "Aqui seremos felizes", disse Giulia quando entrou na casa, e não tive dúvida de que o seriam.

AO CORRER DA PENA

⁂

Ainda não tínhamos nos recuperado do rápido contato com a fama do cinema, quando estreou *De amor e de sombra*, o filme baseado em meu segundo romance. A atriz, Jennifer Connelly, se parece tanto com você, Paula — magra, de pescoço longo, sobrancelhas grossas, cabelo liso e escuro —, que não consegui ver o filme até o fim. Há um momento em que ela está numa cama de hospital, e seu companheiro, Antonio Banderas, a ergue nos braços e a segura no banheiro. Lembro a mesma cena entre Ernesto e você pouco antes de entrar em coma. A primeira vez que vi Jennifer Connelly foi num restaurante de San Francisco, onde devíamos nos encontrar. Ao vê-la chegar com suas calças de brim desbotadas, sua blusa branca engomada e um rabo-de-cavalo, achei que estava sonhando, porque era você ressuscitada em toda a sua beleza. *De amor e de sombra*, filmado na Argentina porque não se atreveram a ir ao Chile, onde ainda pesava a herança da ditadura, me pareceu um filme honesto e lamentei que tenha causado pouca agitação, embora, muitos anos depois, ainda circule em vídeo e na tevê. É uma trama política, baseada em fatos reais, que fala de quinze camponeses desaparecidos depois de presos pelos militares, mas é essencialmente uma história de amor.

Quando Willie fez 50 anos, uma amiga lhe deu esse livro, que ele leu durante as férias; depois agradeceu o livro à amiga, com um bilhete em que dizia: "A autora entende o amor como eu." E por isso, pelo amor que percebeu nessas páginas, decidiu me conhecer quando passei pelo norte da Califórnia numa viagem de divulgação. Em nosso primeiro encontro ele me falou dos protagonistas, queria saber se tinham existido ou haviam sido imaginados por mim, se por acaso o amor deles sobreviveu às vicissitudes do exílio e se alguma vez voltaram ao Chile. As mesmas perguntas que me fazem a todo momento; não são apenas as crianças que querem saber quanto há de verdade na ficção. Comecei a lhe explicar, mas ele me interrompeu em poucas frases: "Não, não me diga mais nada, não quero saber. O importante é que você tenha escrito e, portanto, acredita nesse tipo de amor." Depois me confessou que sempre tivera a certeza de que um amor assim era possível e que um dia o viveria, mesmo que até aquele momento não tivesse acontecido com ele nada nem remotamente parecido. Meu segundo romance me deu sorte, graças a ele conheci Willie.

Por essa época, *Filha da fortuna* já havia sido publicado na Europa; segundo alguns críticos, trata-se de uma alegoria do feminismo, porque Eliza escapa do espartilho vitoriano para se meter, sem preparação alguma, num mundo masculino, onde tem de se vestir de homem para sobreviver e adquirir, no processo, algo muito precioso: a liberdade. Eu não pensava nisso quando escrevi o livro, achava que o tema era simplesmente a febre do ouro, aquela agitação de aventureiros, bandidos, pregadores e prostitutas que deu origem a San Francisco, mas a explicação do feminismo me parece válida, porque reflete minhas convicções e esse desejo de liberdade que determinou o rumo de minha vida. Para escrever o romance, percorri a Califórnia com Willie, embebendo-me de sua história e tentando imaginar o que foram aqueles anos do século XIX em que o ouro brilhava no fundo dos rios e nas fissuras das rochas, enlouquecendo os homens de cobiça. Apesar das auto-estradas, as distâncias são imensas; a cavalo ou a pé por estreitas trilhas de montanhas deviam ser infinitas. A geografia soberba, com suas matas, seus montes nevados, seus rios de águas turbulentas, convida ao silêncio e me lembra as regiões encantadas do Chile. A história e os povos que habitam minhas duas pátrias, Chile e Califórnia, são muito diferentes, mas a paisagem e o clima se parecem. Com freqüência, quando volto para casa depois de uma viagem, tenho a impressão de ter andado em círculos durante trinta anos para acabar de novo no Chile; são os mesmos invernos de chuva e vento, os verões secos e quentes, as mesmas árvores, as costas abruptas, o mar frio e escuro, as serras incansáveis, os céus limpos.

Depois de *Filha da fortuna*, veio *Retrato em sépia*, romance que eu estava escrevendo nesses meses e que também liga o Chile à Califórnia. O tema é a memória. Sou uma eterna transplantada, como dizia o poeta Pablo Neruda; minhas raízes já teriam secado se não fossem nutridas pelo rico magma do passado, que no meu caso tem um componente inevitável de imaginação. Talvez não seja assim apenas no meu caso; dizem que, no cérebro, o processo de lembrar e o de imaginar são quase idênticos. A trama do romance foi inspirada em algo que aconteceu a um ramo distante de minha família, em que o marido de uma das filhas se apaixonou por sua cunhada. No Chile, esse tipo de história familiar não é ventilado; embora todos saibam a verdade, há uma conspiração de silêncio para manter as aparências. Talvez por isso ninguém goste de ter um escritor na família. O cenário para os fatos que narrei no livro era uma bela propriedade agrícola ao pé da cordilheira dos Andes, e os protagonistas, as melhores pessoas do mundo, não mereciam tamanho sofrimento. Acho que ele teria sido mais tolerável se as pessoas tivessem falado sem rodeios e aberto portas e janelas para que o ar levasse o mau cheiro, em vez de se encerrarem no segredo. Foi um desses dramas de amor e traição soterrados sob camadas e camadas de convenções sociais e religiosas, como num romance russo. Como diz Willie, a portas fechadas há muitos mistérios familiares.

Não planejei esse livro como uma segunda parte de *Filha da fortuna*, embora historicamente coincidam, mas vários personagens, como Eliza Sommers, o médico chinês Tao Chi'en, a matriarca Paulina del Valle e outros tenham se introduzido nas páginas sem que eu pudesse impedir. Quando ia a meio caminho na escrita, compreendi que podia relacionar esses dois romances com *A casa dos espíritos* e fazer assim uma espécie de trilogia, que começava com *Filha da fortuna* e usava *Retrato em sépia* como ponte. O problema foi que, num dos livros, Severo del Valle perdeu uma perna na guerra e, no livro seguinte, apareceu com as duas; ou seja, passou a existir uma perna amputada flutuando na densa atmosfera dos erros literários. A pesquisa sobre a Califórnia foi fácil, porque já a tinha feito para o romance anterior, mas o resto foi necessário fazer no Chile, com a ajuda do tio Ramón, que escavou durante meses em livros de história, documentos e jornais antigos. Foi uma boa desculpa para ver, com freqüência, meus pais, que haviam entrado na década dos 80 e começavam a se tornar mais frágeis. Pela primeira vez, pensei na possibilidade aterrorizante de que um dia não muito distante poderia ficar órfã. O que faria sem eles, sem a rotina de escrever a minha mãe?

Esse ano, contemplando a proximidade da morte, ela me devolveu os pacotes de minhas cartas, embalados em papel natalino. "Pegue e guarde. Se me dá um troço, não convém que caiam em mãos estranhas", disse. Desde então me devolve as cartas todo ano com o compromisso de que, quando eu morrer, Nico e Lori as queimem numa fogueira purificadora. As chamas levarão nossos pecados de indiscrição: nelas vertemos tudo que nos passou pela cabeça e, além disso, jogamos lama em terceiros. Graças ao talento epistolar de minha mãe e à minha obrigação de responder, disponho de uma volumosa correspondência em que os acontecimentos permanecem frescos; assim pude escrever estas memórias. A finalidade dessa metódica correspondência é manter pulsando o cordão que nos uniu desde o instante de minha gestação, mas também é um exercício para fortalecer a memória, essa frágil bruma onde as lembranças se esfumam, se misturam, mudam, e ao fim de nossos dias descobrimos que só vivemos o que podemos evocar. Esqueço o que não escrevo, é como se nunca tivesse acontecido; por isso nada significativo falta nessas cartas. Às vezes, minha mãe me telefona para me contar algo que a tocou de maneira particular, e a primeira coisa que faço é lhe dizer que me escreva, para não se apagar. Se ela morrer antes de mim, como é provável, poderei ler duas cartas por dia, uma dela e outra minha, até completar 105 anos, e como então estarei mergulhada na confusão da senilidade, tudo me parecerá novo. Graças à nossa correspondência, viverei duas vezes.

O LABIRINTO DOS SOFRIMENTOS

෴

Nico se recuperou da lesão nas costas e seus níveis de porfiria começaram a baixar. Então, ele pensou a sério na possibilidade de trocar de emprego. Além disso, começou a fazer ioga e esporte: levantar pesos sem necessidade, nadar até Alcatraz (ida e volta nas águas geladas da baía de San Francisco), pedalar de bicicleta noventa e seis quilômetros morro acima, correr de uma cidadezinha a outra como um fugitivo... Apareceram músculos onde ele não tinha e pôde preparar panquecas na posição iogue da árvore: sobre um só pé, o outro apoiado no interior da coxa, um braço levantado e o outro batendo, enquanto recitava a palavra sagrada OOOOM. Um dia, veio tomar o café da manhã em minha casa e não o reconheci. O príncipe do Renascimento havia se transformado num gladiador.

Todas as tentativas de Lori de ter um filho falharam e, com tristeza, ela se despediu desse sonho. Ficou machucada pelo tratamento de fertilidade e pelo quanto remexeram em seu corpo, mas isso não foi nada comparado com a dor da alma. A relação entre Celia e Nico era quase hostil, o que produzia tensão e afetava muito Lori, porque se sentia atacada. Não podia deixar pra lá a rudeza com que Celia a tratava, por mais que Nico lhe repetisse seu mantra: "Não é pessoal, cada um é responsável por seus sentimentos e a vida não é justa."

Duvido que isso ajudasse muito. No entanto, até onde era possível, os dois casais mantinham as crianças à margem de seus problemas.

O papel de madrasta é ingrato, e eu mesma contribuí para a lenda com a minha gota de fel. Não há uma só madrasta boa na tradição oral nem na literatura universal, exceto a de Pablo Neruda, a quem o poeta chamava "mamadre". Em geral, não há agradecimento para as madrastas, mas Lori se empenhou tanto na tarefa, que meus netos, com esse instinto infalível das crianças, não só gostam tanto dela como de Sally, como ela é a primeira pessoa a quem recorrem se necessitam de alguma coisa, porque não os deixa na mão. Hoje não podem imaginar sua existência sem suas três mães. Por anos desejaram que os quatro pais, Nico, Lori, Celia e Sally vivessem juntos e, se possível, na casa dos avós, mas essa fantasia já desapareceu. A infância de meus netos transcorreu de uma família a outra, sempre de passagem, como a de três mochileiros. Quando estavam com um casal, tinham saudade do outro. Minha mãe temia que esse sistema lhes causasse uma incurável desordem de ciganos, mas as crianças acabaram mais estáveis que a maioria das pessoas que conheço.

Esse ano, 2000, culminou com um ritual simples para nos despedirmos do filho de Lori e Nico que nunca existiu e de outros lutos. Partimos, numa tarde de vento e neve, para as montanhas, guiados por uma amiga de Lori, uma jovem que é como a encarnação de Gaia, a deusa-terra. Levamos lanternas e ponchos, para o caso de a noite nos surpreender. Do alto de um monte, Gaia nos apontou uma quebrada e, embaixo, num vale, um amplo labirinto circular feito com pedras, perfeito em sua geometria. Descemos por uma picada estreita entre morros cinzentos, sob um céu branco riscado de pássaros negros. Nossa guia disse que tínhamos nos reunido para nos desfazer de certas tristezas, que estávamos ali para acompanhar Lori, mas que a ninguém faltava uma pena própria para deixar. Nico levava uma foto tua; Willie, uma de Jennifer; Lori, uma caixa e uma foto de sua pequena sobrinha. Andamos seguindo os caminhos traçados pelas pedras, lentamente, cada um em seu ritmo, enquanto os pássaros fúnebres revoavam grasnando naquele céu lívido. Às vezes nos encontrávamos no dédalo, e notei que tiritávamos de frio e que estávamos emocionados.

No centro havia um montinho de pedras, como um altar, onde outros caminhantes haviam deixado lembranças que a chuva tinha molhado: mensagens, uma pena, flores murchas, uma medalha. Lori colocou a foto de sua sobrinha, parecida com o filho que ela tanto havia desejado, com a cor e o cheiro de sua família. Ela nos contou que desde muito jovem tinha planejado com a irmã viver no mesmo bairro e criar juntas seus filhos; os dela seriam uma menina, Uma, e um menino chamado Pablo. Acrescentou que, pelo menos, tinha a sorte de que Nico compartilhava seus filhos com ela e que tentaria ser uma amiga leal para eles. Tirou da caixa três bulbos de flores e os plantou na terra. Pôs uma pedra ao lado de um, por Alejandro, que gosta dos minerais; ao lado de outro, um coração de vidro cor-de-rosa, por Andrea, que ainda não havia superado a etapa dessa cor horrenda; e, por último, uma lagarta viva por Nicole, que ama os animais. Willie, calado, colocou a foto de Jennifer sobre o altar, presa com pedrinhas para que o vento não levasse. Nico explicou que deixava teu retrato, Paula, para que acompanhasse a criança que não nasceu e as demais tristezas que ficavam ali, mas que ele não desejava se desprender da sua. "Tenho saudade de minha irmã, e assim será, sempre, pelo resto da minha vida", disse. Tantos anos mais tarde, a tristeza da sua partida está intacta, Paula. Basta raspar um pouco a superfície, que ela brota de novo, fresca como no primeiro dia.

No entanto, não basta um ritual num labirinto nas montanhas para superar o desejo de ser mãe, por mais terapia e vontade que se empreguem. É uma ironia cruel que, enquanto outras mulheres evitam filhos ou os abortam, o destino os negasse a Lori. Ela teve de se resignar a não concebê-lo, porque mesmo o método fantástico de lhe implantar no ventre um óvulo alheio fertilizado foi em vão, mas restava o recurso da adoção. Há uma infinidade de crianças sem família aguardando que alguém lhes ofereça um lar generoso. Nico estava certo de que isso agravaria os problemas de falta de tempo de Lori, o excesso de trabalho e a pouca privacidade. "Se agora se sente encurralada, imagine com um bebê", me dizia. Eu não podia lhe dar nenhum conselho. A encruzilhada em que estavam era diabólica, porque qualquer um deles ficaria ressentido se cedesse: ela porque Nico a havia privado de algo essencial, e ele porque ela lhe teria imposto um filho adotado.

Nico e eu costumávamos tomar o café da manhã numa cafeteria, para pôr em dia os acontecimentos cotidianos e os segredos da alma. Durante um ano, o tema predominante daquelas conversas íntimas foi a angústia de Lori e o assunto da adoção. Ele não compreendia que ser mãe fosse mais importante que o amor entre eles, que estava em perigo por essa obsessão. Me dizia que eles tinham nascido para se amar, se completavam em tudo e contavam com os recursos para levar uma vida ideal, mas em vez de desfrutar o que tinham, Lori sofria pelo que faltava. Expliquei que a espécie não existiria sem essa necessidade que vence as mulheres. Não há razão alguma para submeter o corpo ao prodigioso esforço da gestação e de dar à luz um filho, para defendê-lo como uma leoa mesmo a custa de si mesma, para lhe dedicar cada instante durante anos e anos, até que possa se virar sozinho, e depois vigiá-lo de longe com a nostalgia de tê-lo perdido, porque os filhos se separam cedo ou tarde. Nico alegou que isso de ser mãe não é nem tão absoluto nem tão claro: algumas mulheres não sentem esse imperativo biológico.

— Paula era uma delas, nunca quis ter filhos — lembrou.

— Talvez temesse as conseqüências da porfiria, não só o risco para ela, mas porque podia transmitir a seus filhos.

— Muito antes de suspeitar que tinha porfiria, minha irmã dizia que as crianças são adoráveis apenas de longe e que há outras maneiras de se realizar, além da maternidade. Também existem mulheres em quem o instinto materno não desperta. Se engravidam, elas se sentem invadidas por um ser estranho que as consome e depois não querem o filho. Já imaginou a cicatriz que fica na alma de alguém rejeitado ao nascer?

— Sim, Nico, há exceções, mas a imensa maioria das mulheres deseja ter filhos e sacrifica a vida por eles, quando chegam. Não há perigo de que a humanidade sucumba por falta de crianças.

ESPOSA DE ENCOMENDA

⁓⧖⧗

Lili chegou da China com um visto de noiva por três meses. Ao fim deles, devia se casar com Tong ou voltar a seu país. Era uma mulher saudável e bonita, que parecia ter 20 anos, mas tinha uns 30, e estava tão pouco contaminada pela cultura ocidental como seu futuro marido desejava. Além disso, não falava nem uma palavra de inglês. Melhor impossível, porque assim seria mais fácil mantê-la submissa, opinou a futura sogra, que desde o começo aplicou o tradicional método de tornar impraticável a existência da nora. Seu rosto de lua e olhos chamejantes nos pareceram irresistíveis, até meus netos se apaixonaram por ela. "Pobre menina, vai ser duro se adaptar", comentou Willie quando soube que Lili se levantava de madrugada para fazer os trabalhos da casa e preparar os pratos complicados que exigia a sogra despótica, que, apesar do minúsculo tamanho, a tratava com insultos e empurrões. "Por que não manda a velha à merda?", perguntei por sinais a Lili, mas ela não me entendeu. "Não se meta", recitou Willie e acrescentou que eu não sabia nada sobre a cultura chinesa; mas sei um pouco mais que ele, pelo menos li Amy Tan. A namorada por correspondência não era tão frouxa como havia dito Willie ao conhecê-la, disso eu estava certa. Tinha a têmpera camponesa, costas largas, determinação no olhar e nos gestos; com um piparote poderia baixar a crista da mãe de Tong e a dele também, se quisesse. Nada de doce pombinha.

Dali a três meses, quando o visto de Lili estava a ponto de expirar, Tong nos anunciou que se casariam. Willie, como advogado e amigo, lembrou Tong de que a única razão que essa jovem tinha para se casar era se estabelecer nos Estados Unidos, onde necessitava de um marido por apenas dois anos; depois podia se divorciar e obteria seu visto de permanência. Tong havia pensado nisso, não era tão ingênuo para supor que uma garota da internet ia se apaixonar apenas por ver sua foto, por mais que Lori a tivesse retocado, mas decidiu que os dois ganhariam alguma coisa com o arranjo: ele, a possibilidade de um filho, e ela, o visto. Logo veriam qual das duas aconteceria primeiro; o risco valia a pena. Willie aconselhou que fizesse um acordo pré-matrimonial; de outro modo, ela ficaria com parte das economias que com tanto pão-durismo ele havia acumulado, mas Lili disse que não assinaria nenhum documento que não pudesse entender. Foram a um advogado em Chinatown, que o traduziu. Ao compreender o alcance do que lhe era pedido, Lili ficou cor de beterraba e, pela primeira vez, levantou a voz! Como podiam acusá-la de se casar por um visto?! Tinha vindo para formar um lar com Tong!, alegou, mergulhando o pretendente e o advogado em profundo arrependimento. Casaram-se sem o acordo pré-matrimonial.

Ao me contar isso, Willie soltava chispas pelas orelhas: não podia acreditar que seu contador fosse tão tolo, como podia cometer semelhante estupidez? Agora estava fodido, por acaso não tinha visto como o haviam tosquiado todas as mulheres que lhe cruzaram pela frente? E continuou mais meia hora com uma ladainha de previsões funestas. Dessa vez me dei ao prazer de lhe devolver a bola: "Não se meta."

Lili se matriculou num curso intensivo de inglês e andava com fones de ouvido para escutar o idioma até dormindo, mas a aprendizagem foi mais difícil do que o esperado. Procurou emprego, mas, apesar de sua boa educação e de sua experiência como enfermeira, não conseguiu nada porque não falava inglês. Pedimos que faxinasse nossa casa e pegasse os netos na escola, porque Ligia não trabalhava mais — tinha trazido seus filhos da Nicarágua, um por um, e lhes dado educação superior. Agora todos eram profissionais e, por fim, ela podia descansar. Com a gente, Lili podia ganhar um salário decente enquanto procurava alguma coisa apropriada à sua capacidade. Aceitou agradecida a proposta, como se tivéssemos feito um favor, quando era ela que o fazia a nós.

No começo, a comunicação com Lili era divertida: eu deixava desenhos grudados na geladeira, mas Willie falava com ela em inglês aos berros e ela respondia "Não!" com um sorriso adorável. Uma vez, Roberta chegou de visita, uma amiga transexual que, antes de se tornar mulher, foi oficial da Marinha e se chamava Robert. Lutou no Vietnã, foi condecorado por sua coragem, mas se horrorizou diante da morte de inocentes e deixou o serviço militar. Passou trinta anos apaixonado pela esposa, que o acompanhou no processo de transformação em mulher, e permaneceram juntos até que ela morreu de câncer de mama. A julgar pelas fotos, antes Roberta era um homenzarrão peludo, com queixo de pirata e nariz quebrado. Fez um tratamento de hormônios, cirurgia plástica, eletrólise para tirar os pêlos e, finalmente, uma cirurgia genital, mas imagino que sua aparência não era convincente de todo, porque Lili ficou olhando-a boquiaberta e depois levou Willie atrás de uma porta para lhe perguntar algo em chinês. Meu marido deduziu que se tratava do gênero de nossa amiga e começou a explicar o assunto num sussurro, mas foi aumentando o volume e terminou vociferando a plenos pulmões que era um homem com alma de mulher ou algo assim. Eu quase morri de vergonha, mas Roberta continuou bebendo chá e mordiscando os docinhos com seus modos finos, sem se dar por aludida na confusão de dos infernos que se ouvia atrás da porta.

Meus netos e Olivia, a cadela, adotaram Lili. Nossa casa nunca esteve tão limpa — Lili a desinfetava como se planejasse uma cirurgia de coração na sala de jantar. Assim ela se incorporou à nossa tribo. Ao se casar, desapareceu sua timidez; respirou fundo, estufou o peito, tirou carteira de motorista e comprou um carro. Alegrou a vida de Tong, inclusive o homem passou a andar mais bonito, porque Lili o veste na moda e lhe corta os cabelos. Isso não impede as brigas, porque ele a trata como um marido déspota. Quis explicar com mímicas a Lili que, na próxima vez que ele levantasse a voz, ela devia lhe ministrar um frigideiraço na cabeça, mas acho que ela não me entendeu. Só lhes faltam filhos, que não chegam porque ela tem problemas de fertilidade e ele já não é tão jovem. Aconselhei-os a adotar uma criança na China, mas ali não dão os meninos e "Quem quer uma menina?". Eu tinha ouvido a mesma frase na Índia.

MAGIA PARA OS NETOS

~~~

Quando terminei *Retrato em sépia*, me perseguia uma promessa que já não podia continuar adiando: escrever três romances de aventuras para Alejandro, Andrea e Nicole, um para cada um. Como fiz antes com meus filhos, desde que meus netos nasceram lhes contei histórias com um método levado à perfeição: eles me davam três palavras (ou três assuntos) e eu dispunha de dez segundos para inventar uma história que as incluísse. Entravam em acordo para me propor as coisas mais absurdas e apostavam que eu não seria capaz de juntá-las. Mas meu treinamento — que tinha começado com você, Paula, em 1963 — era tão sensacional quanto a inocência deles, e nunca falhei. O problema aparecia na semana seguinte, se me pediam, por exemplo, que lhes repetisse palavra por palavra a mesma história da formiga irrequieta que se enfiara num tinteiro e descobrira, por acaso, a escrita egípcia. Eu não tinha a menor lembrança daquele inseto letrado e me via em tremendos apertos quando eles me pediam que recorresse a meu computador mental. "A vida das formigas é uma chatice, só trabalhar e servir à rainha. Melhor eu contar a história do escorpião assassino", e começava antes que tivessem tempo de reagir. Mas chegou um dia em que nem isso deu resultado. Então, prometi que escreveria três livros com os temas que eles me propusessem, como fazíamos com as histórias improvisadas em dez segundos na hora de dormir.

Meus netos me deram o tema do primeiro livro, que já se adivinhava em muitas das histórias que haviam pedido antes: a ecologia. A aventura de *A cidade das feras* nasceu da viagem que fiz à Amazônia. Agora já sei: quando me secar outra vez o poço da inspiração, como me aconteceu depois de sua morte, Paula, posso enchê-lo nas viagens. Minha imaginação desperta quando saio de ambientes conhecidos e me deparo com outras formas de existência, pessoas diferentes, línguas que não domino, vicissitudes imprevisíveis. Compreendo que o poço vai se enchendo porque meus sonhos se alvoroçam. As imagens e as histórias que acumulo na viagem se transformam em sonhos vívidos, às vezes em pesadelos violentos, que me anunciam a chegada das musas.

Na Amazônia, mergulhei numa natureza voraz, verde sobre verde, água sobre água — vi jacarés do tamanho de um bote, botos cor-de-rosa, arraias flutuando como tapetes nas águas cor-de-chá do rio Negro, piranhas, macacos, pássaros inverossímeis e cobras de muitos tipos, inclusive uma anaconda, morta, mas de qualquer forma anaconda. Pensei que não poderia utilizar nada disso, porque não se encaixa no tipo de livros que escrevo, mas tudo acabou sendo valioso na hora em que pensei num romance juvenil.

Alejandro foi o modelo de Alexander Cold, o protagonista; sua amiga, Nádia Santos, é uma mistura de Andrea e Nicole. No romance, Alexander vai com sua avó Kate, escritora de viagens, à Amazônia, onde conhece Nadia. As crianças se perdem na selva, vivem com uma tribo de "índios invisíveis" e descobrem animais pré-históricos que vivem no interior de um *tepui*,* essa estranha for-

---

* Formação rochosa muito elevada, com topo achatado. O *tepui* brasileiro mais conhecido é o monte Roraima. (N. T.)

mação geológica da região. A idéia dos animais surgiu de uma conversa que ouvi num restaurante em Manaus, num grupo de cientistas que comentavam o achado de um fóssil gigantesco de aparência humana na selva. Eles se perguntavam a que tipo de animal pertenceria, talvez fosse da família dos macacos ou uma espécie de pé-grande tropical. Com esses dados era fácil imaginar as feras. Os índios invisíveis existem, são de tribos que vivem na Idade da Pedra e que, para se mimetizar em seu ambiente, pintam o corpo imitando a vegetação que os rodeia e se movem tão silenciosamente que podem ficar a três metros da gente sem serem percebidos. Muitos dos relatos que ouvi na Amazônia sobre corrupção, cobiça, tráfico ilegal, violência e contrabando foram a matéria-prima para o enredo, mas o essencial foi a selva, que se transformou em cenário e determinou o tom do livro.

Poucas semanas depois de ter começado o primeiro volume da trilogia, compreendi que era incapaz de fazer a imaginação voar com a audácia que o projeto requeria. Me custava muito vestir a pele desses adolescentes que viveriam uma aventura prodigiosa, ajudados por seus "animais espirituais", como na tradição de algumas tribos indígenas. Lembro os terrores de minha própria infância, quando não tinha nenhum controle sobre minha vida ou o mundo que me rodeava. Temia coisas bem concretas, como que meu pai, desaparecido fazia muitos anos, a ponto de seu nome ter-se perdido, viesse me buscar, ou que minha mãe morresse e eu terminasse num sombrio orfanato, alimentada com sopa de couve, mas temia muito mais as criaturas que povoavam minha própria mente. Acreditava que o diabo aparecia de noite nos espelhos; que os mortos saíam do cemitério durante os tremores de terra, que no Chile são muito comuns; que havia vampiros no forro da casa, grandes sapos malévolos dentro dos armários e almas penadas entre as cortinas do salão; que nossa vizinha era uma bruxa e que a ferrugem nos canos era sangue de sacrifícios humanos. Estava certa de que o fantasma de minha avó me mandava mensagens cifradas nos farelos do pão ou nas formas das nuvens, mas isso não me dava medo, era uma de minhas poucas fantasias calmantes. A lembrança dessa avó etérea e divertida sempre foi um consolo, inclusive agora, que tenho vinte anos mais do que ela quando morreu. Por que não me cercava de fadas com asas de libélula ou sereias de caudas enfeitadas? Por que tudo era horrível? Não sei. Talvez, a maioria das crianças viva com um pé nesses universos de pesadelo. Para escrever meus romances juvenis não podia lançar mão de minhas macabras fantasias dessa época, já que não se tratava de evocá-las, mas de senti-las nos ossos, como se sentem na infância, com toda a carga emotiva. Precisava voltar a ser a menina que havia sido um dia, a menina silenciosa, torturada por sua própria imaginação, que perambulava como uma sombra pela casa do avô. Tinha de demolir minhas defesas racionais e abrir a mente e o coração. E para isso decidi me submeter à experiência xamânica da ayahuasca, uma poção preparada com a planta trepadeira *Banisteriopsis*, que os índios da Amazônia usam para ter visões.

Willie não quis que eu me arriscasse sozinha e, como em tantas vezes de nossa vida em comum, me acompanhou às cegas. Bebemos um chá escuro de sabor repugnante, apenas um terço da xícara, mas tão amargo e fedorento que era impossível de engolir. Talvez eu tenha uma falha no córtex cerebral — bem ou mal, sempre ando muito ligada —, porque a ayahuasca, que a outros empurra para o mundo dos espíritos, com um chute apenas me mandou tão longe que não voltei senão uns dois dias mais tarde. Quinze minutos depois de tê-la bebido, o equilíbrio me falhou e me acomodei no chão, de onde já não consegui mais me mexer. Entrei em pânico e chamei Willie, que conseguiu se arrastar para o meu lado, e me agarrei na mão dele como num salva-vidas na pior tempestade imaginável. Não podia falar nem abrir os olhos. Me perdi num torvelinho de figuras geométricas e cores brilhantes que, no começo, eram fascinantes e depois esmagadoras. Senti que me desprendia do corpo, o coração estalava, e mergulhei numa angústia terrível. Voltei, então, a ser a menina presa entre os demônios dos espelhos e as almas das cortinas.

Dali a pouco, as cores se esfumaram e apareceu a pedra negra que jazia quase esquecida em meu peito, ameaçadora como algumas montanhas da Bolívia. Soube que devia removê-la de meu caminho ou morreria. Tentei subir nela — era escorregadia. Quis contorná-la — era imensa. Começava a lhe arrancar um pedaço — e a tarefa não tinha fim. Enquanto isso, minha certeza de que a rocha continha toda a maldade do mundo, que estava cheia de demônios, crescia. Não sei quanto tempo estive assim; nesse estado o tempo não tem nada a ver com o tempo dos relógios. De repente, senti um choque elétrico de energia, dei um chute formidável no chão e me elevei por cima da rocha. Voltei ao corpo por um momento; cheia de nojo, procurei às cegas o balde que havia deixado ao lado e vomitei bile. Náusea, sede, areia na boca, paralisia. Percebi, ou compreendi, o que dizia minha avó: o espaço está cheio de presenças e tudo acontece simultaneamente. Eram imagens sobrepostas e transparentes, como essas lâminas impressas em folhas de acetato nos livros de ciência. Andei vagando por jardins onde cresciam plantas ameaçadoras de folhas carnudas, grandes cogumelos que suavam veneno, flores malvadas. Vi uma menina de uns quatro anos, encolhida, aterrorizada; estendi a mão para levantá-la. Era eu mesma. Diferentes épocas e pessoas passavam de uma lâmina a outra. Me encontrei comigo em diferentes momentos e em outras vidas. Conheci uma velha de cabelos cinzentos, pequenina, mas ereta e com olhos brilhantes; poderia ter sido eu uns anos mais tarde, mas não tenho certeza, porque ela se achava em meio a uma multidão confusa.

Logo esse universo povoado se evaporou e entrei num espaço branco e silencioso. Flutuava no ar, era uma águia com suas grandes asas abertas, sustentada pela brisa, vendo o mundo de cima, livre, poderosa, solitária, forte, indiferente. Essa grande ave esteve ali durante muito tempo e em seguida foi para outro lugar ainda mais glorioso, em que desapareceu a forma e não havia nada além de espírito — acabaram a águia, as lembranças e os sentimentos; não havia eu, me dissolvi no silêncio. Se houvesse sentido a menor consciência ou desejo, teria procurado por você, Paula. Muito mais tarde vi um círculo pequeno, como uma moeda de prata, e para lá apontei como uma flecha, atravessei o espaço e entrei sem esforço num vazio incondicional, um cinza translúcido e profundo. Não havia sensação, espírito, nem a menor consciência individual; no entanto, sentia uma presença divina e absoluta. Estava no interior da Deusa. Era a morte ou a glória de que falam os profetas. Se morrer é assim, você está numa dimensão inalcançável e é absurdo imaginar que me acompanha na vida cotidiana ou me ajuda em meu trabalho, ambições, medos e vaidades.

Voltei mil anos depois, como uma peregrina exausta, à realidade conhecida, pelo mesmo caminho que havia percorrido para ir, mas ao contrário: atravessei a pequena lua de prata, flutuei no espaço da águia, desci ao céu branco, mergulhei em imagens psicodélicas e, por fim, entrei em meu pobre corpo, que estava muito doente havia dois dias, atendido por Willie, que já começava a pensar que havia perdido sua mulher no mundo dos espíritos. Em sua experiência com a ayahuasca, Willie não alcançou a glória nem entrou na morte: ficou trancado num purgatório burocrático, mexendo em papéis, até que lhe passou o efeito da droga algumas horas mais tarde. Enquanto isso, estive estirada no chão, onde depois ele me acomodou com travesseiros e cobertores, tiritando, murmurando incoerências e, de tanto em tanto, vomitando uma espuma cada vez mais branca.

No começo, estava agitada, mas depois fiquei relaxada e imóvel. Não parecia sofrer, disse Willie.

Já consciente, passei o terceiro dia em minha cama revivendo cada instante daquela viagem extraordinária. Sabia que agora poderia escrever a trilogia, porque diante dos tropeços da imaginação tinha o recurso de voltar a perceber o universo com a intensidade da ayahuasca, que é similar à de minha infância. A aventura com a droga me invadiu com algo que só posso definir como amor, uma impressão de unidade: me dissolvi no divino, senti que não havia separação entre mim e o resto do que existe, tudo era luz e silêncio. Fiquei com a certeza de que somos espíritos e de que a matéria é ilusória, algo que não se pode provar racionalmente, mas que, às vezes, pude experimentar rapidamente em momentos de exaltação diante da natureza, de intimidade com alguém amado ou de meditação. Aceitei que, nesta vida humana, meu animal totêmico é a águia, essa ave que em minhas visões flutuava olhando tudo de uma grande distância. Essa distância é a que me permite contar histórias, porque posso ver os ângulos e horizontes. Parece que nasci para contar e contar. O corpo me doía, mas nunca estive mais lúcida. De todas as aventuras de minha agitada existência, a única que pode se comparar a essa visita à dimensão dos xamãs foi a tua morte, filha. Em ambas as ocasiões, aconteceu algo inexplicável e profundo que me transformou. Nunca voltei a ser a mesma depois da sua última noite e de beber aquela poderosa poção: perdi o medo da morte e experimentei a eternidade do espírito.

O IMPÉRIO DO TERROR

~~~

Na terça-feira, 11 de setembro de 2001, eu estava no banho quando o telefone tocou de manhã. Era minha mãe, do Chile, horrorizada com a notícia que ainda desconhecíamos, porque na Califórnia são três horas mais cedo que na outra costa do país, e acabávamos de sair da cama. Ao ouvir sua voz, pensei que me falava do aniversário do golpe no Chile, também um atentado terrorista contra uma democracia, que todo ano lembrávamos como um luto: terça-feira, 11 de setembro de 1973. Ligamos a tevê e vimos mil e uma vezes as mesmas imagens dos aviões explodindo contra as torres do World Trade Center, que me lembraram as do bombardeio dos militares contra o palácio La Moneda no Chile, onde nesse dia morreu o presidente Salvador Allende. Corremos ao banco para pegar dinheiro e nos abastecer de água, gasolina e alimentos. Os vôos foram cancelados, milhares de passageiros ficaram encurralados, os hotéis lotaram, foi necessário botar camas nos corredores. Nesses dias eu devia partir numa turnê de divulgação pela Europa, mas tive que cancelar a viagem. As linhas telefônicas estavam tão sobrecarregadas que Lori não pôde se comunicar com seus pais durante dois dias nem eu com os meus no Chile. Nico e Lori se mudaram para a nossa casa com as crianças, que estavam com eles nessa semana e não podiam ir à escola porque as aulas tinham sido suspensas. Juntos, nos sentíamos mais seguros.

Durante dias, ninguém pôde voltar ao trabalho em Manhattan. No céu flutuava uma nuvem de poeira, e dos encanamentos escapavam gases tóxicos. Quando ainda reinava a confusão, recebemos notícias de Jason. Ele nos contou que, em Nova York, a situação começava a melhorar lentamente. Uma noite foi até a área do desastre com uma pá e um capacete para ajudar as equipes de resgate, que estavam exaustas. Passou por dezenas de voluntários que voltavam de muitas horas de trabalho nas ruínas com panos brancos amarrados ao pescoço, em honra às vítimas presas nas torres, que haviam agitado lenços pelas janelas para se despedirem. De longe se via a fumaça que se levantava dos destroços. Os nova-iorquinos se sentiam como se tivessem sido espancados. Soavam sirenes e corriam ambulâncias vazias, porque já não restavam sobreviventes, enquanto dezenas de câmeras de televisão se alinhavam perto da área demarcada pelos bombeiros. Previa-se outro ataque, mas ninguém falava a sério de deixar a cidade; Nova York não perdera seu caráter ambicioso, forte e visionário.

Ao chegar ao local do desastre, Jason encontrou muitos voluntários como ele; para cada vítima desaparecida nas ruínas havia várias pessoas dispostas a procurá-la. Cada vez que passava um caminhão com trabalhadores, a multidão saudava com gritos de incentivo. Outros voluntários levavam água e comida. Onde antes se erguiam as torres soberbas, havia um buraco negro fumegante. "Isto é como um pesadelo", disse Jason.

O bombardeio do Afeganistão começou em seguida. Os mísseis choviam sobre as montanhas onde se escondia um punhado de terroristas que ninguém queria enfrentar cara a cara, abatendo o mundo com seu estrépito. Enquanto isso, chegou o inverno, e mulheres e crianças começaram a morrer de frio nos campos de refugiados: os danos colaterais. Nos Estados Unidos aumentava a paranóia, as pessoas abriam as cartas com luvas e máscaras por causa da possibilidade de um vírus de varíola ou antraz, supostas armas de destruição em massa. Contagiada pelo terror dos demais, saí em busca de Cipro, um poderoso antibiótico que podia salvar meus netos em caso de guerra biológica, mas Nico me disse que, se ao primeiro sintoma de resfriado déssemos esses comprimidos para as crianças, numa doença real já não funcionariam. Era como matar moscas a canhão. "Calma, mamãe, não dá pra prevenir tudo", disse. E, então, me lembrei de você, filha, do golpe militar no Chile e de tantos outros momentos de impotência em minha vida. Não tenho controle sobre os fatos essenciais, aqueles que determinam o curso da existência, portanto, é melhor eu relaxar. A histeria coletiva me fez esquecer essa tremenda lição durante várias semanas, mas o comentário de Nico me devolveu à realidade.

JULIETTE E OS MENINOS GREGOS

Ao fazer a pesquisa para a trilogia juvenil, conheci Juliette na livraria Book Passage: uma jovem norte-americana muito bonita e *muito* grávida, que mal conseguia equilibrar a barriga mais descomunal que já vi. Esperava gêmeos, mas não eram seus, e sim de um casal; ela só emprestava o ventre, me disse. Era uma iniciativa altruísta de sua parte, mas ao conhecer sua história me pareceu uma barbaridade.

Aos 20 e poucos anos, depois de sair da universidade, Juliette fez uma viagem à Grécia, o destino lógico para quem havia estudado arte, e lá, na ilha de Rodes, conheceu Manoli, um grego exuberante, com cabeleira e barba de profeta, olhos de veludo e uma personalidade avassaladora que a seduziu de imediato. O homem usava bermudas tão curtas que, ao se abaixar ou sentar, de pernas cruzadas, deixava as vergonhas à mostra. Imagino que eram excepcionais, já que as mulheres o perseguiam a trote pelas ruazinhas de Lindos, sua aldeia. Manoli tinha língua de ouro e podia passar doze horas na praça ou num café contando histórias sem interrupção, rodeado de ouvintes hipnotizados por sua voz. A história de sua própria família era um verdadeiro romance: os turcos tinham decapitado seu avô e sua avó diante de seus sete filhos, a quem obrigaram a caminhar, com centenas de prisioneiros gregos, do mar Negro até o Líbano.

Nessa rota da dor, morreram seis irmãos; apenas o pai de Manoli, que então tinha 6 anos, sobreviveu. Entre as numerosas turistas bronzeadas pelo sol e dispostas a rolar com ele nas areias quentes da Grécia, Manoli escolheu Juliette por seu ar de inocência e sua beleza. Diante do pasmo dos habitantes da ilha, que o consideravam solteiro, pediu-a em casamento. Fora casado com uma chilena, curiosamente, que lhe dera o fora com um professor de ioga no dia de seu casamento. A história não era clara, mas, segundo as más línguas, o rival colocou LSD na bebida de Manoli, que acordou no outro dia numa clínica psiquiátrica, mas a essa altura sua esposa doidivanas já havia sumido. Nunca mais soube da chilena. Para casar de novo, precisou fazer os trâmites legais para provar que ela havia abandonado o lar, já que ninguém podia assinar os papéis do divórcio.

Manoli ocupava uma casa antiga sobre uma escarpa de frente para o mar Egeu, casa que tinha pertencido por centenas de anos às sucessivas sentinelas que vigiavam o horizonte. À vista de barcos inimigos, deviam montar num cavalo, que estava sempre encilhado, e galopar cinqüenta quilômetros até a mítica cidade de Rodes, fundada pelos deuses, para dar o alarme. Manoli colocou mesas no lado de fora e a transformou num restaurante. Todo ano dava uma mão de tinta branca na casa e de marrom nas janelas e portas, como todas as casas da idílica aldeia, onde não circulam carros e as pessoas se conhecem pelo nome. Lindos, coroada por sua acrópole, mantém-se mais ou menos a mesma há muitos séculos, com o acréscimo de um castelo medieval, já em ruínas.

Juliette não hesitou em se casar, embora soubesse desde o começo que não haveria meio de segurar aquele homem. Para evitar a dor do ciúme e a humilhação de que alguém viesse lhe contar uma fofoca, disse a Manoli que podia ter as aventuras amorosas que quisesse, mas nunca às suas costas; preferia conhecê-las. Manoli agradeceu, mas, por sorte, tinha experiência suficiente para não cometer a besteira de confessar uma infidelidade. Graças a isso, Juliette viveu tranqüila e apaixonada. Estiveram juntos dezesseis anos em Lindos.

O restaurante os mantinha muito ocupados durante a alta temporada, mas o fechavam no inverno e então aproveitavam para viajar. Manoli era um mágico da cozinha. Preparava tudo na hora, carnes e peixes na grelha, saladas frescas. Ele mesmo escolhia cada peixe que os botes traziam do mar ao amanhecer e cada hortaliça que vinha das plantações em lombo de mula: assim sua fama ultrapassou a ilha. Da aldeia até a escarpa onde estava o restaurante eram vinte minutos de uma calma caminhada. Os clientes não tinham pressa, porque a soberba paisagem era um convite à contemplação. A maioria ficava a noite inteira para acompanhar o trajeto da lua sobre a acrópole e o mar.

Juliette, com seus vaporosos vestidos de algodão, sandálias, cabelos castanho-escuros soltos sobre os ombros e rosto clássico, era ainda mais atraente que a comida. Parecia uma vestal de um antigo templo grego, e por isso mesmo seu sotaque americano chamava atenção. Deslizava com as bandejas entre os comensais, sempre suave e simpática, apesar da agitação dos clientes apertados no local e esperando na porta. Apenas em duas ocasiões perdeu a paciência, e ambas com turistas norte-americanos. Na primeira, um gorducho, vermelho pelo excesso de sol e *ouzo*, rejeitou três vezes o prato porque não era exatamente o que queria, e fez isso com péssimos modos. Juliette, cansada depois de uma longa noite de serviço, levou o quarto prato para ele e, sem comentários, lhe derramou na cabeça. Na segunda vez, havia sido por culpa de uma cobra que subira na perna de uma mesa e avançara, ondulando, até o recipiente da salada, em meio à gritaria histérica de um grupo de texanos que, sem dúvida, tinham visto outras mais compridas em sua terra; não havia necessidade de espantar a clientela com aquele escândalo. Juliette pegou uma faca grande da cozinha e, com quatro golpes de caratê, fatiou a cobra em cinco pedaços. "Já trago a lagosta", foi tudo o que disse.

Juliette suportava de bom grado as manias de Manoli — um marido nada fácil — porque era o homem mais divertido e apaixonado que havia conhecido. Comparados com ele, todos os demais eram insignificantes. Havia mulheres que, na frente dela, passavam a Manoli a chave de seu hotel, que ele recusava com alguma brincadeira irresistível, depois de tomar a devida nota do número do quarto. Tiveram dois filhos tão bonitos como a mãe: Aristóteles e, quatro anos depois, Aquiles, que ainda estava usando fraldas quando seu pai foi à Tessalônica consultar um médico porque lhe doíam os ossos. Juliette ficou com os meninos em Lindos, atendendo o restaurante da melhor maneira possível; não deu muita importância ao mal-estar do marido porque não o tinha visto se queixar. Manoli telefonava-lhe todo dia para lhe contar ninharias; nunca se referia à saúde. Respondia às perguntas dela com evasivas e com a promessa de que voltaria em menos de uma semana, quando saíssem os resultados dos exames. No entanto, no mesmo dia em que ela aguardava sua volta, viu uma longa fila de amigos e vizinhos que subia o morro e chegava à porta de sua casa na hora do crepúsculo. Sentiu um aperto na garganta e se lembrou que, no dia anterior, ao telefone, a voz de seu marido havia se desmanchado num soluço quando lhe disse: "Você é uma boa mãe, Juliette." Ela tinha ficado pensando na frase, tão inesperada em Manoli, que não gastava galanteios com ela. Nesse momento se deu conta de que havia sido uma despedida. As caras compungidas dos homens agrupados diante de sua porta e o abraço coletivo das mulheres o confirmaram. Manoli havia morrido de um câncer fulminante, que ninguém suspeitava porque ele dera um jeito de disfarçar o suplício dos ossos desfeitos. Entrou no hospital sabendo que havia chegado sua hora, mas por orgulho não quis que sua mulher e seus filhos o vissem agonizar. Os moradores de Lindos juntaram seus esforços e compraram as passagens de avião para Juliette e os meninos. As mulheres lhes fizeram a mala, fecharam a casa e o restaurante, e uma delas os acompanhou à Tessalônica.

A jovem viúva andou de um hospital para outro atrás do marido, porque não tinha certeza nem de onde estava, até que finalmente a levaram a um porão, que não era mais do que um buraco na terra, como os que se usavam para guardar vinho, onde havia um corpo sobre uma tábua, coberto apenas por um lençol. Sua primeira impressão foi de alívio, porque achou que havia sido vítima de um terrível engano. Aquele cadáver amarelo e esquelético, com uma expressão retorcida de sofrimento, não se parecia com o homem alegre e cheio de vida que era seu esposo. Mas, então, o enfermeiro que a acompanhava suspendeu a lâmpada e Juliette reconheceu Manoli.

Nas horas seguintes, teve de tirar forças do fundo de si mesma, encontrar um lugar no cemitério e enterrar seu marido sem nenhuma cerimônia. Depois levou os filhos a uma praça e, entre árvores e pombas, explicou para eles que não veriam mais o pai, mas que o sentiriam muitas vezes a seu lado, porque Manoli sempre cuidaria deles. Aquiles era muito jovem para compreender a intensidade da perda, mas Aristóteles ficou aterrorizado. Nessa mesma noite, Juliette acordou sobressaltada com a certeza de que a beijavam na boca. Sentiu os lábios suaves, o hálito morno e a cócega da barba de seu marido, que viera lhe dar o beijo de despedida que não quisera dar antes, quando agonizava sozinho no hospital. O que ela tinha dito aos filhos para consolá-los era uma verdade absoluta: Manoli velaria por sua família.

A aldeia de Lindos cerrou fileiras em torno da jovem viúva e seus filhos, mas esse abraço não podia sustentá-los por tempo indefinido. Era impossível para Juliette tocar sozinha o restaurante e, como não encontrou outro trabalho na ilha, decidiu que havia chegado o momento de voltar para a Califórnia e reencontrar sua família. Aqui, pelo menos, teria a ajuda dos pais. A existência mudou para os meninos, que haviam se criado livres e seguros, brincando descalços nas ruas brancas da ilha, onde todos os conheciam. Juliette conseguiu um apartamento modesto, parte de um projeto de uma igreja, e arrumou emprego na Book Passage.

Nem acabara de se instalar quando diagnosticaram uma doença incurável em sua mãe, que lhe tocou sepultar dali a uns meses. Um ano depois morreu seu pai. Havia tanta morte ao redor, que, ao saber de um casal que procurava um ventre para um filho, ofereceu-se sem pensar muito, com a esperança de que essa vida dentro dela a consolasse de tantas perdas e a aquecesse. Eu a conheci deformada pela gravidez, com as pernas inchadas e manchas no rosto, com olheiras e muito cansada, mas contente. Continuou trabalhando na livraria até que precisou se afastar por ordem médica e passou as últimas semanas num sofá, esmagada pelo peso da barriga.

Em menos de quatro anos, Aristóteles e Aquiles tinham perdido o pai e os dois avós; suas curtas vidas estavam marcadas pela morte. Agarraram-se à mãe, a única pessoa que lhes restava, com o medo inevitável de que também ela pudesse desaparecer. Por isso me pareceu estranho que Juliette corresse o risco dessa gravidez.

— Quem são os pais destes gêmeos? — perguntei.

— Quase não os conheço. O contato foi feito através de um grupo com que me reúno todas as semanas. São adultos e crianças que passam por um luto. O grupo nos ajudou muito. Agora Aristóteles e Aquiles compreendem que não são os únicos meninos sem pai.

— O acordo com esse casal foi que você teria um bebê, não dois. Por que você vai dar um filho de brinde? Entregue só um e me passe o outro.

Ela começou a rir e me explicou que nenhum lhe pertencia, existiam acordos e até contratos legais em relação aos óvulos, espermatozóides, paternidade e outras complicações. De modo que eu não podia me apropriar de um dos gêmeos. Que pena, não era como uma ninhada de cachorrinhos.

Juliette é a deusa Afrodite, toda doçura e abundância: curvas, seios, lábios de beijo. Se a tivesse conhecido antes, sua imagem teria ilustrado a capa de meu livro sobre comida e amor. Ela e os meninos gregos, como chamamos seus filhos, passaram a fazer parte naturalmente de nossa família, e quando agora conto os netos, somos mais dois. Assim aumentou a tribo, esta comunidade bendita onde se multiplicam as alegrias e se dividem as dores. O mais prestigioso colégio particular do condado ofereceu bolsas a Aristóteles e Aquiles e, por um golpe de sorte, Juliette conseguiu alugar uma casinha com jardim em nosso bairro. Agora todos, Nico, Lori, Ernesto, Giulia, Juliette e nós, vivemos num raio de poucas quadras, e as crianças podem ir de uma casa a outra a pé ou de bicicleta. A família ajudou Juliette a se mudar, e enquanto Nico consertava as avarias, Lori pendurava quadros e Willie instalava uma grelha, eu chamava Manoli do além para que cuidasse dos seus, tal como havia prometido naquele beijo póstumo com que se despediu de sua mulher.

Numa tarde de verão, sentadas em torno da piscina de nossa casa, enquanto Willie ensinava Aquiles a nadar — ele tinha pavor da água, mas morria de inveja ao ver as crianças chapinhando —, perguntei a Juliette como ela, que era tão maternal, havia suportado os nove meses de gestação de dois bebês, e, depois de dar à luz, se separar deles no mesmo dia.

— Não eram meus, só estiveram em meu corpo por um tempo. Enquanto eu os tive dentro de mim, cuidava deles e sentia ternura, mas não esse amor possessivo que sinto por Aristóteles e Aquiles. Sempre soube que íamos nos separar. Quando nasceram, eu os tive nos braços por um instante, beijei-os, desejei-lhes boa sorte e os entreguei aos pais, que os levaram imediatamente. Depois os seios me doíam, carregados de leite, mas não me doía o coração. Me alegrei pelo casal que tanto desejava ter filhos.

— Faria isso de novo?

— Não, porque já tenho 40 anos e uma gravidez é muito desgastante. Só faria por você, Isabel — me disse.

— Por mim? Deus me livre! O que menos quero na minha idade é um filho — ri.

— Então, por que pediu que roubasse um dos gêmeos pra você?

— Não era pra mim. Era pra Lori.

JASON E JUDY

Aos olhos de minha mãe, a melhor qualidade de Willie é que "é bem mandado". A ela nunca teria ocorrido ligar para tio Ramón no escritório para que comprasse sardinhas para a janta, ou para lhe pedir que tirasse os sapatos, subisse numa cadeira e limpasse com o espanador a parte de cima de algum móvel, coisas que Willie faz sem chiar. Para mim, o mais admirável em meu marido é seu otimismo teimoso. Não há forma de derrubar Willie. Eu o vi de joelhos algumas vezes, mas logo fica de pé, sacode a poeira, bota o chapéu e vai em frente. Teve tantos problemas com seus filhos que, no lugar dele, eu estaria com uma depressão incurável. Não só sofreu com Jennifer, como também com os outros dois, que tiveram vidas dramáticas por causa das drogas. Willie os ajudou sempre, mas, com a passagem dos anos, foi perdendo a esperança. Por isso mesmo se agarra a Jason.

— Por que você foi o único que aprendeu alguma coisa comigo? Os outros só pedem: me dê, me dê, me dê — disse uma vez Willie.

— Acham que têm direito porque são seus filhos, mas você não me deve nada. Não é meu pai e sempre tomou conta de mim. Como não vou dar atenção ao que me diz? — respondeu Jason.

— Tenho orgulho de você — grunhiu Willie, dissimulando um sorriso.

— Isso é uma pechincha, Willie. Seu cacife não é muito grande.

Jason se adaptou a Nova York, a cidade mais divertida do mundo, onde tem sucesso no trabalho, tem amigos, vive da escrita e encontrou a jovem que procurava, "tão digna de confiança como Willie". Judy se formou em Harvard e trabalha escrevendo sobre sexo e relações na internet e em revistas femininas. Tem mãe coreana e pai norte-americano, é bonita, inteligente e de caráter tão ferozmente independente como eu. Não pode tolerar a idéia de que alguém a sustente, em parte porque viu sua mãe — que mal falava inglês — completamente submissa a seu pai, que no devido tempo a trocou por outra mulher mais jovem. Judy tirou Jason do vício de explorar o próprio drama para seduzir as garotas. Com a historinha da namorada que o deixou por sua cunhada, conseguia os encontros que queria, nunca lhe faltava um ombro feminino e alguma coisa mais onde achar consolo; mas com Judy essa fórmula não funcionou, porque ela cedo aprendeu a se virar sozinha e não é das que se queixa. Sentiu pena pelo que ele havia sofrido, mas não foi isso o que a atraiu. Quando se conheceram, ela vivia há quatro anos com outro homem, mas não era feliz.

— Está apaixonada por ele? — Jason perguntou.

— Não sei.

— Se é tão difícil responder a essa pergunta, provavelmente você não gosta dele.

— Você não sabe de nada! E não tem o direito de dizer isso! — ela respondeu, indignada.

Eles se beijaram, mas Jason disse que não iam nem se tocar de novo enquanto ela não deixasse o tal homem; não estava disposto a ser tratado como lixo de novo. Em menos de uma semana ela saiu do sensacional apartamento onde estava vivendo, o que parece ser a prova máxima de amor em Nova York, e se mudou para um cubículo escuro e muito distante do centro. Passou bastante tempo antes que a relação se assentasse, porque ele continuava desconfiado das mulheres em geral e do casamento em particular, já que seus pais, madrastas e padrastos tinham se divorciado uma, duas e até três vezes. Um dia, Judy lhe disse que não a fizesse pagar pela traição de Sally. Isso, mais o fato de que ela o amava apesar de ele resistir a assumir um compromisso, o fez reagir. Por fim, pôde baixar as defesas e rir do passado. Agora, inclusive, se comunica com Sally de vez em quando por e-mail. "Fico contente que ela esteja com Celia há tantos anos; isso significa que não me deixou por um capricho. Muita gente sofreu, mas no fim alguma coisa boa saiu de toda essa encrenca", me disse.

Segundo Jason, Judy é a pessoa mais decente que conhece, sem a menor afetação ou malícia. A crueldade do mundo sempre a surpreende; ela jamais pensaria em machucar alguém. Adora os animais. Quando se conheceram, ela passeava com cachorros abandonados na esperança de que alguém gostasse deles. Dessa vez, andava com Toby, um animal patético como um rato sem pêlos, que se urinava sem controle e sofria ataques de epilepsia; ficava com as quatro patas para cima, lançando espuma pelo focinho. Era preciso lhe dar remédios de quatro em quatro horas, uma verdadeira escravidão. Era o quarto cachorro de que se encarregava, mas não tinha esperança de que alguém se apaixonasse por semelhante horror e o adotasse, de modo que o levou para Jason para que lhe fizesse companhia enquanto ele escrevia. No fim, ficaram com o pobre Toby.

Jason fora contratado fazia mais de um ano por uma revista masculina, uma dessas com páginas coloridas cheias de garotas lascivas de lábios e pernas abertos, quando lhe encarregaram de fazer uma reportagem sobre o insólito crime de um jovem que matara seu melhor amigo no deserto do Novo México, onde tinham ido acampar. Eles se perderam e estavam muito mal, quando um pediu para ser morto, porque não queria morrer de sede, e o outro o apunhalou, misericordiosamente. As circunstâncias eram obscuras, mas o juiz achou que o assassino agira enlouquecido pela desidratação e o deixou em liberdade com uma pena mínima. O trabalho jornalístico não foi fácil, porque, apesar da notoriedade do crime, a coisa não culminou num julgamento cheio de intriga, e nem o acusado nem seus amigos e familiares aceitaram falar com Jason, que teve de se conformar com o que obteve no local do crime e os comentários dos guardas florestais e dos policiais. No entanto, conseguiu com tão pouco material dar à sua reportagem o tom de urgência e suspense de um romance policial. Uma semana depois que a revista foi para as bancas, uma editora lhe pediu que escrevesse um livro sobre o caso, pagou um adiantamento inusitado para um autor novato e o publicou com o título de *Journal of the dead*, diário do morto. O texto caiu nas mãos de uns produtores de cinema e Jason vendeu os direitos para o filme. Do dia para a noite estava a caminho de se transformar no próximo Truman Capote. Do jornalismo passou com naturalidade à literatura, tal como disse na primeira vez que me mostrou um de seus contos, quando tinha dezoito anos e vegetava na casa de Willie, enrolado num cobertor, fumando e bebendo cerveja às quatro da tarde.

Nessa época, ele não queria se separar da família e ligava no meio da tarde para o nosso escritório a fim de perguntar a que horas voltaríamos para casa e o que íamos lhe preparar para a janta. Agora é o único de nossa descendência que não necessita de ajuda para nada. Com os direitos do livro e do filme, decidiu comprar um apartamento no Brooklyn. Judy sugeriu que o comprassem meio a meio e, diante do espanto de Jason e do resto da família, fez um cheque de seis algarismos. Havia trabalhado desde a adolescência sem poupar esforços, sabe investir seu dinheiro e é frugal. Jason ganhou na loteria com essa garota, mas ela não quer se casar até que ele pare de fumar.

AS MÃES BUDISTAS

⁂

Fu e Grace não haviam adotado Sabrina, não pensaram que fosse indispensável, mas então o antigo parceiro de Jennifer saiu da prisão, onde fora parar por alguma trapaça, e manifestou a intenção de ver sua filha. Nunca aceitou fazer um exame de sangue para provar sua duvidosa paternidade, e de qualquer forma já havia perdido seus direitos sobre ela, mas sua voz ao telefone deixou as mães alertas. O homem pretendia levar a menina nos fins de semana, o que não estavam dispostas a permitir, mesmo que ele fosse o pai, por causa de sua ficha policial e seu estilo de vida, que não lhes oferecia nenhuma confiança. Decidiram, então, que havia chegado o momento de legalizar a situação de Sabrina.

Isso coincidiu com a morte do pai de Grace, de 75 anos, que havia fumado a vida inteira, tinha os pulmões arruinados e acabara num hospital, ligado a uma máquina para respirar. Vivia no Oregon, o único estado do país onde ninguém invoca a lei quando um doente sem perspectiva escolhe o momento de morrer. O pai de Grace calculou que continuar vivendo daquele jeito custava uma fortuna e não valia a pena. Chamou os filhos, que vieram de longe e, através de seu computador, explicou que o encontro era para ele se despedir.

— Para onde vai, papai?

— Para o céu, se me deixarem entrar — escreveu na tela.
— E quando pensa morrer? — perguntaram divertidos.
— Que horas são? — quis saber o paciente.
— Dez.
— Digamos ao meio-dia. O que vocês acham?

E ao meio-dia exato — depois de se despedir de cada um de seus surpresos descendentes e consolá-los com a idéia de que essa solução convinha a todos, começando por ele mesmo, porque não pensava passar anos ligado a uma máquina de respirar e porque tinha uma grande curiosidade em ver o que há do outro lado da morte — se desconectou e se foi, feliz.

Para a adoção de Sabrina, uma juíza veio de San Francisco, diante de quem nos apresentamos em família. Da porta de uma sala da prefeitura, vimos um longo corredor por onde vinha essa neta milagrosa caminhando pela primeira vez sem ajuda de um andador. Sua figura miúda avançava com imensa dificuldade por esse caminho eterno de lajotas, seguida pelas mães, que a vigiavam sem tocá-la, prontas para intervir em caso de necessidade. "Não disse que ia caminhar?", nos desafiou Sabrina com a expressão de orgulho com que celebra cada conquista de sua tenacidade. Tinham-na vestido para festa, com fitas no cabelo e sapatilhas cor-de-rosa. Ela nos cumprimentou sem se abalar pela emoção de Willie, posou para as fotos, agradeceu a presença da tribo e anunciou, solene, que desse momento em diante seu nome era Sabrina e o sobrenome o de Jennifer, seguido pelos de suas mães adotivas. Depois se virou para a juíza e acrescentou: "Quando a gente se vir de novo, serei uma atriz famosa." E todos tivemos a certeza de que assim seria.

Sabrina, criada no refúgio macrobiótico e espiritual do Centro de Zen-Budismo, só deseja ser estrela de cinema, e seu prato favorito é um hambúrguer malpassado. Não sei como consegue que a convidem todo ano para a cerimônia dos Prêmios da Academia em

Hollywood. Na noite do Oscar, nós a vemos na televisão sentada na galeria com uma caderneta na mão, onde mantém em dia os dados das celebridades. Está treinando para o momento em que seja ela a percorrer o tapete vermelho.

Fu e Grace já não são um casal, depois de o terem sido por mais de uma década, mas continuam unidas por Sabrina e por uma amizade tão duradoura que não vale a pena se separarem. Ajeitaram a casinha de bonecas que têm nos fundos dos budistas, endereço muito cobiçado, porque sempre há postulantes para uma existência contemplativa nesse remanso de espiritualidade. Dividiram o espaço, com um quarto no meio para Sabrina e elas ocupando os extremos. É preciso passar por cima dos móveis e dos brinquedos esparramados nessas peças diminutas, que, além de tudo, compartilham com Mack, um desses cachorrões treinados para cegos, que conseguiram para Sabrina. Ela gosta muito dele, mas não precisa de sua ajuda, se vira sozinha.

Levaram um ano de rigorosa burocracia para obter Mack e tiveram de fazer um curso para se comunicar com ele — e depois foram avisadas de que receberiam visitas-surpresa de um fiscal, porque, se não o tratassem bem, eles o levariam. Finalmente chegou um labrador esbranquiçado, com olhos como uvas e mais esperto que a maioria das pessoas. Um dia, Grace o levou a seu hospital para que a seguisse em sua ronda pelos quartos e viu que até os moribundos se animavam na presença de Mack. Havia um paciente psicótico, mergulhado em seu inferno pessoal durante muito tempo, que tinha uma mão disforme, sempre escondida num bolso. O cachorro entrou em seu quarto abanando o rabo, apoiou sua cabeçona de fera mansa nos joelhos do infeliz, farejou o bolso do homem, até que ele tirou a mão, que tanto o envergonhava, e Mack começou a lambê-la. Talvez ninguém tivesse tocado o doente dessa maneira. Os olhos dele cruzaram com os de Grace e, por um instante, ela pensou que ele saía da prisão onde estava e chegava à luz. Desde então o cachorro está muito ocupado no hospital, onde lhe penduraram um crachá de VOLUNTÁRIO no pescoço e o mandam fazer a ronda. Os pacientes escondem os biscoitos da janta para dá-los a Mack, que acabou ficando barrigudo. Comparada com esse bicho, minha Olivia não é mais que um monte de pêlos com o cérebro de uma mosca.

Enquanto Grace e o cachorro trabalham no hospital, Fu continua a cargo do Centro de Zen-Budismo, onde acho que algum dia será abadessa, embora ela jamais tenha demonstrado interesse por esse posto. Essa mulher imponente, com a cabeça raspada e as vestes de um monge japonês, sempre me causa o mesmo impacto da primeira vez que a vi. Fu não é a única singular em sua família. Tem uma irmã cega, que se casou cinco vezes, teve onze filhos e apareceu na televisão porque, aos 63 anos, deu à luz o número doze, um menino grande e gordo, que apareceu na televisão agarrado ao seio flácido de sua mãe. O último marido é 22 anos mais jovem que ela, por isso essa senhora atrevida recorreu à ciência e engravidou numa idade em que outras mulheres tricotam para os bisnetos. Quando os repórteres lhe perguntaram por que havia feito isso, respondeu: "Para que faça companhia a meu marido quando eu morrer." Achei muito nobre de sua parte, porque prefiro que Willie passe mal e tenha saudades de mim, quando eu morrer.

O ANÃO PERVERTIDO

⁓∾⁓

Um dia desses nos convidaram para um coquetel em San Francisco e fui de má vontade; concordei só porque Willie me pediu. Um coquetel é uma prova terrível para qualquer um, Paula, mas é pior para as pessoas de minha estatura, principalmente num país de gente alta; seria muito diferente na Tailândia. É prudente evitar esses eventos, porque os comensais estão de pé, amontoados, sem ar, com um copo numa mão e algum *hors-d'œuvre* impossível de identificar na outra. De salto alto, alcanço o esterno das mulheres e o umbigo dos homens; os garçons passam com as bandejas por cima da minha cabeça. Medir um metro e meio não tem vantagem alguma, exceto que é fácil recolher o que cai no chão e que, na época da minissaia, dava para me vestir com quatro gravatas de teu pai. Enquanto Willie, rodeado de admiradoras, devorava lagostins do bufê e contava histórias de sua juventude, quando deu a volta ao mundo dormindo em cemitérios, eu me entrincheirei num canto para que não me pisoteassem. Nesses eventos não posso comer nada porque caem migalhas próprias e alheias que voam em minha direção. Um cavalheiro dos mais amáveis se aproximou de mim e, ao olhar para baixo, conseguiu me distinguir na estampa do tapete. Do seu topo anglo-saxão, ofereceu um copo de vinho.

— Oi, sou David, muito prazer.

— Isabel. O prazer é meu — me apresentei, examinando o copo com apreensão; a mancha de vinho tinto não sai da seda branca.

— O que você faz? — ele puxou conversa.

Isso se presta a várias respostas. Poderia ter dito a ele que estava ali, caladinha, maldizendo meu marido por ter me levado àquela chatice, mas optei por algo menos filosófico.

— Sou romancista.

— Ora! Que interessante! Quando eu me aposentar, vou escrever um romance — disse.

— Não me diga! E trabalha em quê, agora?

— Sou dentista.

E me deu seu cartão.

— Quando eu me aposentar, vou arrancar dentes — respondi.

Qualquer um diria que escrever romances é como plantar gerânios. Passo dez horas por dia, cravada numa cadeira, revirando mil e uma vezes as frases para poder contar alguma coisa na melhor forma possível. Sofro com os assuntos, me envolvo pra valer com os personagens, pesquiso, estudo, corrijo, edito, reviso traduções e, além disso, ando pelo mundo promovendo meus livros com a tenacidade de um vendedor ambulante.

No carro, de volta para casa, atravessando a magnífica Golden Gate, iluminada pela lua cheia, contei a Willie, rindo como uma hiena, o que o dentista tinha me dito. Mas meu marido não achou graça.

— Eu não penso esperar a aposentadoria. Logo vou começar a escrever meu próprio romance — anunciou.

— Minha nossa! Tem gente que não paga imposto pra ser petulante. E dá pra saber do que vai tratar seu livrinho? — perguntei.

— De um ano obcecado por sexo.

Pensei que, finalmente, meu marido começava a captar o senso de humor chileno, mas ele falava a sério. Alguns meses mais tarde, começou a escrever à mão num papel pautado amarelo. Andava com um bloco de notas embaixo do braço e mostrava os textos a quem quisesse ver, menos a mim. Escrevia nos aviões, na cozinha, na cama, enquanto eu o ridiculariza sem piedade. Um anão pervertido! Que idéia brilhante! O otimismo irracional, que tanto serviu a Willie em sua existência, uma vez mais o manteve em campo, e ele pôde ignorar o sarcasmo chileno, que é como esses tsunamis que arrastam tudo à sua passagem. Pensei que sua ânsia literária se evaporaria quando provasse as dificuldades do ofício, mas nada o deteve.

Por fim, terminou o romance, abominável, em que um amor frustrado, um caso judicial e um anão se misturam, confundindo o leitor, que não consegue saber se está diante de um romance, das memórias de um advogado ou de um rosário de fantasias hormonais de um adolescente reprimido. As amigas que o leram foram muito francas com Willie: devia eliminar o maldito anão e talvez assim pudesse salvar o resto do livro, se o reescrevesse com mais cuidado. Os amigos o aconselharam a eliminar o amor e se aprofundar na depravação do anão. Jason lhe disse que esquecesse o amor, os tribunais e o anão, e escrevesse alguma coisa situada no México.

Comigo aconteceu algo inesperado: o romance ruim aumentou minha admiração por Willie, porque no processo pude apreciar mais do que nunca suas virtudes essenciais: fortaleza e perseverança. Como aprendi alguma coisa nesses anos que levo escrevendo — pelo menos aprendi a não repetir os mesmos erros, embora sempre invente outros novos —, ofereci a meu marido meus serviços de editora. Willie aceitou meus comentários com uma humildade que ele não tem em outros aspectos da vida e reescreveu o original, mas me pareceu que essa segunda versão também apresentava problemas fundamentais. A escrita é como o ilusionismo: não basta tirar coelhos da cartola, é preciso fazê-lo com elegância e de maneira convincente.

ORAÇÕES

Com uma avó como a minha, que me iniciou cedo na idéia de que o mundo é mágico e tudo mais são ilusões de grandeza dos homens — já que não controlamos quase nada, sabemos muito pouco e basta dar uma olhada na História para compreender as limitações da razão —, não é estranho que tudo me pareça possível. Há milhares de anos, quando ela estava viva e eu era uma criança assustada, essa boa senhora e suas amigas me incluíam em suas sessões de espiritismo, obviamente sem que minha mãe soubesse. Botavam duas almofadas sobre uma cadeira para que eu alcançasse a borda da mesa, a mesma mesa de carvalho com pernas de leão que hoje está comigo. Embora eu fosse muito pequena e não tenha lembranças, mas fantasias, vejo a mesa pulando sob a influência das almas invocadas por aquelas damas; no entanto, aqui ela nunca se mexeu: está em seu lugar, pesada e definitiva como um boi morto, cumprindo as funções modestas dos móveis comuns.

O mistério não é um recurso literário, sal e pimenta para meus livros, como me acusam meus inimigos, mas parte da própria vida. Mistérios profundos, como o que mencionei de minha irmã da desordem, Jean, que andou descalça sobre brasas ardentes. "É uma experiência transformadora, porque não tem explicação racional ou científica. Nesse momento, soube que temos capacidades incríveis; tal como sabemos nascer, dar à luz e morrer, sabemos também responder às brasas ardentes que costumam aparecer em nosso caminho. Depois de passar por isso, tenho calma diante do futuro, posso enfrentar as piores crises se relaxo e deixo que o espírito me guie", disse. E foi isso que Jean fez quando o filho dela morreu em seus braços: caminhou sobre o fogo sem se queimar.

Nico me perguntou por que acredito em prodígios, sonhos, espíritos e outros fenômenos duvidosos; sua mente pragmática necessita de provas mais contundentes que as histórias de uma bisavó enterrada há mais de meio século, mas a imensidão do que não posso explicar me inclina ao pensamento mágico. Milagres? Acho que acontecem a todo instante, como o fato de nossa tribo continuar navegando no mesmo barco. Mas, segundo teu irmão, Paula, são apenas uma mistura de percepção, oportunidade e desejos de acreditar.

Em compensação, você tinha a mesma ansiedade espiritual de minha avó e, diante dos milagres, procurava explicação na fé católica, porque se criou nela. Muitas dúvidas a atormentavam. A última coisa que me disse, antes de entrar em coma, foi: "Ando em busca de Deus e não o encontro. Te amo, mamãe." Gosto de pensar que você já o encontrou, filha, e que talvez tenha tido uma surpresa, porque não era como esperava.

Aqui, neste mundo que você deixou para trás, os homens seqüestraram Deus. Criaram religiões absurdas, que não entendo como puderam sobreviver durante séculos e continuam se expandindo. São implacáveis: pregam amor, justiça e caridade, e, para se impor, cometem atrocidades. Os senhores muito importantes que propagam essas religiões julgam, castigam, franzem o cenho diante da alegria, do prazer, da curiosidade e da imaginação. Muitas mulheres de minha geração tiveram que inventar uma espiritualidade que nos sirva, e, se você tivesse vivido mais, talvez tivesse feito a mesma coisa, porque os deuses do patriarcado definitivamente não nos convêm: fazem a gente pagar pelas tentações e pecados dos homens. Por que nos temem tanto? Gosto da idéia de uma divindade compreensiva e maternal, ligada à natureza, sinônimo de vida, um processo eterno de renovação e evolução. Minha Deusa é um oceano, e nós somos gotas de água, mas o oceano existe por causa das gotas que o formam.

Meu amigo Miki Shima pratica o antigo xintoísmo do Japão, religião que proclama que somos criaturas perfeitas, criadas pela Deusa Mãe para viver com alegria; nada de culpa, penitências, inferno, pecado, carma, nem necessidade alguma de sacrifícios. A vida é para ser celebrada. Faz alguns meses, Miki foi a Osaka fazer um treinamento xintoísta de dez dias com uma centena de japoneses e quinhentos brasileiros, que chegaram lá numa agitação de carnaval. A função começava às quatro da madrugada com cânticos. Quando os mestres e mestras diziam à multidão, congregada naquele imenso e simples templo de madeira, que cada um deles era perfeito, os japoneses faziam uma reverência e agradeciam, enquanto os brasileiros uivavam e dançavam de felicidade, como num gol do Brasil na Copa do Mundo.

Toda manhã, Miki sai ao jardim, faz uma reverência e saúda com um rápido cântico o novo dia e os milhões de espíritos que o habitam, depois entra em casa, come sushi, toma uma sopa de ervas e vai para o consultório, rindo no carro. Uma vez, uma patrulha o deteve, porque os policiais acharam que ele estava bêbado. "Não estou bêbado, mas fazendo minha prática espiritual", explicou Miki. Os policiais pensaram que ele estava gozando com a cara deles. A alegria é suspeita.

Há pouco, fui com Lori ouvir um teólogo cristão irlandês. Apesar dos obstáculos de seu sotaque e da minha ignorância, aproveitei alguma coisa da conversa, que começou com uma rápida meditação. O homem pediu ao público que fechássemos os olhos, relaxássemos, nos conscientizássemos da respiração, enfim, o de sempre nesses casos, e depois pensássemos em nosso lugar favorito — eu escolhi um tronco em tua mata, Paula — e numa figura que se aproximasse e se sentasse diante de nós. Devíamos mergulhar no olhar infinito daquele ser que nos amava tal como éramos, com defeitos e virtudes, sem nos julgar. Esse, disse o teólogo, era o rosto de Deus. A mim se apresentou uma mulher de uns sessenta anos, uma africana rotunda: carne firme e sorriso puro, olhos travessos, a pele brilhante e lisa como mogno polido, cheirando a fumaça e mel, uma presença tão poderosa que até as árvores se inclinavam em sinal de reverência. Ela me olhava como eu olhava você, Nico e meus netos quando eram pequenos: com total aceitação. Eram perfeitos, desde as orelhas transparentes até seu cheiro de fralda usada, e desejava que permanecessem para sempre fiéis à sua essência, protegê-los de todo mal, pegá-los pela mão e guiá-los até que aprendessem a caminhar sozinhos. Esse amor era só felicidade e celebração, embora contivesse a angústia de saber que cada instante transcorrido os mudava um pouco e os afastava de mim.

Finalmente puderam fazer os exames em meus netos para averiguar se têm porfiria. Minhas irmãs da desordem na Califórnia, e Pía e minha mãe, no Chile, havia anos rezavam por minha família, enquanto eu me perguntava se isso servia para alguma coisa. Foram feitos testes, o mais rigorosamente possível, e as conclusões são ambíguas, não há certeza de que a oração surta efeito, o que deve ser um golpe baixo para os que dedicam suas vidas a rezar pelo bem da humanidade. Mas isso não conseguiu desanimar minhas irmãs da desordem nem a mim. Rezamos, por via das dúvidas.

Lucille, a mãe de Lori, teve diagnosticado um câncer de mama justamente quando eu andava numa turnê pela terra do extremismo cristão, o sul profundo dos Estados Unidos. Também nesse momento, Willie voava com um amigo ao longo da América Latina num aviãozinho que não era mais que uma libélula de latão, numa aventura de lunáticos, da Califórnia até o Chile.

Há quarenta milhões de norte-americanos que se declaram cristãos renascidos — *borns again Christians* —, e a maioria vive no centro e no sul do país. Minutos antes de minha conferência, uma garota se aproximou e se ofereceu para rezar por mim. Pedi a ela que, em vez disso, rezasse por Lucille, que nesse dia estava no hospital, e por Willie, meu marido, que podia perder a vida em algum despenhadeiro nos Andes. Ela me pegou as mãos, fechou os olhos e começou uma ladainha em voz alta, atraindo outras pessoas, que se uniram ao círculo, invocando Jesus, cheios de fé, com os nomes de Lucille e Willie em cada frase. Depois da conferência, telefonei para Lori para perguntar como estava a mãe dela, e soube que a cirurgia não havia se realizado porque, antes de entrar no centro cirúrgico, ela fora examinada e não encontraram o tumor. Nessa manhã, submeteram-na a oito mamografias e uma ecografia. Nada. O cirurgião, que já tinha as luvas calçadas, decidiu adiar a intervenção para o dia seguinte e encaminhou Lucille a outro hospital para uma ressonância magnética. Lá também não encontraram o câncer. Não havia explicação alguma, porque dias antes uma biópsia o havia confirmado. Isso teria sido, com certeza, um milagre da oração se, duas semanas mais tarde, o tumor não tivesse reaparecido. Lucille foi operada de qualquer forma. No entanto, nesse mesmo dia, quando Willie voava sobre o Panamá, houve uma mudança de pressão no ar e o aviãozinho desceu bruscamente dois mil metros em poucos segundos. A habilidade do amigo de Willie, que pilotava esse frágil inseto mecânico, salvou-os por um triz de uma morte espetacular. Ou foram as boas intenções daqueles cristãos?

Apesar das orações de minhas amigas e de tudo que te pedi, Paula, os resultados dos exames de Andrea e Nicole foram ruins. Como você mesma pôde comprovar da maneira mais dolorosa, essa condição é muito mais séria nas mulheres que nos homens, já que as inevitáveis mudanças hormonais podem provocar uma crise. Teremos que viver com o medo de que aconteça outra tragédia na família. Nico me lembrou que isso não debilita a pessoa nem a impede de ter uma vida normal, apenas aumenta o risco diante de certos estímulos, que podem ser evitados. Teu caso foi uma combinação de circunstâncias e erros, uma terrível falta sorte. "Tomaremos precauções sem exagerar", teu irmão disse. "Isto é um inconveniente, mas tem algo positivo: as meninas aprenderão a se cuidar e será um bom pretexto para mantê-las sempre por perto. Essa ameaça nos unirá mais." Ele me garantiu que, com os avanços da medicina, as meninas teriam saúde, filhos e vida longa; as pesquisas em engenharia genética poderão evitar que a porfiria passe à próxima geração. "É muito menos sério que a diabetes e outras doenças hereditárias", concluiu.

Nessa época, minha relação com Nico havia superado os obstáculos dos anos anteriores: cortáramos o cordão umbilical sem perder o carinho. Tínhamos a intimidade de sempre, mas eu havia aprendido a respeitá-lo e procurava honestamente não incomodá-lo. Meu amor por meus três netos era uma verdadeira obsessão e me custou muitos anos aceitar que essas crianças não eram minhas, mas de Nico e Celia. Não sei como demorei tanto a aprender o óbvio, coisa que todas as avós do mundo sabem, sem necessidade de que um psiquiatra lhes ensine.

Teu irmão e eu fomos juntos à terapia por um tempo e chegamos a fazer contratos escritos para estabelecer certos limites e regras de convivência, embora não pudéssemos ser rigorosos demais. A vida não é uma fotografia, em que a gente organiza as coisas para ficarem bem à vista e depois fixa a imagem para a posteridade; é um processo sujo, desordenado, rápido, cheio de imprevistos. A única coisa certa é que tudo muda. Apesar dos contratos, surgiram problemas inevitáveis, de modo que era inútil nos preocuparmos, discutir demais ou tentar controlar até o último detalhe; tínhamos que nos abandonar ao fluxo da existência cotidiana, confiando na sorte e em nosso bom coração, porque nenhum dos dois feria o outro de propósito. Se eu falhava — e falhava com freqüência —, ele me dizia com sua gentileza característica e assim não nos distanciávamos de novo. Faz muitos anos que nos vemos quase todo dia, mas sempre me surpreende esse homem alto, musculoso, grisalho e com ar de paz. Se não fosse pela inegável semelhança com seu avô paterno, suspeitaria a sério que foi trocado no hospital ao nascer e que, em algum lugar, existe uma família com um filho rechonchudo e explosivo que carrega meus genes.

Sua vida melhorou ao deixar o emprego que teve por anos. A empresa decidiu trabalhar com a mão-de-obra da Índia, onde o custo era menor, e demitiu seus funcionários, menos Nico, porque ele podia coordenar os programas com o escritório em Nova Déli, mas Nico preferiu sair em solidariedade aos colegas. Conseguiu um trabalho por algumas horas diárias num banco de San Francisco e, além disso, começou a fazer transações na bolsa de valores com bastante acerto. Tem feeling e sangue-frio. Lori e eu havíamos sugerido isso havia bastante tempo, mas não lhe esfregamos na cara, pelo contrário, perguntamos como tinha tido idéia tão boa. Ele nos fulminou com um de seus olhares que trincam os vidros.

O DRAGÃO DE OURO

◈

O auge do movimento evangélico me deu o tema do segundo volume da trilogia. A direita cristã, que os republicanos mobilizaram no ano 2000 com muito sucesso para ganhar as eleições presidenciais, sempre foi muito numerosa, mas não havia determinado a política deste país, que tem uma sólida vocação secular. Durante a presidência de George W. Bush, os evangélicos conseguiram menos do que tinham planejado, mas mesmo assim as mudanças eram grandes. Em muitas instituições educacionais já não se menciona a teoria da evolução, mas do "designer inteligente", eufemismo para a explicação bíblica da Criação. Dizem que o mundo tem dez mil anos de idade, e qualquer evidência do contrário é heresia. Os guias no cânion do Colorado devem ser prudentes ao informar aos turistas que dois bilhões de anos de história natural podem ser lidos nas camadas geológicas. Se se descobrem vinte fósseis de animais marinhos do tamanho de um ônibus na Noruega, anteriores aos dinossauros, os crentes atribuem o fato a uma conspiração de ateus e liberais. Eles se opõem ao aborto e a qualquer forma de controle da natalidade, fora a abstinência, mas não se mobilizam contra a pena de morte ou a guerra. Vários pregadores batistas insistem na submissão da mulher ao homem, apagando num piscar de olhos um século de luta feminista. Milhares de famílias educam seus filhos em casa para evitar que se contaminem com idéias seculares nas escolas públicas, e depois esses jovens freqüentam universidades cristãs. Setenta por cento dos funcionários na Casa Branca durante a administração Bush provêm dessas universidades. Espero que não se tornem os dirigentes políticos do futuro.

Meus netos vivem na bolha da Califórnia, onde tudo isso é uma curiosidade, como a poligamia de alguns mórmons em Utah, mas estão a par porque ouvem as conversas dos adultos da família. Eu os coloquei para pensar numa filosofia de inclusão, uma forma depurada de espiritualidade oposta ao fundamentalismo de qualquer tendência. Não tinha idéias claras, mas fui aperfeiçoando-as nas conversas com eles e nas caminhadas com Tabra, que nesses meses fazíamos quase diariamente, porque ela ainda estava passando pela longa dor de ter perdido o pai. Lembrava poesias completas e nomes de plantas e flores que ele lhe havia ensinado na infância.

— Por que não o vejo como você vê Paula? — se perguntava.

— Não vejo Paula, mas sinto-a dentro de mim, imagino que me acompanha.

— Eu nem sonho com ele...

Falávamos dos livros de que ele gostava e de outros que não pôde indicar, por causa da censura, no colégio onde trabalhava. Livros, sempre livros. Tabra engolia as lágrimas e se enchia de entusiasmo quando falávamos de meu próximo romance. Ela pensou que o modelo para o país mítico que eu desejava podia ser o Butão, ou o Reino do Dragão do Trovão, como seus habitantes o chamam, que ela visitara em sua trajetória de peregrina incansável. Trocamos o nome para Reino do Dragão de Ouro e ela propôs que o dragão fosse uma estátua mágica capaz de prever o futuro. Gostei da idéia de que cada livro estivesse situado numa cultura e num continente distintos, e, para imaginar o local, me inspirei na viagem que fizemos à Índia e outra ao Nepal, cumprindo uma promessa que há anos fizera a você, Paula. Você achava que a Índia é uma experiência psicodélica, e foi mesmo, na verdade. Me aconteceu a mesma coisa na Amazônia ou na África: pensei que o que tinha visto era tão estranho à minha realidade, que nunca poderia utilizar num livro, mas as sementes germinaram dentro de mim e os frutos apareceram finalmente na trilogia juvenil. Como diz Willie, tudo se usa, cedo ou tarde. Se não tivesse conhecido essa parte do mundo, não poderia ter criado a cor, as cerimônias, a roupa, a paisagem, as pessoas, a comida, a religião ou a forma de vida.

Mais uma vez a ajuda de meus netos foi muito valiosa. Inventamos uma religião tirando idéias do budismo tibetano, do animismo e de livros de fantasia que eles haviam lido. Andrea e Nicole freqüentam um colégio católico bastante liberal, em que a busca da verdade, a transformação espiritual e o serviço ao próximo são mais importantes que o dogma. Minhas netas aterrissaram lá sem nenhuma instrução religiosa. Na primeira semana, Nicole teve de explicar o pecado original numa tarefa de casa.

— Não tenho idéia do que é isso — disse.

— Te dou uma dica, Nicole: vem da história de Adão e Eva — Lori disse.

— E esses quem são?

— Acho que o pecado tem a ver com uma maçã — interrompeu Andrea, sem muita convicção.

— Mas as maçãs não são boas pra saúde? — rebateu Nicole.

Esquecemos o pecado original e nos sentamos para falar da alma, e assim se definiu a espiritualidade do Reino do Dragão de Ouro. As meninas se sentiam atraídas pela idéia de cerimônias, rituais, tradição, e Alejandro pela possibilidade de desenvolver capacidades paranormais, como telepatia e telecinesia. A partir disso, comecei a escrever, e, cada vez que me falhava a inspiração, eu me lembrava da ayahuasca e de minha própria infância, ou voltava a Tabra e às crianças. Andrea contribuiu no planejamento do enredo e Alejandro imaginou os obstáculos que protegiam a estátua do dragão: labirinto, venenos, cobras, armadilhas, facas e lanças que caíam do teto. Os pés-grandes foram criação de Nicole, que sempre desejou conhecer um desses supostos gigantes das neves eternas. E Tabra contribuiu com os "homens azuis", uma seita criminosa de que ouviu falar numa viagem ao norte da Índia.

Com minha sensacional equipe de colaboradores, terminei o segundo romance juvenil em três meses e decidi que, no tempo que sobrava, revisaria um livrinho sobre o Chile. O título, *Meu país inventado*, deixava claro que ele não tinha objetividade científica, que era minha visão subjetiva. Com a distância do tempo e a da geografia, minhas lembranças do Chile estão cobertas por uma pátina dourada, como esses retábulos antigos das igrejas coloniais. Minha mãe, que leu a primeira versão, temia que o tom irônico do livro caísse como uma pedrada no Chile, onde, na melhor das hipóteses, os críticos me desancam. "Este é um país de bobalhões sérios", me avisou, mas eu sabia que não devia ser assim. Uma coisa são os literatos e outra somos nós, os chilenos sem pretensões intelectuais, que, ao longo dos séculos, desenvolveram um perverso senso de humor para sobreviver nessa terra de cataclismos.

No meu tempo de jornalista, aprendi que nada nos diverte mais que gozar de nós mesmos, embora jamais suportemos que um estrangeiro faça isso. Não me enganei, porque um ano mais tarde meu livro foi publicado sem que ninguém me atirasse tomates em público. Além do mais, foi pirateado. Dois dias depois de sua publicação, apareceram nas ruas do centro de Santiago pilhas da edição pirata, oferecida por um quarto do preço oficial, com montes de discos, vídeos e imitações de óculos e bolsas de grife. Do ponto de vista moral e econômico, a pirataria é um desastre para as editoras e para os autores, mas, de certa forma, também é uma honra, porque significa que há muitos leitores interessados e que os pobres podem comprar o livro. O Chile está em dia com o progresso. Na Ásia, os livros de Harry Potter são pirateados de maneira tão descarada que já está na rua um volume que a autora ainda não criou. Quer dizer, há uma chinesinha em algum sótão empoeirado escrevendo como J. K. Rowling, mas sem glória.

O Chile dos meus amores é o da minha juventude, quando você e seu irmão eram crianças, quando eu estava apaixonada por seu pai, trabalhava como jornalista e vivíamos apertados numa casinha pré-fabricada de telhado de palha. Nessa época, parecia que nosso destino estava bem planejado e que nada de ruim poderia nos acontecer. O país estava mudando. Em 1970, Salvador Allende foi eleito presidente e houve uma explosão política e cultural, o povo saiu às ruas com uma sensação de poder que nunca tivera antes, os jovens pintavam murais socialistas, o ar estava cheio de canções de protesto. O Chile se dividiu e as famílias se dividiram também, como a nossa. Tua Granny marchava à frente dos protestos contra Allende, mas desviava a coluna de manifestantes para que não passassem diante de nossa casa para nos atirar pedras. Além disso, essa foi a época da revolução sexual e do feminismo, que afetaram a sociedade quase mais que a política e que para mim foram fundamentais.

Então, aconteceu o golpe militar de 1973 e se desencadeou a violência, destroçando o pequeno mundo em que nos sentíamos seguros. Como teria sido nosso destino sem esse golpe militar e os anos de terror que vieram depois? O que teria acontecido se tivéssemos ficado no Chile da ditadura? Nunca teríamos vivido na Venezuela, você não teria conhecido Ernesto, nem Nico teria conhecido Celia, talvez eu não tivesse escrito livros, nem tivesse tido a chance de me apaixonar por Willie, e hoje não estaria na Califórnia. Esses devaneios são inúteis. A gente faz a vida caminhando sem mapa, e não há como voltar atrás. *Meu país inventado* é uma homenagem ao território mágico do coração e das lembranças, ao país pobretão e amigável onde você e Nico passaram os anos mais felizes da infância.

O segundo volume da trilogia para jovens já estava nas mãos de vários tradutores, mas eu não conseguia me concentrar no livro sobre o Chile porque um sonho recorrente não me deixava em paz. Sonhava que havia um bebê num porão labiríntico, atravessado por encanamentos e fiações, como o da casa de meu avô, onde passei tantas horas de minha infância, entretida com brinquedos solitários. Eu podia chegar até a criança, mas não podia levá-la para a luz. Contei a Willie e ele me lembrou que sonho com bebês apenas quando estou escrevendo; sem dúvida, tinha a ver com o novo livro. Como temi que se referisse a *O reino do dragão de ouro*, revisei uma vez mais o manuscrito, mas nada me chamou a atenção. Esse sonho recorrente continuou me incomodando durante semanas, até que me mandaram a tradução inglesa e pude lê-la com o distanciamento provocado por outro idioma. Foi então que me dei conta de que havia um problema fatal no enredo: eu supusera que os protagonistas, Alexander e Nádia, possuíam certa informação que não havia maneira de terem obtido e que determinava o final. Tive de pedir de volta o manuscrito a meus tradutores e mudar um capítulo inteiro. Sem aquela criança presa num subterrâneo emaranhado, que me encheu a paciência uma noite depois da outra, esse erro teria me escapado.

MISSÃO DESASTROSA

⁓∞⁓

O tema do terceiro volume de minha trilogia juvenil surgiu espontaneamente, durante uma marcha pela paz em que toda a minha família participou, depois de assistir ao culto dominical numa igreja metodista famosa em San Francisco: a Glide Memorial Church. Ali ocorre uma mistura de budistas, católicos, judeus, protestantes, agnósticos, e um e outro muçulmano desejosos de participar de uma celebração com mais cantos e abraços do que rezas. O pastor é um afro-americano sensacional, capaz de balançar os corações com seu entusiasmo para pregar a paz, palavra que nesse momento tinha conotações antipatrióticas. A congregação inteira, de pé, aplaudiu até machucar as mãos e, no final do culto, muitos de nós foram às ruas para nos manifestar contra a guerra no Iraque.

Minha tribo — incluindo Celia, Sally e Tabra — se encontrou em meio a uma multidão. As crianças tinham pintado cartazes. Eu segurava Andrea, para não perdê-la na confusão, e Nicole ia montada nos ombros do pai. Era um dia ensolarado e as pessoas estavam festivas, talvez porque comprovamos que nós, os dissidentes, éramos muitos. No entanto, cinqüenta mil pessoas no centro de San Francisco não passam de uma pulga no lombo do império. Este país é um continente parcelado, é impossível medir a magnitude ou variedade das reações, porque cada estrato ou grupo social, étnico ou religioso é uma nação sob o amplo guarda-chuva dos Estados Unidos, "lar dos livres e terra de valentes". Isso de valentes parecia uma piada naquele momento, quando reinava o medo. Ernesto teve que raspar a barba para que não o descessem do avião cada vez que tentava viajar, porque qualquer um com aparência árabe, como ele tem, é suspeito. Me ocorre que os terroristas da Al-Qaeda foram os que mais se surpreenderam com o alcance do atentado. Pensavam fazer um buraco nas torres, nunca imaginaram que viriam abaixo. Imagino que, nesse caso, a reação teria sido menos histérica e o governo teria feito um cálculo mais realista do poder do inimigo. Tratava-se de grupos reduzidos de guerrilheiros numas cavernas distantes, gente primitiva, fanática e desesperada, sem os recursos para intimidar os Estados Unidos.

O cartaz que Andrea fez dizia: PALAVRAS, NÃO BOMBAS. Para uma garota que, aos 10 anos, começou a escrever seu primeiro romance, as palavras eram, sem dúvida, poderosas. Perguntei a ela o que significava isso de palavras em vez de bombas e ela me contou que sua professora havia pedido à turma que propusessem formas de resolver os conflitos sem violência. Ela pensou em seu pai e em si mesma, que, quando era pequena, tinha crises fulminantes de raiva e atacava às cegas. "Tenho um touro dentro de mim", dizia depois, quando a fúria passava. Nesses momentos, Nico a segurava com suavidade pelos braços, se ajoelhava para olhá-la nos olhos e falava em tom pausado até que ela se acalmasse, sistema que, com algumas variações, ele sempre emprega em situações críticas. Fez um curso de comunicação sem violência e não só aplica ao pé da letra o que aprendeu, como se recicla a cada dois anos, para não falhar numa emergência. Ao chegar à puberdade, Andrea conseguiu controlar o touro e, desse modo, seu caráter mudou. "Já não me divirto chateando a minha irmã", confessou Alejandro, quando viu que não conseguia mais tirá-la do sério. Andrea tinha razão: as palavras podiam ser mais eficazes que os punhos. O tema do terceiro romance seria a doma do touro da guerra.

Meus netos e eu estendemos um mapa sobre a mesa de minha avó para ver onde situaríamos a última aventura de Alexander Cold e Nádia Santos. O Oriente Próximo parecia evidente, era o que víamos todos os dias no noticiário; no entanto, a mais brutal e extensa violência acontece na África, onde se cometem genocídios com impunidade. Seria, portanto, uma aventura numa aldeia africana isolada, onde um militar aloprado impõe o terror e escraviza os pigmeus. Não espremi nos miolos com o título: *A floresta dos pigmeus*.

Tabra, que nunca falha na hora da inspiração, me emprestou um livro com fotos de reis de tribos africanas, cada um com uma indumentária mais fantástica. A maioria exerce um poder simbólico e religioso, mas não político. Em alguns casos, sua saúde e fertilidade representavam a saúde e fertilidade do povo e da terra e, por isso mesmo, o despachavam com uma facada mal adoecia ou ficava velho, a menos que tivesse a delicadeza de se suicidar. Em certa tribo, o rei só durava sete anos no trono; a seguir, enviavam-no desta para uma melhor e seu sucessor comia seu fígado. Um dos monarcas se gabava de ter gerado 170 filhos, e outro aparecia com seu harém de mulheres jovens, todas grávidas, ele enfeitado com uma capa de pele de leão, penas e colares de ouro maciço, e elas, nuas. No livro, havia duas rainhas poderosas, que tinham seu próprio harém de garotas, mas o texto não explicava quem engravidava as concubinas neste caso.

Fiz muita pesquisa, mas quanto mais lia, menos sabia e mais se distanciavam os horizontes desse imenso continente de 900 milhões de pessoas distribuídas em 53 países e 500 etnias. Por fim, trancada na minha cabana, mergulhei na magia; assim cheguei, por via direta, a uma selva da África equatorial, onde alguns infelizes pigmeus tentavam se livrar de um rei psicopata com a ajuda de gorilas, elefantes e espíritos.

A escrita costuma ser profética. Meses depois da publicação de *A floresta dos pigmeus*, um coronel tão selvagem como o de meu livro se apoderou de uma região ao norte do Congo, numa floresta pantanosa, onde mantinha a população aterrorizada e estava exterminando os pigmeus para apoiar o tráfico de diamantes, ouro e armas. Inclusive falava-se em canibalismo, coisa que não me atrevi a incluir no livro por consideração a meus jovens leitores.

IEMANJÁ E A FERTILIDADE

~~~

A primavera de 2003 desatou um desejo frenético de reprodução em minha família. Lori e Nico, Ernesto e Giulia, Tong e Lili, todos queriam ter filhos, mas, por uma estranha coincidência, nenhum podia alcançar essa aspiração pelos meios habituais e necessitavam recorrer aos inventos da ciência e da tecnologia, métodos caríssimos que coube a mim financiar. Tinham me avisado no Brasil que eu pertencia a Iemanjá; uma das virtudes da deusa é a fertilidade: as mulheres que desejam ser mães pedem ajuda a ela. Havia tantas drogas de fecundação, hormônios e esperma suspensos no ar, que eu também tive medo de ficar grávida.

Um ano antes eu havia consultado secretamente uma astróloga, porque meus sonhos falharam. Sempre soube quantos filhos e netos ia ter, eu os sonhei até com nomes; no entanto, desta vez, por mais que eu me esforçasse, nenhuma visão noturna veio me dar uma dica a respeito desses três casais. Não conheço a astróloga, apenas tenho seu telefone no Colorado, mas confio nela porque, sem nunca nos termos visto, ela conseguiu descrever minha família como se fosse a dela. Ela só não fez o mapa astral de Nico porque não lembro a que horas ele nasceu e também porque ele se nega a me mostrar sua certidão de nascimento, mas a mulher me disse que este filho era o meu melhor amigo e que havia sido casada com ele numa reencarnação anterior.

Logicamente, ele nem quer ouvir falar dessa possibilidade horrorosa e por isso me esconde a certidão. Teu irmão, Paula, não acredita na reencarnação porque matematicamente é impossível, e menos ainda em astrologia, claro, mas considera que nunca é demais tomar precauções. Eu também não acredito de pés juntos, mas não é preciso a gente se fechar diante de um mistério tão útil para a literatura.

— Como explica que essa mulher saiba tanto de mim? — perguntei a Nico.

— Procurou na internet ou leu *Paula*.

— Se ela investigasse cada cliente para trapacear, necessitaria de uma equipe de assistentes e teria que cobrar muito mais caro. Ninguém conhece Willie e ele não aparece na internet, mas ela o descreveu fisicamente. Disse que era alto, de costas largas, pescoço grosso, bonito.

— Isso é muito subjetivo.

— Que subjetivo, Nico! De meu irmão Juan ninguém diria que é alto, de costas largas, com pescoço grosso e que é bonito.

Enfim, não ganho nada discutindo essas coisas com teu irmão. O caso é que a astróloga já me dissera que Lori não poderia ter filhos próprios, mas "seria mãe de várias crianças". Eu interpretei isso como ela sendo mãe de meus netos, mas pelo visto havia outras possibilidades. De Ernesto e Giulia disse que não tentassem até a primavera do ano seguinte, quando as estrelas estariam na posição ideal, porque antes o esforço daria em nada. Tong e Lili, em troca, teriam que aguardar muito mais, e ainda assim não era certo que o bebê fosse deles, poderia ser adotado. Ernesto e Giulia decidiram obedecer às estrelas e, com a chegada da primavera de 2004, começaram o tratamento de fertilidade. Cinco meses depois, Giulia ficou grávida, inflou como um dirigível e logo soube que esperava duas meninas.

Um dia, estávamos num restaurante com Juliette, Giulia e Lori comentando o fato de que a metade das mulheres jovens que conhecíamos, inclusive a cabeleireira e a professora de ioga, estava grávida ou tinha acabado de dar à luz.

— Lembra que propus ter um bebê para você, Isabel? — disse Juliette.

— Sim. E eu te respondi que nem louca teria uma criança nesta idade.

— Eu tinha dito que só faria isso por você, mas agora penso que também faria por Lori.

Houve um minuto de silêncio na mesa enquanto as palavras de Juliette abriram caminho até o coração de Lori, que desatou a chorar quando compreendeu o que aquela amiga acabava de lhe oferecer. Não sei o que o garçom pensou, mas nos trouxe torta de chocolate por iniciativa própria, gentileza da casa.

Então, começou um longo e complicado processo que Lori, com sua perseverança e organização, realizou passo a passo durante quase um ano. Primeiro precisava decidir se Nico seria o pai, por causa da porfiria. Depois de falar entre eles e com a família, decidiram que estavam dispostos a correr o risco, porque para Lori era importante que o menino ou menina fosse de seu marido. Em seguida, deviam conseguir um óvulo, que não podia ser de Juliette, porque, se ela fosse a mãe, não seria capaz de se separar da criança. Através da clínica escolheram uma doadora brasileira porque tinha certa semelhança com você, Paula, um ar de família. Ela e Juliette tiveram que se submeter a altas doses de hormônios, a primeira para produzir vários óvulos que pudessem ser aproveitados, e a segunda para preparar o ventre. Os óvulos foram fertilizados num laboratório, depois os embriões foram implantados em Juliette. Eu temia por Lori, que podia sofrer outra frustração, mas principalmente por Juliette, que já tinha mais de 40 anos e era uma viúva com dois filhos. Se acontecesse alguma coisa com ela, que seria de Aristóteles e Aquiles? Como se me adivinhasse o pensamento, Juliette pediu a Willie e a mim que nos encarregássemos de seus filhos se acontecesse uma desgraça. Havíamos alcançado os limites do realismo mágico.

TRÁFICO DE ÓRGÃOS

⁓⚭⁓

Lili, a jovem esposa de Tong, agüentou durante um ano os abusos de sua sogra, até que sua submissão se esgotou. Se o marido não tivesse intervindo, ela a teria estrangulado com as próprias mãos, um crime fácil, porque a senhora tinha um pescoço de frango. O escândalo que se armou deve ter sido dos bons, porque o Departamento de Polícia de San Francisco mandou um oficial que falava chinês para separar os membros da casa. Nesse tempo, Lili já havia demonstrado que falava sério quando disse que não viera para a América pelo visto, mas para formar uma família. Não havia nenhuma intenção de se divorciar, apesar da sogra e do temperamento de Tong, que ainda suspeitava que ela pediria o divórcio mal se cumprisse o prazo que a lei estipula para o visto.

Depois do estrangulamento frustrado, Tong compreendeu que a esposa submissa que encomendara pelo correio era uma mulher de faca na bota. Sua mãe, assustada pela primeira vez em seus setenta e tantos anos, disse que não podia continuar vivendo com aquela nora que a qualquer descuido a mandaria se reunir com seus antepassados. Obrigou Tong a escolher entre sua mulher, aquela bruta arranjada por duvidosos meios eletrônicos, como disse, ou ela, sua legítima mãe, com quem havia vivido sempre. Lili não deixou que seu marido pensasse muito. Manteve-se firme e conseguiu não ser ela a sair de casa, mas a sogra. Tong instalou a mãe num apartamento para idosos em plena Chinatown, onde agora joga mahjong com outras senhoras de sua idade. Venderam a casa e compraram outra, pequena e moderna, perto da nossa. Lili arregaçou as mangas e se atirou ao trabalho de transformá-la no lar que sempre quis. Pintou as paredes, arrancou o mato no jardim, botou cortinas brancas engomadas, móveis claros de boa marca, plantas e flores frescas. Inclusive, colocou com suas próprias mãos assoalhos de bambu e janelas francesas.

Eu me inteirei desses pormenores devagarinho, por gestos, por desenhos e pelas poucas palavras estropiadas em inglês que Lili e eu temos em comum, até que no verão chegou minha mãe do Chile. Em menos de cinco minutos, ela estava sentada com Lili na sala tomando chá e conversando como velhas amigas. Não sei em que língua, porque nem Lili fala espanhol nem minha mãe mandarim, e o inglês de ambas deixa muito a desejar.

Dois dias mais tarde minha mãe me anunciou que fôramos convidadas a jantar na casa de Lili e Tong. Expliquei que era impossível, que ela havia entendido mal. Tong passou meia vida com Willie e o único evento social que compartilhou com a gente foi o casamento de Nico, porque Lori o obrigou. "Pode ser, mas esta noite vamos jantar com eles", respondeu. Tanto me encheu que, para acalmá-la, eu a levei, com a idéia de que poderíamos tocar a campainha com algum pretexto e assim ela comprovar que havia se enganado. Mas, ao chegar, vimos Lili sentada numa cadeira na rua, nos esperando. A casa estava arrumada para festa, com ramos de flores, e, na cozinha, havia uma dúzia de pratos diferentes que ela terminara de preparar utilizando dois palitos. Lili os movia no ar, passando ingredientes de uma panela para outra com precisão mágica, enquanto minha mãe, instalada na cadeira de honra, tagarelava com ela numa língua marciana. Depois de meia hora chegaram Willie e Tong, e então pude me comunicar com Lili com a ajuda de um intérprete. Depois de devorar o banquete, perguntei a ela por que havia deixado seu país, sua família, sua cultura e seu trabalho como enfermeira para arriscar a estranha aventura de se casar às cegas e se mudar para a América, onde sempre seria estrangeira.

— Foi pelas execuções — traduziu Tong.

Imaginei que havia um erro lingüístico, já que o inglês de Tong não é muito melhor que o meu, mas Lili repetiu o que dissera, e depois, com a ajuda do marido e de uma mímica exagerada, nos explicou por que está na estatística dos milhares de mulheres que saem de seu país para se casar com um desconhecido: a cada três ou quatro meses, quando avisavam da prisão, ela tinha de acompanhar o cirurgião-chefe do hospital às execuções. Partiam de carro, com uma caixa cheia de gelo, e viajavam quatro horas por estradas rurais. Na prisão, eram levados a um porão, onde havia meia dúzia de loucos, com as mãos atadas nas costas e os olhos vendados, esperando-os. O comandante dava uma ordem e os guardas disparavam neles à queima-roupa, na têmpora. Mal os corpos caíam no chão, o cirurgião, ajudado por Lili, tratava de lhes arrancar rapidamente os órgãos para transplante: rins, fígado, olhos para extrair as córneas, enfim, o que desse para usar. Voltavam dessa carnificina cobertos de sangue, com a caixa de gelo cheia de órgãos que depois desapareciam no mercado negro. Era um próspero negócio de certos médicos com o chefe da prisão.

Lili nos contou esta história macabra com a eloqüência de uma consumada atriz de cinema mudo — virava os olhos, disparava na cabeça, caía no chão, empunhava o bisturi, cortava, arrancava órgãos, tudo com tantas minúcias, que minha mãe e eu tivemos um ataque de riso nervoso, diante do olhar horrorizado dos demais, que não entendiam que diabos nos parecia tão cômico. O riso chegou a níveis de histeria quando Lili acrescentou que uma vez o carro capotou na estrada quando voltavam da prisão, o cirurgião morreu na hora e ela ficou abandonada num descampado com um cadáver esmagado ao volante e um carregamento de órgãos humanos repousando no gelo. Com freqüência me pergunto se entendemos direito a história, se não foi uma brincadeira de Lili ou se, na realidade, essa mulher encantadora, que pega meus netos na escola e cuida de minha cadela como se fosse sua filha, passou por essas horripilantes experiências.

— Claro que sim — opinou Tabra, quando lhe contei. — Na China há um campo de concentração associado a um hospital, onde desapareceram milhares de pessoas. Extraem os órgãos delas quando estão vivas e cremam os corpos. Os refugiados que trabalham no meu ateliê contam histórias tão terríveis como essa. Em seus países, há gente tão pobre que vende seus rins para alimentar os filhos.

— E quem os compra, Tabra?

— Os ricos, inclusive aqui na América. Se um dos seus netos necessitasse de um órgão para continuar vivendo e alguém te oferecesse, não compraria sem fazer perguntas?

Era uma das questões que ela me colocava em nossas caminhadas pela mata. Em vez de gozar o perfume das árvores e o canto dos passarinhos, eu costumava voltar arrasada desses passeios. Mas nem sempre discutíamos as atrocidades cometidas pela humanidade, ou a política, também falávamos do Lagarto Emplumado, que fazia aparições esporádicas na vida de minha amiga e depois evaporava por meses. O ideal de Tabra era tê-lo como enfeite, com suas tranças e colares, numa tenda comanche no pátio.

— Não me parece muito prático, Tabra. Quem ia se encarregar de alimentá-lo e de lavar as cuecas dele? Teria que usar seu banheiro. E ia ser tarefa sua limpá-lo — eu disse.

Mas ela é impermeável a esse tipo de raciocínio mesquinho.

AS CRIANÇAS QUE NÃO VIERAM

⚜

Três vezes colocaram em Juliette os embriões de laboratório formados pelos óvulos da doadora brasileira e pelo esperma de Nico. Nas três ocasiões, nossa tribo esteve durante semanas com a alma suspensa por um fio, aguardando os resultados. Invocamos os recursos mágicos de sempre. No Chile, minha amiga Pía e minha mãe se agarraram com o santo nacional, o padre Hurtado, mediante novas doações para suas obras de caridade. A imagem desse santo revolucionário, que todos nós, chilenos, levamos no coração, é de um homem jovem e enérgico, vestido com batina preta e com uma pá na mão, trabalhando. Seu sorriso nada tem de beatitude, mas sim de desafio. Foi ele quem cunhou tua frase favorita: "Dar até que doa." O terceiro implante de embriões, depois do fracasso dos dois primeiros, foi no verão. Um ano antes, Lori e Nico haviam planejado uma viagem ao Japão e decidiram realizá-la, porque se se cumprisse a esperança de ter um bebê, aquelas seriam suas últimas férias em muito tempo. Receberiam lá a notícia. Se fosse positiva, poderiam festejá-la; se fosse negativa, disporiam de duas semanas de intimidade e silêncio para se resignarem, longe das condolências dos amigos e parentes.

Numa dessas madrugadas, acordei sobressaltada. O quarto estava mal iluminado pelo sutil resplendor do amanhecer e por uma lampadazinha que sempre deixamos acesa no corredor. O ar estava parado e a casa envolta num silêncio anormal; não se ouviam os roncos compassados de Willie e Olivia, nem o murmúrio habitual das três palmeiras dançando à brisa no pátio. De pé, perto da minha cama, havia duas crianças pálidas, de mãos dadas, uma menina de uns 10 anos e um menino um pouco mais novo. Vestiam roupas do começo do século XX, com colarinhos de renda e botas de verniz. Achei que tinham uma expressão muito triste nos grandes olhos escuros. Por um segundo ou dois, nos olhamos e, quando acendi a luz, desapareceram. Em vão fiquei esperando que voltassem, e por fim, quando se acalmou o galope do meu coração, fui na ponta dos pés ligar para Pía. No Chile eram cinco horas mais tarde e minha amiga estava na cama, bordando uma de suas carteiras de retalhos.

— Acha que essas crianças têm alguma coisa a ver com Lori e Nico? — perguntei.

— Claro que não! São os filhos das duas senhoras inglesas — respondeu com calma convicção.

— Quais?

— As senhoras que me visitam, as que atravessam as paredes. Não te falei delas?

No dia combinado, Lori e Nico deviam ligar para a enfermeira que coordenava o tratamento na clínica de fertilidade, uma mulher com vocação de madrinha que tratava cada caso com delicadeza, porque compreendia quanto estava em jogo para esses casais. Devido à diferença do fuso horário entre Tóquio e a Califórnia, eles colocaram o relógio para despertar às cinco da madrugada. Como não se podiam fazer ligações internacionais do quarto, vestiram-se apressados e desceram à recepção do hotel, onde nesse momento não encontraram ninguém que pudesse ajudá-los, mas sabiam que do lado de fora havia uma cabine telefônica. Saíram para um beco lateral, que durante o dia era um fervedouro de atividade graças aos restaurantes populares e lojas para turistas, mas que àquela hora estava deserto. A cabine, antiquada, vinda de um filme dos anos 50, funcionava somente com moedas, mas Lori havia previsto isso e levava o suficiente para se comunicarem com a clínica.

O sangue martelava as têmporas de Lori e ela tremia de nervoso ao discar o número, com uma prece nos lábios. Naquele momento se definia seu futuro. Do outro lado do planeta lhe chegou a voz da madrinha. "Não deu certo, Lori, sinto muito; não entendo o que aconteceu, os embriões eram de primeira...", disse, mas ela já não escutava. Desligou aniquilada e caiu nos braços de seu marido. E esse homem, que tanto havia resistido à idéia de trazer mais filhos ao mundo, soltou um soluço, porque tinha tantas esperanças quanto Lori de ter um bebê dos dois. Sem uma palavra, eles se abraçaram e, minutos mais tarde, saíram cambaleando da cabine no beco vazio, silencioso, cinza na penumbra da madrugada. Das aberturas de ventilação nas calçadas saíam colunas de vapor que davam um ar fantasmagórico àquele cenário, apropriado à desolação que os sufocava.

O resto da viagem ao Japão foi um tempo de convalescença. Nunca estiveram tão unidos. Na tristeza compartilhada se encontraram em um nível muito profundo, nus, sem defesas.

Algo mudou em Lori depois disso, como se uma veia tivesse estourado em seu peito e aquele desejo obsessivo, que tinha sido sua esperança e seu tormento, escorresse como água. Ela se deu conta de que não podia continuar com Nico vencida pela frustração. Não seria justo com ele. Nico merecia o tipo de amor sem travas e alegre que tanto tinham tentado cultivar entre os dois. Então, compreendeu que havia chegado ao final de um caminho tortuoso e devia arrancar pela raiz a ansiedade de ser mãe para poder continuar vivendo. Depois de ter experimentado todos os recursos possíveis, era evidente que um filho próprio não estava em seu destino, mas os filhos de seu marido, que estavam havia vários anos a seu lado e gostavam muito dela, poderiam preencher esse vazio.

Essa resignação não aconteceu de um dia para o outro, passou quase um ano doente do corpo e da alma. Lori sempre foi magra, mas em coisa de uma semana perdeu vários quilos e ficou nos ossos, com os olhos fundos. Lesionou um disco na coluna e durante meses esteve quase inválida, tentando se manter à base de calmantes para a dor, tão fortes que a faziam alucinar. Em alguns momentos, ficou desesperada, mas chegou um dia em que emergiu desse longo luto curada das costas, sã da alma e transformada em outra mulher.

Todos nós notamos a mudança. Recuperou peso, rejuvenesceu, deixou o cabelo crescer, pintou os lábios, reiniciou sua prática de ioga e suas longas caminhadas, mas agora por esporte e não para fugir. Voltou a rir da mesma maneira contagiante que havia seduzido Nico, como não a tínhamos ouvido em muito, muito tempo.

Então pôde finalmente se entregar às crianças de coração, com alegria, como se a neblina houvesse desaparecido e ela pudesse vê-las com precisão. Eram suas. Eram seus três filhos. Os filhos que os búzios na Bahia e a astróloga do Colorado haviam anunciado.

STRIP-TEASE

~∞~

Willie e Lori trabalharam juntos no bordel de Sausalito durante anos, compartilhando inclusive o banheiro. É divertido observar a relação desse par de pessoas que não podem ser mais diferentes. À desordem, pressa e pragas de Willie, Lori opõe calma, ordem, precisão e elegância. Ao meio-dia, ele come umas lingüiças picantes que podem perfurar os intestinos de um rinoceronte e deixam o ambiente perfumado de alho, e Lori pica salada macrobiótica com tofu. Ele entra no escritório com botas de operário metalúrgico embarradas, porque andou passeando com a cadela, e Lori amavelmente limpa a escada, para evitar que algum cliente escorregue e rache a cabeça. Willie junta montanhas de papéis sobre sua escrivaninha, desde documentos legais até guardanapos de papel usados, e de tempos em tempos Lori faz uma limpeza básica e os joga no lixo; ele nem se dá conta, ou talvez sim, mas nem chia. Ambos compartilham o vício da fotografia e das viagens. Consultam-se sobre tudo e se celebram mutuamente, sem mostras de sentimentalismo: ela sempre calma e eficiente, ele sempre apressado e resmungão. Ela conserta o computador dele, mantém em dia sua página na web e lhe prepara almôndegas com a receita de sua avó; ele compartilha com ela o que compra por atacado, desde papel higiênico até papaias, e gosta dela mais do que de qualquer um nesta família, exceto de mim... talvez.

Willie goza dela, naturalmente, mas também agüenta suas brincadeiras. Uma vez, Lori fez no capricho uma faixa engomada e a grudou no pára-choque traseiro do carro. Dizia: PAREÇO MUITO MACHO, MAS USO CALCINHA DE MULHER. Willie dirigiu durante duas semanas com a faixa, sem entender por que tantos homens lhe acenavam de outros carros. Considerando que vivemos possivelmente no lugar com mais homossexuais *per capita* do mundo, não era de estranhar. Quando ele descobriu a faixa, quase teve uma apoplexia.

De vez em quando, o alarme do bordel dispara sozinho, sem provocação alguma, o que costuma produzir inconvenientes, como na vez em que Willie chegou a tempo de ouvir o barulho ensurdecedor do alarme e entrou apressadamente pela cozinha — no andar debaixo — para desligá-lo. Era de tarde, no inverno, e estava mais ou menos escuro. Nesse momento, desceu pela escada um policial que havia entrado a pontapés pela porta principal, com óculos de sol e uma pistola na mão, e aos berros o mandou botar as mãos pra cima. "Calma, homem, sou o dono", meu marido tentou explicar, mas o outro lhe ordenou que se calasse. Era jovem e inexperiente, ficou nervoso e continuou uivando e pedindo reforços por telefone, enquanto o cavalheiro de cabelos brancos, com a cara esmagada contra a parede, fervia de raiva. O incidente se dissolveu sem conseqüências quando chegaram outros agentes armados como para um combate: depois de revistar Willie, prestaram atenção nele. Isso causou uma interminável ladainha de pragas de Willie e verdadeiros ataques de riso em Lori, embora tivesse rido menos se a vítima tivesse sido ela.

Uma semana mais tarde, estávamos todos trabalhando e começaram a chegar alguns amigos de Lori, que também são muito amigos nossos. Achei um tanto estranho, mas estava ao telefone com um jornalista da Grécia e me limitei a cumprimentá-los de longe com um gesto. Acabei de falar justamente quando entrava um agente da polícia, alto, jovem, louro e muito bonito, com óculos de sol e pistola na cintura, que pediu para falar com o senhor Gordon. Lori chamou Willie e ele desceu do segundo andar disposto a dizer àquele uniformizado que, se continuassem enchendo o saco, ia processar o Departamento de Polícia. Os amigos se instalaram na escada para observar o espetáculo.

O belo policial desfraldou um pacote de papéis e disse a Willie que se sentasse porque ia ter que preencher formulários. De má vontade, meu marido obedeceu. Então, ouvimos uma música árabe e o homem começou a dançar como uma enorme odalisca e a tirar primeiro o boné, depois as botas, em seguida a pistola, a jaqueta e as calças, diante do horror absoluto de Willie, que retrocedeu, vermelho como um camarão cozido, certo de que estava com um doente mental fugido de um sanatório. As gargalhadas do público, que observava da escada, lhe deram a dica de que se tratava de um ator contratado por Lori, mas naquela altura o bailarino não tinha em cima nada mais que os óculos de sol e uma tanga mínima que não cobria de todo suas partes íntimas.

Considerando que trabalhamos no mesmo lugar, administramos a banca de advogado de Willie, a fundação e meu escritório entre todos, nos vemos quase todo dia, saímos juntos de férias aos confins do planeta e vivemos num raio de seis quadras, é surpreendente que nos demos tão bem. Milagre, diria eu. Terapia, diria Nico.

MEU ESCRITOR FAVORITO

ᘛ⁐̤ᕐᐷ

Contra o que se poderia esperar, meus comentários lapidares sobre o romance de Willie e seu anão pervertido não provocaram uma guerra entre nós, como teria acontecido se Willie tivesse a temerária idéia de fazer uma crítica negativa de meus livros, mas era evidente que eu não era a pessoa adequada para ajudá-lo. Ele precisava de um editor profissional. Foi quando surgiu uma jovem agente literária que se interessou muito pelo livro e se dedicou a inflar o ego de meu marido; no entanto, pouco a pouco o entusiasmo dela foi esfriando. Ao fim de seis meses, felicitou Willie pelo esforço, garantiu que ele tinha talento e lembrou que muitos autores, inclusive Shakespeare, haviam escrito páginas cujo destino final havia sido um baú. Havia vários baús em nossa casa onde o anão poderia dormir o sono dos justos por tempo indefinido, enquanto Willie pensava em outro assunto. Ele não fez caso das opiniões das pessoas e mandou o livro a outros agentes e a algumas editoras, que o devolveram com uma cortês, embora seca, negativa. Longe de deprimi-lo, aquelas cartas de condenação reforçaram seu espírito de luta; meu marido não é dos que se deixam abalar pela realidade. Desta vez não zombei dele, porque me ocorreu que a literatura poderia dar sentido à última parte de sua existência. Se o que a agente tinha dito estava certo e Willie tinha talento, e se levava a coisa a sério e era capaz de se transformar em escritor depois dos 70 anos, eu não teria que cuidar de um velho gagá no futuro. Era muito conveniente para nós dois: a criatividade poderia manter Willie alegre e saudável até uma idade avançada.

Uma noite, abraçados na cama, eu lhe expliquei as vantagens de escrever sobre o que a gente conhece. O que ele sabia de anões sodomitas? Nada, a menos que estivesse projetando no lamentável personagem algum aspecto de seu caráter que eu ignorava. Em compensação, tinha mais de trinta anos como advogado e uma memória formidável para os detalhes. Por que não explorava o gênero detetivesco? Qualquer um dos muitos casos que tinha cuidado podia lhe servir de ponto de partida. Não há nada mais divertido que um sangrento assassinato. Willie ficou matutando sem dizer uma palavra. No dia seguinte, passeando pelo bairro chinês de San Francisco, vimos um chinês albino esperando numa esquina. "Já sei qual será o meu próximo romance. Será um caso criminal com um chinês albino como esse", anunciou no mesmo tom que mencionou pela primeira vez a sua aspiração literária na feira sadomasoquista de San Francisco, onde viu o anão com uma guia de cachorro.

Dois anos mais tarde, seu romance foi publicado na Espanha com o título de *Duelo em Chinatown*, e outros editores o compraram para traduzir em várias línguas. Fomos juntos ao lançamento do romance em Madri e Barcelona, acompanhados por seus filhos e por dois amigos fiéis dispostos a aplaudi-lo. Em toda parte, a imprensa o recebeu com curiosidade. Depois de falar com ele, os jornalistas publicaram artigos cheios de simpatia, porque ele conquistava a todos com a sua franqueza, principalmente as mulheres. Ele não tem nenhuma pretensão, senão o olhar azul e o sorriso atrevido sob a aba de seu eterno chapéu. No dia do lançamento do livro em Madri, quando alguém perguntou se pretendia ser famoso, ele respondeu, emocionado, que já tinha mais do que sonhara; o fato de que a imprensa estivesse ali e que algumas pessoas quisessem ler seu livro eram uma dádiva. Desarmou a todos, enquanto seu editor se retorcia na cadeira, porque nunca tivera um autor tão honesto. Nessa viagem, foi a minha vez de levar as malas. Assim, pude pagar a Willie uma mínima parte das chatices que ele suportou durante anos me acompanhando pelo mundo.

— Curta este momento, Willie, porque não vai se repetir. A alegria de ver o primeiro exemplar de seu primeiro livro é única. Outras publicações no futuro não poderão se comparar a esta — avisei, lembrando-me do que senti com a primeira edição de *A casa dos espíritos*, que guardo envolta em papel de seda, autografada pelos atores que estrelaram o filme e os da peça de teatro encenada em Londres.

Seu espanhol suburbano e salpicado de gírias mexicanas e palavras em inglês fez Willie ganhar alguns pontos. O resto ficou por conta de seu chapéu Borsalino, que lhe dá um ar de detetive dos anos 40. Apareceu em muitos jornais e revistas e foi entrevistado em várias rádios. Temos uma foto numa livraria da Espanha e outra no Chile, onde *Duelo em Chinatown* está na prateleira dos mais vendidos. Num programa de rádio, ele mencionou o patético anão do livro frustrado, e depois, no hotel, um homem se aproximou para dizer que o tinha ouvido.

— Como sabia que era eu? — Willie perguntou, admirado.

— A entrevistadora mencionou seu chapéu. Quero lhe dizer que tenho um amigo anão e tão pervertido como o de seu romance. Não dê bola pra sua mulher, publique-o. Venderá que nem água. Todo mundo gosta dos anões depravados.

Um mês mais tarde, no México, alguém lhe contou que no começo do século XX, havia um bordel em Juárez com duzentas prostitutas anãs. Duzentas! A pessoa, inclusive, deu a Willie um livro sobre aquela casa de lenocínio ao estilo Fellini. Tenho medo que isso possa provocar em meu marido o desejo de resgatar seu abominável homenzinho do baú.

Nunca vi Willie tão feliz. Definitivamente, não terei que cuidar de um velho babão, porque, no avião, ele pegou seu bloco amarelo e começou a escrever outro romance policial. A astróloga do Colorado prognosticou que os últimos 27 anos de sua vida seriam muito criativos, de modo que posso ficar tranqüila até meu marido completar 96.

— Você acredita nessas coisas? — perguntei a Carmen Balcells, minha agente.

— Se se pode acreditar em Deus, também se pode acreditar em astrologia — respondeu.

UM CASAL BURGUÊS

❦

Em fevereiro de 2004, o prefeito de San Francisco cometeu um erro político ao tentar legalizar as uniões homossexuais, porque galvanizou a direita cristã em defesa dos "valores da família". Impedir o casamento dos gays se transformou no estandarte político dos republicanos para a reeleição de Bush nesse mesmo ano; é espantoso que isso pesasse mais na hora de votar que a guerra no Iraque.

O país não estava maduro para uma iniciativa como a do prefeito. Ele a realizou durante um fim de semana, quando os tribunais estavam fechados, para que nenhum juiz conseguisse impedi-lo. Mal a notícia foi anunciada, centenas de casais se apresentaram diante do Registro Civil, uma fila interminável sob a chuva. Nas horas seguintes, chegaram de muitos lugares mensagens de felicitação e ramos de flores, que atapetaram a rua. As primeiras a se casarem foram duas velhas de 80 e tantos anos, feministas de cabelos brancos, que tinham vivido juntas mais de cinqüenta anos; em seguida, se apresentaram dois homens, cada um com um bebê pendurado numa mochila ao peito, gêmeos adotados. As pessoas nessa longa fila desejavam ter uma vida normal, criar filhos, comprar uma casa em parceria, herdar, ter companhia na hora da morte. Nada dos valores da família, pelo visto.

Celia e Sally não fizeram parte dessa multidão porque a iniciativa do prefeito seria declarada ilegal logo depois, como realmente aconteceu.

Já fazia muito tempo que Sally e o irmão de Celia tinham se divorciado. Com a artimanha de se casar, ele obteve o visto americano, mas não o usou por muito tempo, porque decidiu voltar à Venezuela, onde por fim se casou com uma bela jovem, mandona e divertida, teve um filho encantador e encontrou o destino que lhe fugia nos Estados Unidos. Isso permitiu a Sally e Celia se unirem legalmente numa "sociedade doméstica". Imagino que deve ter sido um tanto complicado elucidar diante das autoridades que Sally havia se "casado" com duas pessoas com o mesmo sobrenome, mas de sexo diferente. Para as crianças, que tinham visto a foto do casamento dela com seu tio, não foi preciso dar muitas explicações: entenderam desde o começo que havia sido um favor de Sally; acho que nenhuma tramóia familiar assusta meus netos.

Celia e Sally se transformaram num velho casal, tão acomodadas e burguesas que custa reconhecê-las como as garotas atrevidas que anos antes desafiaram a sociedade para se amar. Gostam de ir a restaurantes ou ficar na cama assistindo a seu programa favorito de televisão, costumam organizar festas em sua casa minúscula, onde dão um jeito para receber cem pessoas com comida, música e dança. Uma é noctívaga e a outra dorme às oito da noite, de modo que seus horários não se encaixam.

— Temos de marcar encontro ao meio-dia, com a agenda na mão, ou viveríamos como camaradas em vez de amantes. Encontrar instantes de intimidade quando há tanto trabalho e três filhos é um projeto e tanto — me confessou Celia, rindo.

— É mais informação do que necessito, Celia.

Acabaram de reformar a casa, transformaram a garagem numa sala de tevê e quarto para Alejandro, que já está em idade de ter privacidade. Têm um cachorro chamado Poncho, preto, manso e enorme como o Barrabás de meu primeiro romance, que dorme nas camas das crianças por turno, uma noite com cada uma. Sua chegada espantou os dois gatos intratáveis, que fugiram pelos telhados e não voltaram a aparecer. Quando meus netos vão passar a semana na casa do pai, o infeliz Poncho se atira ao pé da escada com os olhos caídos, esperando a próxima segunda-feira.

Celia descobriu a paixão de sua vida: a *mountain bike*. Embora já tenha mais de 40 anos, ganha prêmios em corridas de longa distância, competindo com jovens de 20, e montou uma pequena empresa de excursões de bicicleta: Mountain Biking Marin. Há fanáticos que vêm de lugares distantes para segui-la pelos montes, até o topo.

Me parece que essas duas mulheres estão contentes. Trabalham para se manter, mas não se matam para juntar dinheiro, e concordam que sua prioridade são as crianças, pelo menos até que cresçam e se tornem independentes. Lembro os tempos em que Celia vomitava escondido porque estava presa numa existência que não tinha a ver com ela. Têm sorte de viver na Califórnia, no começo do século XXI; em outro lugar e em outro tempo teriam enfrentado implacáveis preconceitos. Aqui, nem mesmo no colégio católico das meninas é um problema que sejam gays; não é isso o que as define. A maioria de seus amigos são casais, pais de outras crianças, famílias comuns, triviais. Sally assumiu o papel de dona de casa, enquanto Celia costuma se comportar como a caricatura de um marido latino-americano.

— Como você agüenta a Celia? — perguntei uma vez, quando vi Sally cozinhando e ajudando Nicole com um dever de matemática, enquanto Celia, vestida com umas calças indecentes e um capacete de louca, andava pedalando por caminhos de montanha com alguns turistas.

— Porque nos divertimos muito juntas — respondeu, mexendo a panela.

Nessa aventura de formar um casal há muito de acaso, mas também de intenção. Muitas vezes, nas entrevistas, algum jornalista me pergunta "o segredo" da excelente relação que Willie e eu temos. Não sei o que responder, porque não conheço a fórmula, se é que existe, mas sempre lembro uma coisa que aprendi com um compositor que nos visitou com sua mulher. Tinham em torno de 60 anos, mas eram jovens, fortes e cheios de entusiasmo. O músico nos explicou que haviam se casado — ou, melhor dizendo, haviam renovado o compromisso — sete vezes durante seu longo amor. Tinham se conhecido quando eram estudantes na universidade: apaixonaram-se à primeira vista e estão juntos há mais de quatro décadas. Passaram por várias etapas e, em cada uma, mudaram e estiveram a ponto de se separar, mas optaram por rever a relação. Depois de cada crise, decidiram permanecer casados mais um tempo, porque descobriram que continuavam se gostando, embora já não fossem os mesmos de antes. "No total, passamos por sete casamentos, e certamente ainda nos faltam vários. Não é a mesma coisa ser um casal quando estamos criando os filhos, sem dinheiro e sem tempo livre, do que quando estamos na maturidade, já realizados na profissão e esperando o primeiro neto", disse. Ele nos contou, por exemplo, que nos anos 60, em plena loucura hippie, viviam numa comunidade com vinte jovens ociosos, onde ele era o único que trabalhava; os demais passavam o dia numa nuvem de maconha, tocando violão e recitando em sânscrito. Um dia, ele se cansou de sustentá-los e expulsou-os a pontapés da casa. Esse foi um momento crucial em que teve de ajustar as regras do jogo com sua mulher. Depois veio a etapa materialista dos anos 80, que quase destruiu seu amor porque os dois andavam correndo atrás do sucesso. Também dessa vez optaram por fazer mudanças fundamentais e começar de novo. E, assim, uma vez depois da outra. Me parece uma fórmula muito acertada, que Willie e eu tivemos de botar em prática em mais de uma ocasião.

GÊMEAS E MOEDAS DE OURO

⁂

As gêmeas de Ernesto e Giulia nasceram numa ensolarada manhã de junho de 2005. Consegui chegar ao hospital no momento em que Ernesto acabava de receber suas filhas e estava sentado com dois pacotes cor-de-rosa nos braços, chorando. Eu também desatei a chorar de alegria, porque essas crianças representavam um final definitivo para a viuvez e o começo de outra etapa na vida daquele homem. Agora era pai.

Ao ver as meninas recém-nascidas, Willie achou que uma se parecia com Mussolini e a outra com Frida Kahlo, mas duas semanas depois, mal as feições se assentaram, pudemos comprovar que eram duas menininhas muito bonitas: Cristina, loira e alegre como sua mãe; Elisa, morena e intensa como seu pai. São tão diferentes em aparência e personalidade, que parecem ter sido adotadas, uma no Kansas e outra em Tenerife.

Giulia se voltou totalmente para as filhas, tanto que, durante mais de um ano, não conseguia falar de outra coisa. Conseguiu treiná-las para que dormissem e comessem ao mesmo tempo; isso lhe dá alguns minutos de liberdade entre duas sestas, que emprega para botar ordem no caos. Está criando as filhas com música latina, idioma espanhol e sem medo de germes nem acidentes. As chupetas andam pelo chão e dali para a boca, sem que ninguém tenha um ataque; mais tarde, as meninas descobririam, antes de aprender a andar, a forma de subir e descer pelas escadas de cerâmica com quinas afiadas se arrastando de barriga. Cristina é uma doninha incapaz de ficar quieta, que se arrisca no abismo das sacadas com uma indiferença suicida, enquanto Elisa mergulha em obscuros pensamentos que costumam lhe provocar ataques de choro inconsoláveis. Não sei como Giulia tem ânimo para vesti-las de bonecas, com sapatinhos bordados e chapéu de marinheiro.

Um ano antes, justamente a 6 de dezembro, aniversário de tua morte, Paula, Ernesto foi aceito na universidade para fazer um mestrado à noite e conseguiu o cargo de professor de matemática no melhor colégio público do condado, a quinze minutos de sua casa. Esteve desempregado durante alguns meses, nos quais andava com uma nuvem de tempestade sobre a cabeça, pensando sobre seu futuro. Giulia, sempre elétrica e otimista, foi a única que não teve dúvidas de que o marido acharia seu caminho, enquanto o resto da família estava um pouco nervoso.

Tio Ramón me lembrou, numa carta, que os homens sofrem uma crise de identidade em torno dos 40 anos; é parte do processo de amadurecimento. Aconteceu com ele em 1945, quando se apaixonou por minha mãe no Peru, faz sessenta anos. Foi para um hotel nas montanhas, se trancou num quarto em silêncio durante dias, e quando saiu era outra pessoa: livrara-se para sempre da religião católica, das pressões familiares e da mulher que então era sua esposa. Havia sido educado, crescido e até o momento vivido com a camisa-de-força das convenções sociais. Atirou-a num canto e perdeu o medo do futuro. Nesse momento, descobriu aquilo que me ensinou na puberdade e que jamais esqueci: "Os outros têm mais medo que você." Repito estas palavras quando enfrento qualquer coisa que me parece temível, desde um auditório lotado até a solidão. Não tenho dúvida de que tio Ramón pôde decidir sua sorte dessa maneira drástica, porque assim o vi agir em algumas ocasiões, como naquela em que flagrou meu irmão Pancho de 10 anos de idade fumando. Nessa noite, tio Ramón apagou sua guimba diante de nós e anunciou: "Este é o último cigarro de minha vida, e se pego qualquer um de vocês fumando antes que sejam maiores de idade, terão que se ver comigo." Nunca mais fumou de novo.

Por sorte, Ernesto superou a crise dos 40 anos e, quando suas filhas nasceram, estava pronto para recebê-las, já estabelecido como professor de matemática na escola secundária e estudando para ser professor universitário.

Alfredo López Lagarto Emplumado apareceu num canal hispânico de televisão, mais bonitão do que nunca, vestido de escuro, com um diadema na testa e vários colares de prata e turquesa. Tabra me ligou às dez da noite para que eu o visse e tive de admitir que o homem era muito atraente; se não o conhecesse bem, certamente sua imagem na tela teria me impressionado. Falava em inglês — com legendas —, com a calma de um acadêmico e a convicção moral de um apóstolo, explicando as razões que o impulsionavam à missão de resgatar a coroa de Moctezuma, símbolo da dignidade e tradição do povo asteca, seqüestrada pelo imperialismo europeu. Depois de pregar no deserto durante anos, por fim sua mensagem havia chegado aos ouvidos dos astecas e acendido seus corações como a pólvora. O presidente do México enviaria uma comissão de juristas a Viena para negociar com o congresso da Áustria a devolução do troféu histórico. Concluiu, fazendo um chamado aos imigrantes mexicanos nos Estados Unidos para que se unissem na luta de seus irmãos de raça e conseguissem apoio do governo norte-americano para pressionar os austríacos.

Felicitei Tabra pelo salto à fama de seu amigo, mas ela me respondeu, com um profundo suspiro, que, se antes o Lagarto era escorregadio, agora seria impossível pegá-lo. "Talvez me siga até a Costa Rica depois de recuperar a coroa. Bem, caso eu consiga economizar o suficiente para ir a esse país", disse, sem convicção. "Cuidado com o que pede, não vá o céu te dar", pensei, mas não disse nada. Tabra estava há um bom tempo comprando moedas de ouro, que escondia pelos cantos, com medo de ser roubada.

DONA INÉS E O ZORRO

Enquanto Tabra se preparava para emigrar, eu estava mergulhada na pesquisa de um tema que vinha preparando fazia quatro anos: a epopéia fantástica dos patifes heróicos que conquistaram o Chile em 1540. Com eles ia uma mulher espanhola, Inés Suárez, costureira da cidade de Plasencia, na Extremadura, que viajou para as Índias em busca do marido e assim chegou até o Peru, onde descobriu que era viúva. Em vez de voltar para a Espanha, ficou no Novo Mundo e mais tarde se apaixonou por dom Pedro de Valdivia, o fidalgo cujo sonho era "deixar fama e glória de mim", como afirmava em suas cartas ao rei da Espanha. Por amor, e não por cobiça de ouro ou de glória, Inés foi com ele. Havia me perseguido por anos a imagem dessa mulher que cruzou o deserto do Atacama, o mais árido do mundo, lutou como bravo soldado contra os mapuches, os guerreiros mais valentes da América, fundou cidades e morreu, já anciã, apaixonada por outro conquistador. Viveu em tempos cruéis e cometeu mais de uma brutalidade, mas, comparada a qualquer um de seus companheiros de aventura, aparece como uma pessoa íntegra.

Com freqüência me perguntam de onde vem a inspiração para meus livros. Não sei responder. Na viagem da vida, acumulo experiências que vão se imprimindo nos estratos mais profundos da memória e ali fermentam, se transformam e às vezes brotam na superfície como plantas estranhas de outros mundos. De que se compõe esse fértil húmus do inconsciente? Por que certas imagens se transformam em temas recorrentes dos pesadelos ou da escrita?

Explorei muitos gêneros e temas diversos, parece que em cada livro invento tudo de novo, inclusive o estilo, mas estou há mais de vinte anos nisso e posso ver as repetições. Em quase todos os meus livros há mulheres desafiadoras, que nascem pobres ou vulneráveis, destinadas à submissão, mas se revoltam, dispostas a pagar qualquer preço pela liberdade. Inés Suárez é uma delas. Sempre são apaixonadas em seus amores e solidárias com outras mulheres. Não é a ambição que as move, mas o amor; lançam-se à aventura sem medir os riscos nem olhar para trás, porque ficar paralisadas no lugar que a sociedade lhes designa é muito pior. Talvez por isso não me interessem as rainhas ou as herdeiras, que vêm ao mundo em berço de ouro; nem as mulheres bonitas demais, que têm o caminho pavimentado pelo desejo dos homens. Você ria de mim, Paula, porque as mulheres bonitas de meus livros morrem antes da página 60. Dizia que era pura inveja de minha parte, e certamente você tinha alguma razão, já que eu gostaria de ser uma dessas belezas que obtêm o que desejam sem esforço, mas para meus romances prefiro heroínas de têmpera a quem ninguém dá nada, que conseguem tudo sozinhas. Não é estranho, portanto, que, quando li sobre Inés Suárez nas entrelinhas de um livro de história — raramente tem mais que umas poucas palavras quando se trata de mulheres, me picasse a curiosidade. Era o tipo de personagem que normalmente costumo inventar.

Ao fazer a pesquisa, compreendi que nada que eu imaginasse poderia superar a realidade dessa vida. O pouco que se sabe de Inés é sensacional, quase mágico. Logo teria que contar sua história, mas meus planos foram modificados por três insólitos visitantes.

Num sábado, ao meio-dia, chegaram a nossa casa três pessoas, que no começo confundimos com missionários mórmons. Não eram, por sorte. Me explicaram que detinham os direitos mundiais do Zorro, o herói californiano que todos conhecemos. Fui criada com o Zorro porque tio Ramón era um de seus fanáticos admiradores. Você lembra, Paula, que, em 1970, Salvador Allende nomeou seu avô embaixador na Argentina, uma das missões diplomáticas mais difíceis daquele tempo, que ele cumpriu com honra até o dia do golpe militar, quando renunciou ao cargo porque não estava disposto a representar uma tirania? Você o visitou muitas vezes; tinha sete anos e viajava sozinha de avião. Nesse enorme prédio, com inumeráveis salões, 23 banheiros, três pianos de cauda e um exército de empregados, você se sentia uma princesa, porque teu avô te havia convencido de que era seu próprio palácio e que ele pertencia à realeza. Durante esses três anos de intenso trabalho em Buenos Aires, o senhor embaixador escapava de qualquer compromisso às quatro da tarde para se divertir em segredo durante meia hora com a série do Zorro na tevê. Com esse antecedente, não pude senão receber de braços abertos aqueles três visitantes.

O Zorro foi criado em 1919, por Johnston McCulley, escritor californiano de livros de dez centavos, e desde então permaneceu na imaginação popular. *A maldição de Capistrano* narrava as aventuras de um jovem fidalgo espanhol em Los Angeles, no século XIX. De dia, dom Diego de la Vega era um rapaz hipocondríaco e frívolo; de noite se vestia de preto, botava uma máscara e se transformava no Zorro, vingador de índios e pobres.

— Fizemos de tudo com o Zorro: filmes, séries de televisão, quadrinhos, fantasias, menos uma obra literária. Gostaria de escrevê-la? — me propuseram.

— O que estão pensando? Sou uma escritora séria, não escrevo sob encomenda — foi a minha primeira reação.

Mas me lembrei do tio Ramón e de meu neto postiço, Aquiles, fantasiado de Zorro no Dia das Bruxas, e a idéia começou a me rondar tanto, que Inés Suárez e a conquista do Chile tiveram que esperar sua vez. Conforme os donos do Zorro, o projeto era perfeito para mim: sou hispânica, conheço a Califórnia e tenho alguma experiência com romances históricos e de aventura. Era o caso clássico de um personagem em busca de um autor. Para mim, no entanto, o assunto não era tão claro, porque o Zorro não se parece com nenhum de meus protagonistas e o tema não era dos que eu escolheria. Com o último livro da trilogia, tinha dado por finda a experiência com os romances juvenis; descobri que prefiro escrever para adultos: há menos limitações. Um livro juvenil dá o mesmo trabalho que um para adultos, mas é preciso andar com extremo cuidado no que se refere a sexo, violência, maldade, política e outros assuntos que dão sabor a uma história, mas que os editores não consideram adequados para essa idade. Me enjoa a idéia de escrever "com uma mensagem positiva". Não vejo razão para proteger as crianças, que, de qualquer forma, já têm muita porcaria na cabeça; podem ver na internet gordas fornicando com burros ou narcotraficantes e policiais se torturando mutuamente com a maior ferocidade. É ingênuo lhes impingir mensagens positivas nas páginas de um livro; a única coisa que se consegue é que não o leiam.

O Zorro é um personagem positivo, o herói por excelência, uma mistura de Che Guevara, obcecado pela justiça, de Robin Hood, sempre disposto a tirar dos ricos para dar aos pobres, e de Peter Pan, eternamente jovem. Seria preciso me esmerar muito para transformá-lo em bandido e, como me explicaram seus donos, não se tratava disso. Para completar, advertiam-me que o romance não devia conter sexo explícito. Em poucas palavras, era um grande desafio. Pensei meticulosamente e, por fim, resolvi minhas dúvidas do jeito de sempre: no cara ou coroa. Foi assim que acabei me trancando na cabana com Diego de la Vega durante vários meses.

O Zorro tinha sido explorado demais, não restava muito para contar, fora sua juventude e sua velhice. Optei pela primeira, porque ninguém gosta de ver seu herói de cadeira de rodas. Como era Diego de la Vega em criança? Por que se transformara no Zorro? Pesquisei o período histórico, o começo do século XIX, época extraordinária no mundo ocidental. As idéias democráticas da Revolução Francesa estavam transformando a Europa, e nelas se inspiravam as guerras libertadoras das colônias americanas. Os exércitos vitoriosos de Napoleão invadiram vários países, inclusive a Espanha, onde a população iniciou uma guerrilha sem quartel que finalmente expulsou os franceses de seu território. Eram tempos de piratas, sociedades secretas, tráfico de escravos, ciganos e peregrinos. Na Califórnia, em compensação, não acontecia nada de romanesco; era uma vasta extensão rural com vacas, índios, ursos e alguns colonos espanhóis. Eu tinha de levar Diego de la Vega à Europa.

Como a pesquisa me deu material de sobra e o protagonista já existia, minha tarefa foi criar a aventura. Entre outras coisas, fui com Willie a Nova Orleans atrás das pegadas do célebre corsário Jean Laffitte, a tempo de conhecer essa exuberante cidade antes que o furacão *Katrina* a reduzisse a uma vergonha nacional. No French Quarter se ouviam de noite e de dia as charangas e o banjo, as vozes de ouro dos blues, o chamado irresistível do jazz. As pessoas bebiam e dançavam ao ritmo cálido dos tambores no meio da rua; cor, alegria, cheiro de suas comidas e magia. Isso tudo dava para um romance inteiro, mas tive que me limitar a uma rápida visita de Zorro.

Agora tento lembrar Nova Orleans como era então, com seu carnaval pagão, em que as pessoas dos mais diversos tipos se misturam dançando, com suas antigas ruas residenciais de árvores centenárias

— ciprestes, olmos, magnólias em flor — e sacadas de ferro fundido, onde há duzentos anos se refrescam as mulheres mais belas do mundo, netas de rainhas senegalesas e dos patrões da época, barões do açúcar e do algodão. Mas as imagens mais perseverantes de Nova Orleans são as do recente furacão: torrentes de água imunda, e seus habitantes, sempre os mais pobres, lutando contra a devastação da natureza e a negligência das autoridades. Eles se transformaram em refugiados em seu próprio país, abandonados à sua sorte, enquanto o resto da nação, estupefata diante de cenas que pareciam tão remotas como os desastres em Bangladesh, se perguntava se a indiferença do governo teria sido igual se a maioria dos prejudicados fosse branca.

Eu me apaixonei pelo Zorro. Embora não tenha podido contar no livro suas façanhas eróticas com os detalhes que gostaria, pude imaginá-las. Minha fantasia sexual predileta é que o simpático herói sobe silenciosamente em minha sacada, faz amor comigo na penumbra com a sabedoria e a paciência de dom Juan, sem se importar com as minhas celulites nem a minha idade, e desaparece ao amanhecer. Fico dormitando entre lençóis amassados, sem ter noção alguma de quem foi o galã que me fez tamanho favor, porque não tirou a máscara. Não há culpa.

O VERÃO

∽∞∾

Chegou o verão com seu escândalo habitual de abelhas e esquilos; o jardim estava em seu apogeu e também a alergia de Willie, que jamais renunciará a contar as pétalas de cada rosa. A alergia não o impede de cair de cabeça em churrascos monumentais de que Lori também participa, porque ela abandonou sua longa prática vegetariana quando o doutor Miki Shima, tão vegetariano como ela, a convenceu de que necessitava de mais proteínas. A piscina morna atraía hordas de crianças e visitantes; os dias se espichavam ao sol, longos e lentos, sem relógio, como no Caribe.

Tabra era a única ausente, porque estava em Bali, onde fabricam algumas das peças que usa em suas jóias. Lagarto Emplumado a acompanhou por uma semana, mas teve que voltar à Califórnia porque não suportou o terror às cobras e às matilhas de cachorros sarnentos e famintos. Parece que estava abrindo a porta de seu quarto e uma cobrinha verde lhe roçou a mão. Era das mais letais que existem. Nessa mesma noite, caiu do teto algo quente, úmido e peludo, que aterrissou em cima deles e saiu correndo. Não conseguiram acender a luz a tempo para ver o que era. Tabra disse que certamente se tratava de um gambá, se acomodou no travesseiro e continuou dormindo; ele permaneceu o resto da noite vigiando, com as luzes acesas e uma faca de açougueiro na mão, sem ter a menor idéia do que era um gambá.

Juliette e seus filhos passavam semanas com a gente. Aristóteles é a pessoa mais gentil e respeitosa da família. Nasceu com certa tendência à tragédia, como todo grego que se preza, e desde muito jovem assumiu o papel de protetor de sua mãe e seu irmão, mas em contato com outras crianças sua carga aliviou e ele se tornou muito cômico. Acho que tem vocação para ator, porque, além de ser histriônico e bonito, é sempre o protagonista principal das peças teatrais do colégio. Aquiles continuava sendo um anjinho pródigo em sorrisos e beijos, muito mimado. Aprendeu a nadar como uma enguia e podia passar doze horas na água. Nós o resgatávamos enrugado e vermelho de sol para obrigá-lo a ir ao banheiro. Não quero nem pensar o que contém essa água. "Não se preocupe, senhora, tem tanto cloro que poderia ter um cadáver aí dentro e não seria problema", garantiu o técnico da manutenção, quando lhe falei de minhas dúvidas.

As crianças mudavam dia a dia. Willie sempre disse que Andrea tinha as feições de Alejandro, mas desordenadas, e que um dia elas achariam seu lugar. Pelo visto, era o que estava acontecendo, embora ela nem se desse conta, porque vivia desligada, sonhando, com o nariz em seus livros, perdida em aventuras impossíveis.

Nicole se revelou muito esperta e boa aluna, além de sociável, amistosa e coquete, a única com essa virtude numa tribo matriarcal, onde as mulheres não se empenham em seduzir ninguém. Seu instinto estético pode demolir com um olhar crítico a confiança em um vestido de qualquer mulher ao seu redor, menos de Andrea, que é imune à moda e continua fantasiada, como sempre andou em sua infância. Durante meses, vimos Nicole ir e vir com uma misteriosa caixa preta, e tanto insistimos, que, um dia, nos mostrou o conteúdo. Era um violino; tinha pedido emprestado no colégio porque quer fazer parte da orquestra. Ela o colocou no ombro, pegou o arco, fechou os olhos e nos deixou pasmos com um rápido e impecável concerto de canções que jamais a tínhamos ouvido ensaiar.

Alejandro teve o esqueleto alongado de um estirão, bem na hora, aliás, porque eu pretendia que lhe dessem hormônios de crescimento, como dão às vacas, para que não ficasse baixinho. Tinha medo que fosse o único de meus descendentes com a indesejável herança de meus genes, mas nesse ano comprovamos, aliviados, que ele se salvara. Embora já se notasse nele a sombra de um bigodinho, continuava se comportando como um saltimbanco, fazendo caretas nos espelhos e chateando com piadas inoportunas, resolvido a evitar a qualquer custo o tormento de amadurecer e se virar sozinho. Tinha-nos anunciado que pensava ficar vivendo com seus pais, um pé em cada casa, até que se casasse ou o expulsassem à força. "Cresça depressa antes que nos acabe a paciência", costumávamos dizer, cansados de suas palhaçadas.

As gêmeas tomavam banho numas tartarugas flutuantes de plástico, observadas de longe por Olivia, que não perdia a esperança de que se afogassem. De todos os medos que esta cadela tinha quando chegou à nossa família, restam dois: os guarda-chuvas e as gêmeas.

Essas crianças, mais uma dúzia de amigos delas que nos visitavam com freqüência, terminavam o verão bronzeadas como africanos e com os cabelos verdes dos produtos químicos da piscina, tão letais que queimavam a grama. Onde os banhistas botavam os pés molhados não crescia mais nada.

Meus netos estavam em idade de descobrir o amor, menos Aquiles, que ainda não havia superado a etapa de pedir à mãe que se casasse com ele. A garotada se escondia pelos cantos da Casa dos Espíritos para brincar no escuro, e os diálogos na piscina costumavam deixar os pais preocupados.

— Não vê que partiu meu coração? — perguntou Aristóteles, ofegando atrás da máscara de mergulho.

— Não gosto mais do Eric. Posso voltar pra você, se quiser — lhe propôs Nicole, entre dois mergulhos.

— Não sei. Preciso pensar. Não quero continuar sofrendo.

— Pense rápido, porque senão vou ligar pro Peter.

— Se não me ama, melhor eu me matar hoje mesmo!

— Tá bem, mas não na piscina. Willie ia se irritar.

RITOS DE INICIAÇÃO

◦∞◦

No verão de 2005, terminei de escrever *Inés da minha alma*, e mandei o manuscrito para Carmen Balcells com um suspiro de alívio, porque foi um projeto cansativo, e depois partimos com Nico, Lori e as crianças para um safári no Quênia. Durante várias semanas, acampamos com os samburus e os nasais para assistir à migração dos gnus, milhões de animais com aparência de vacas pretas correndo apavorados de Serengueti a Masai Mara. Essa época é de orgia para os demais bichos, que vêm para devorar os atrasados. Numa semana nascem às pressas cerca de um milhão de filhotes. Dos frágeis aviõezinhos, víamos a migração como uma gigantesca sombra se estendendo pelas planícies africanas.

Lori teve a idéia de, todo ano, levarmos as crianças a um lugar inesquecível que lhes atiçasse a curiosidade e lhes demonstrasse que, apesar das distâncias, as pessoas se parecem em todas as partes. As semelhanças que nos unem são muito maiores que as diferenças que nos separam. Um ano antes tínhamos ido às ilhas Galápagos, onde os garotos puderam brincar com lobos-do-mar, tartarugas e arraias, e onde Nico nadava por horas mar adentro atrás de tubarões e orcas, enquanto Lori e eu corríamos pelos ilhotes procurando um bote para ir salvá-lo de uma morte certa. Quando conseguíamos, Nico já vinha de volta, a grandes braçadas.

Ao Quênia tivemos de ir, como sempre, com a bolsa do equipamento fotográfico de Willie, os tripés e a teleobjetiva gigante, que nunca serviu para surpreender sequer uma fera africana por ser complicada demais para se usar. A melhor foto da viagem foi Nicole que tirou com uma câmera descartável: o beijo que uma girafa me deu na cara com uma língua azul de 45 centímetros de comprimento. A pesada objetiva de Willie acabou abandonada na barraca enquanto usávamos outras mais modestas para imortalizar o riso sempre pronto dos africanos, os mercados poeirentos, as crianças de 5 anos cuidando do gado familiar sozinhas no meio do nada, a três horas de marcha da aldeia mais próxima, os filhotes de leão e as girafas esbeltas. Num jipe aberto, passeamos entre manadas de elefantes e búfalos, nos aproximamos dos rios de lodo onde brincam famílias inteiras de hipopótamos e seguimos os gnus em sua inexplicável corrida.

Um de nossos guias, Lidilia, um samburu simpático com dentes brancos e três penas altas que coroavam o enfeite de contas que levava na cabeça, se tornou amigo de Alejandro. Propôs a ele que ficasse para ser circuncidado por um feiticeiro da tribo, como primeiro passo em seu rito de iniciação. Depois teria que passar um mês sozinho na natureza, caçando com uma lança. Se conseguisse matar um leão, poderia escolher a garota mais gostosa da aldeia e seu nome seria lembrado com o de outros grandes guerreiros. Meu neto, aterrorizado, contava os dias para fugir para a Califórnia.

Tocou a Lidilia servir de intérprete quando um guerreiro de certa idade quis comprar Andrea como esposa. Ele nos ofereceu várias vacas por ela e, como recusássemos, acrescentou outras tantas ovelhas.

Nicole se entendia telepaticamente com os guias e os animais, e tinha uma elogiável memória para os detalhes, de modo que nos mantinha informados: que os elefantes trocam a dentadura toda a cada dez anos, até os sessenta, quando já não lhes saem dentes novos e estão condenados a morrer de fome; que o macho da girafa mede seis metros de altura, seu coração pesa seis quilos, e come sessenta quilos de folhas por dia; que, entre os antílopes, o macho alfa tem de defender seu harém dos rivais e se acasalar com as fêmeas, coisa que lhe deixa pouco tempo para comer. Então enfraquece, outro macho o vence em combate e o expulsa. O posto de chefe alfa dura mais ou menos dez dias. Nesse tempo, Nicole sabia o que era se acasalar.

Apesar de eu não ter sido feita para a vida agreste e de nada me deixar mais insegura que a falta de um espelho, não posso me queixar das comodidades da viagem. As barracas eram de luxo e, graças a Lori, que prevê até o último detalhe, tínhamos bolsas de água quente na cama, lâmpadas de mineiro para ler nas noites fechadas, loção contra os mosquitos, antídoto para picada de cobra e, às tardes, chá inglês servido em chaleiras de porcelana enquanto observávamos dois crocodilos devorarem uma gazela desamparada.

De volta à Califórnia, antes que o verão acabasse, Alejandro passou por seu rito de iniciação, mas um pouco diferente daquele proposto por Lidilia. Ele se inscreveu num programa que Nico e Lori descobriram na internet. Os quatro pais o deixaram ir, depois que se convenceram de que não era uma armadilha de pedófilos e sodomitas. Tal como havia explicado Lidilia, uma cerimônia deve marcar a passagem dos homens da infância à idade adulta. À falta de tradição, vários instrutores organizaram um retiro de três dias na mata com um grupo de rapazes para lhes reforçar os conceitos de respeito, honra, coragem, responsabilidade, a obrigação de proteger os fracos e outras normas elementares que em nossa cultura costumam ficar relegadas aos romances de cavalaria medieval. Alejandro era o mais jovem do grupo.

Nessa noite, tive um sonho aterrorizante: meu neto estava perto de uma fogueira com um monte de órfãos famintos e tiritando de frio, como nos contos de Dickens. Implorei a Nico que buscasse seu filho antes que acontecesse uma desgraça naquele sinistro matagal onde o menino tinha ido parar com desconhecidos, mas ele não me deu a mínima. Quando acabou o prazo, foi pegar Alejandro e chegaram a tempo para a janta do domingo na mesa familiar. Tínhamos preparado feijão com uma receita chilena e a casa cheirava a milho e manjericão.

A família em massa estava esperando o iniciado, que chegou imundo e faminto. Alejandro, que por anos tinha dito que não queria crescer, parecia maior. Eu o abracei com frenético amor de avó e lhe contei meu sonho, mas sua experiência não fora exatamente assim, embora tivesse uma fogueira e alguns órfãos entre os rapazes. Também havia alguns delinquentes que, segundo meu neto, "eram bons garotos, mas haviam feito besteiras porque não tinham família". Contou que se sentaram em círculo em torno do fogo e cada um falou sobre o que lhe causava dor. Propus que também fizéssemos isso, já que estávamos no círculo tribal, e fomos um por um respondendo à pergunta de Alejandro; Willie disse que o angustiava a situação de seus filhos: Jennifer perdida e os outros dois consumindo drogas; eu falei de tua ausência, Paula; Lori de sua infertilidade, e assim cada um expôs sua dor.

— E o que deixa você triste, Alejandro? — perguntei.

— Minhas brigas com Andrea. Mas me propus melhorar minha relação com ela. Farei isso, porque aprendi que somos responsáveis por nossa dor.

— Isso nem sempre é verdade. Eu não sou responsável pela morte de Paula ou Lori de sua infertilidade — rebati.

— Às vezes, não podemos evitar a dor, mas podemos controlar nossa reação. Willie tem Jason. A morte de Paula fez você criar a fundação e assim conseguiu manter sua lembrança viva entre nós. Lori não pôde ter seus próprios filhos, mas tem a nós três — disse.

AMOR PROIBIDO

Juliette não trabalhou durante os meses que se preparou para gestar o bebê de Nico e Lori porque teve de se submeter ao tratamento com as drogas de fertilidade. A família se encarregou de ampará-la, como era lógico, mas logo que se acabou a esperança, ela saiu à procura de emprego. Foi contratada por um investidor que planejava comprar arte asiática em San Francisco para suas galerias em Chicago. Ben tinha 57 anos bem vividos e devia ter muito dinheiro, porque era esplêndido como um duque. Pensava vir com freqüência de Chicago, mas, durante sua ausência, precisava de uma pessoa responsável que cuidasse da importação de objetos preciosos na Califórnia. Na primeira entrevista, convidou Juliette para jantar no melhor restaurante do condado, uma casa vitoriana amarela entre pinheiros e florestas de rosas trepadeiras, e, ao fim de vários copos de vinho branco não só decidiu que Juliette era a assistente ideal, como se entusiasmou com ela. Por uma coincidência folhetinesca, na conversa Juliette soube que Ben conhecera a primeira esposa de Manoli, a chilena que fugira com o professor de ioga no dia de seu casamento. Ele contou que a mulher vivia na Itália, casada em quartas núpcias com um fabricante de azeite de oliva.

Juliette não se sentia desejada fazia uma eternidade. Um ano antes de morrer, Manoli deixara de ser o amante apaixonado que a seduzira aos 20 anos, porque a doença já lhe corroía os ossos e o ânimo. Ben se propôs a preencher esse vazio e vimos Juliette renascer, resplandecente, com uma luz nova nos olhos e um sorriso travesso bailando nos lábios. Sua vida deu uma guinada: ia a lugares caros, restaurantes, passeios, teatro e ópera; Ben esbanjava atenções e presentes para Aristóteles e Aquiles. Era um amante tão bom que podia fazê-la feliz por telefone; assim, suas ausências eram suportáveis e, quando ele chegava à Califórnia, ela estava à espera, ansiosa.

Lori e eu aproveitamos uma de nossas descansadas conversas, com chá de jasmim e tâmaras, para armar uma arapuca para Juliette, porque nos pareceu que ela tinha uma atitude furtiva. Mas não foi necessário pressioná-la demais para que nos contasse os amores com seu chefe. O sinal de alarme da minha experiência soou e eu disse a ela que não era uma boa idéia misturar o trabalho com o amante, porque perderia ambos. "Ele está usando você, Juliette. Que conveniente! Tem uma assistente e uma amante pelo mesmo preço", eu lhe disse. Mas ela já estava fisgada.

Havíamos notado que Juliette atraía homens que tinham muito pouco a lhe oferecer, casados, muito mais velhos que ela, que viviam longe ou eram incapazes de assumir um compromisso. Ben podia ser um deles, porque pareceu escorregadio. Segundo Willie, na hedonista Califórnia moderna nenhum homem toparia a responsabilidade de uma jovem viúva com dois filhos pequenos, mas, segundo a astróloga, que voltei a consultar em segredo para que não rissem de mim, era questão de esperar alguns anos e os planetas enviariam o companheiro ideal para Juliette. Ben se adiantara aos planetas.

Quando voltamos da África, a aventura amorosa de Juliette havia se complicado: Ben não ganhara a fortuna com seu bom olho para a arte, era a mulher dele quem a tinha herdado. As galerias de arte eram uma diversão para ele se manter ocupado e na crista da onda social. As freqüentes viagens de Ben a San Francisco e as conferências aos sussurros por telefone começavam a levantar as suspeitas da esposa.

— É melhor você não se meter com homens casados, Juliette — eu disse, lembrando as besteiras que eu mesma fizera quando era jovem e quanto me haviam custado.

— Não é o que você imagina, Isabel. Foi inesquecível, nos apaixonamos à primeira vista. Ele não me seduziu nem me enganou, aconteceu por consentimento mútuo.

— O que vão fazer agora?

— Ben está casado há trinta anos, respeita muito sua mulher e adora os filhos. Esta é sua primeira infidelidade.

— Suspeito que ele seja um adúltero crônico, Juliette, mas isso não é problema seu. É da mulher dele. Você tem que se cuidar e cuidar dos seus filhos.

Para me provar a honestidade dos sentimentos do galã, Juliette me mostrou suas cartas, que me pareceram de uma prudência suspeita. Não eram cartas de amor, mas documentos de advogado.

— Ele está cobrindo a retaguarda. Talvez tenha medo que você o processe por assédio sexual no trabalho; isso aqui é ilegal. Qualquer um que leia estas cartas, inclusive a mulher dele, pensará que você tomou a iniciativa, que o agarrou e agora o persegue.

— Como pode dizer isso?! — exclamou, alarmada. — Ben está esperando o momento certo para falar com a mulher.

— Não acho que falará, Juliette. Têm filhos e estão há muito tempo juntos. Lamento por você, mas lamento mais pela mulher. Ponha-se no lugar dela, é uma mulher madura com um marido infiel.

— Se Ben não é feliz com ela...

— Não se pode ter tudo, Juliette. Terá que escolher entre você e a boa vida que ela lhe oferece.

— Não quero ser a causa de um divórcio. Pedi pra ele tentar se reconciliar com a mulher, que façam terapia ou que a convide para uma lua-de-mel na Europa — disse, e começou a chorar.

Pensei que a coisa continuaria assim até que a corda rebentasse no lado mais fraco (Juliette), mas não insisti, porque ela se afastaria de nós. Além disso, não sou infalível, como Willie me lembrou, e podia ser que Ben realmente estivesse apaixonado e se divorciasse para ficar com ela. Nesse caso eu, por me comportar como uma ave de mau agouro, perderia a amiga que chegara a amar como filha.

Como temíamos, a esposa de Ben veio de Chicago farejar o ar de San Francisco. Instalou-se no escritório do marido, que teve a prudência de sumir com diversos pretextos, e em poucas horas seu instinto e o conhecimento que tinha dele confirmaram seus piores temores. Decidiu que sua rival não podia ser outra senão a bela assistente e a enfrentou com o peso de sua autoridade de esposa legítima, da confiança que o dinheiro dá e de seu sofrimento, que Juliette não podia deixar de lado. Despediu Juliette sem contemplações e a avisou de que, se voltasse a se comunicar com Ben, ela mesma se encarregaria das retaliações. O homem não deu as caras durante esses dias, se limitou a oferecer a Juliette, por telefone, uma pequena indenização e a lhe pedir, nada menos, que treinasse sua sucessora antes de ir embora. Sua mulher supervisionou essa ligação e a carta queixosa, última da série, com que ele encerrou o episódio.

Dois dias mais tarde, Willie chegou em casa e encontrou Lori e eu no banheiro segurando Juliette, que estava encolhida no chão como uma criança espancada. Contamos o que havia acontecido. Ele disse que não era um drama original, sabia onde a coisa ia parar: todo mundo se recupera de um coração partido, dentro de um ano estaríamos morrendo de rir, com um copo de vinho na mão, lembrando aquele episódio infeliz.

Mas, quando Juliette lhe contou as ameaças da esposa, ele já não achou divertido e se ofereceu para representá-la legalmente, porque tinha direito de entrar com um processo. O caso não podia ser mais atrativo para um advogado: uma jovem viúva, mãe de dois meninos, sem dinheiro, vítima de um milionário que a assedia sexualmente no emprego e depois a despacha. Qualquer júri acabaria com Ben. Willie já tinha uma faca entre os dentes, mas Juliette não quis ouvir falar disso porque não era verdade: tinham se apaixonado e ela não era uma vítima. Só aceitou que Willie mandasse uma carta de valentão, anunciando que, se ameaçassem Juliette de novo, a coisa ia parar na justiça. Willie acrescentou, por iniciativa própria, que se essa senhora desejava resolver o problema, controlasse melhor seu marido. A carta não a faria desistir, se era do tipo de pessoa capaz de contratar um mafioso para machucar uma rival, mas provava que Juliette não estava desamparada. Em menos de uma semana, um advogado de Chicago ligou para Willie para garantir que tudo fora um mal-entendido e que as ameaças não iam se repetir.

Juliette sofreu durante meses, protegida pelo abraço apertado da família. Mas eu não estaria contando esse lamentável episódio se ela não me houvesse autorizado e se o prognóstico de Willie não tivesse se cumprido. Eu a contratei como minha secretária. Ela se pôs a estudar espanhol e passou a fazer parte do bordel de Sausalito, onde pôde trabalhar em paz com Lori, Willie e Tong, que se encarregariam de protegê-la e de manter na linha qualquer marido infiel que tocasse a campainha com intenções libidinosas. Antes de um ano, numa noite em que a família inteira jantava na mesa da castelã, Juliette levantou seu copo para brindar pelos namoricos do passado. "Por Ben!", dissemos em coro, e ela riu de boa vontade. Agora estou esperando o alinhamento dos planetas para que apareça o homem de boa índole que fará esta jovem feliz. Acho que isso pode acontecer logo.

A VOVÓ SE VAI COM VOCÊ

⁓⚬⁓

Havia algum tempo, Vovó Hilda vivia com sua filha em Madri, onde ela e seu segundo marido estavam em missão diplomática. No último ano, não veio mais passar longas temporadas com a gente, como antes, porque havia envelhecido de súbito e temia viajar sozinha.

Nos anos 70, no Chile, eu era uma jovem jornalista que fazia malabarismos com três empregos simultâneos para sobreviver, mas a chegada de meus dois filhos não complicou minha vida, porque contava com ajuda. Pelas manhãs, antes de ir trabalhar, deixava você, Paula, na casa da minha sogra, a adorável Granny, ou na casa de Vovó Hilda, que te recebia enrolada num xale, dormindo, e cuidava de você durante o dia até que eu chegasse para pegá-la de tarde. Depois você começou a ir à escola e então foi a vez de seu irmão, criado por essas avós que o mimaram como ao primogênito de um emir.

Após o golpe militar, fomos embora para a Venezuela e vocês sentiram mais saudades dessas avós de contos de fadas que do resto. Granny, que não tinha outra vida afora seus netos, morreu de tristeza uns dois anos mais tarde. Vovó Hilda enviuvou e foi para a Venezuela, porque ali vivia sua filha única, Hildita, e alternava entre a casa dela e a nossa.

Minha relação com Vovó começou quando eu tinha uns 17 anos. Hildita foi a primeira namorada de meu irmão Pancho; se conheceram na escola aos 14 anos, fugiram, se casaram, tiveram um filho, se divorciaram, casaram de novo, tiveram uma filha e se divorciaram pela segunda vez. No total, passaram mais de uma década se amando e se odiando, enquanto Vovó Hilda presenciava o espetáculo lamentável sem opinar. Jamais ouvi dela uma palavra descortês contra meu irmão, que talvez merecesse.

Em algum momento de sua vida, Vovó decidiu que seu papel era acompanhar sua pequena família, na qual generosamente me incluiu com meus filhos, e foi o que fez com perfeição graças à sua proverbial discrição e bom humor. Além do mais, gozava de uma saúde de ferro. Era capaz de ir com você, Nico e outra meia dúzia de adolescentes em excursões a uma ilha caribenha sem água, aonde se chegava cruzando um mar traiçoeiro num bote, seguido de perto por meia dúzia de tubarões. O marinheiro os deixava ali com uma montanha de equipamento para acampar e, com sorte, se lembrava de ir buscá-los uma ou duas semanas mais tarde. Vovó resistia como um soldado aos mosquitos, às noites bebendo Coca-Cola morna com rum, ao feijão enlatado, aos ratos agressivos que se aninhavam entre os sacos de dormir e a outros inconvenientes que eu, vinte anos mais jovem, jamais teria suportado.

Com a mesma magnífica força de vontade, ela se instalava diante da tevê para ver pornografia. No começo dos anos 80, você estudava psicologia e teve a idéia de se especializar em sexualidade. Andava por todos os cantos com uma maleta de artefatos para brincadeiras eróticas que me pareciam de muito mau gosto, mas nunca me atrevi a dar minha opinião, porque você teria zombado sem misericórdia de meus melindres. Vovó Hilda se sentava com você, tricotando sem olhar as agulhas, para ver uns vídeos pavorosos que incluíam cachorros amestrados.

Ela foi membro ativo de nossa ambiciosa companhia de teatro doméstico, costurava fantasias, pintava cenários e protagonizava o que lhe pedissem, desde Madame Butterfly até São José nas representações natalinas. Com o tempo foi diminuindo de tamanho e a voz afinou como um trinado, mas o entusiasmo não fraquejava na hora de participar das loucuras familiares.

Não fomos nós que enfrentamos o fim de Vovó Hilda, mas sua filha, que cuidou dela em seu rápido declínio. Começou com repetidas pneumonias, resquícios de seus tempos de fumante, diziam os médicos, e depois foi se esquecendo da vida. Hildita entendeu a etapa final de sua mãe como uma volta à infância e decidiu que, se a gente esbanja paciência com uma criança de 2 anos, não há razão para economizá-la com uma anciã de 80. Cuidava dela com amor para que tomasse banho, comesse, não esquecesse as vitaminas, fosse para a cama; tinha de responder dez vezes seguidas à mesma pergunta e fingir que a ouvia quando a velhinha contava uma história insignificante e, como uma gravação, a repetia com as mesmas palavras uma vez depois da outra. Por último, Vovó se cansou de bracejar numa nebulosa de lembranças confusas, do medo de ficar sozinha ou de cair, do ranger de ossos e dos rostos e vozes que a assediavam, sem que pudesse identificá-los. Um dia, deixou de comer. Hildita me telefonou da Espanha para me contar a batalha que era dar um iogurte à mãe. A única coisa que me ocorreu dizer foi que não a obrigasse a comer. Foi assim que morreu meu avô, de inapetência, quando decidiu que 100 anos eram vida demais.

Nico pegou um avião no dia seguinte e foi a Madri. Vovó o reconheceu imediatamente, apesar de não reconhecer a si própria no espelho, e pediu um batom pra passar por faceirice e lhe propôs uma partida de cartas, que jogaram com as trapaças e artimanhas de sempre. Nico conseguiu que ela bebesse Coca-Cola morna com rum, em homenagem aos tempos caribenhos, e daí a lhe dar uma sopinha não levou mais de meia hora. A visita desse neto postiço e a promessa de que se engordasse viria à Califórnia fumar maconha com Tabra fizeram o prodígio de que Vovó começasse a comer de novo, mas o apetite durou apenas uns dois meses. Quando se declarou em greve de fome de novo, sua filha decidiu com muita tristeza que sua mãe tinha pleno direito de ir embora como desejava. Vovó Hilda, que sempre foi uma mulher pequena e magra, nas semanas seguintes se transformou num duende pequenininho e orelhudo, tão leve que a brisa da janela a fazia levitar. Suas últimas palavras foram: "Me dê a carteira, porque Paula veio me buscar e não quero que fique me esperando."

Cheguei a Madri algumas horas depois, mas já era tarde para acompanhar a filha nos trâmites da morte. Dias mais tarde, voltei à Califórnia com um punhado de cinzas de Vovó Hilda numa caixinha, para espalhá-lo na sua mata, Paula, porque ela queria estar na sua companhia.

REFLEXÕES

❦

No ano de 2006 comecei estas páginas. Meu ritual de 8 de janeiro se complicou com os anos, porque já não tenho a arrogante certeza da juventude. Atirar-me a outro livro é tão sério como me apaixonar, um impulso aloucado que exige dedicação fanática. Com cada um, como diante de um novo amor, eu me pergunto se terei forças para escrevê-lo e se por acaso semelhante projeto vale a pena: há páginas inúteis em excesso, assim como amores frustrados. Antes mergulhava na escrita — e no amor — com a temeridade de quem ignora os riscos, mas agora várias semanas transcorrem antes de eu perder o respeito pela tela em branco do computador. Que tipo de livro será este? Poderei chegar até o final?

Não me faço essas perguntas em relação ao amor, porque estou há mais de dezoito anos com o mesmo amante e já superei as dúvidas; agora quero Willie dia após dia, sem questionar que tipo de amor é este nem como se concluirá. Gosto de pensar que é um amor elegante e que não terá um final vulgar. Talvez seja certo o que Willie diz: que seguiremos de mãos dadas para o outro lado da morte. Só espero que nenhum de nós dois se extravie na senilidade, e o outro tenha que cuidar de seu corpo decrépito. Viver juntos e lúcidos até o último dia, isso seria o ideal.

Como sempre faço ao começar um livro, limpei a fundo minha cabana, ventilei, mudei as velas do altar, que meus netos chamam "dos antepassados", e me desfiz de caixas repletas de textos e documentos empregados na pesquisa do projeto do ano anterior. Nas prateleiras que cobrem as paredes só ficaram minhas primeiras edições em filas apertadas e os retratos dos vivos e dos mortos que sempre me acompanham. Tirei o que podia perturbar minha imaginação ou me distrair destas memórias, que exigem um espaço claro para se definirem. Começava, então, o tempo da solidão e do silêncio para mim.

Sempre demoro a dar a largada. No começo, a escrita avança aos tropeções, é uma máquina enferrujada, sei que vão transcorrer várias semanas antes que a história comece a se esboçar. Qualquer distração espanta a musa da imaginação.

De que se nutre a imaginação? Do que experimentei, das lembranças, do vasto mundo, das pessoas que conheço e também dos seres e vozes que tenho dentro de mim e que me ajudam na viagem de viver e escrever. Minha avó dizia que o espaço está cheio de presenças do que foi, é e será. Nesse âmbito invisível, habitam meus personagens, mas só posso ouvi-los se estou calada. Até a metade do livro, quando já não sou eu, a mulher, mas a outra, a narradora, também posso vê-los. Surgem das sombras e me aparecem de corpo inteiro, com suas vozes e seu cheiro, me assaltam em minha cabana, invadem meus sonhos, ocupam meus dias e até me perseguem pelas ruas. Não é a mesma coisa no caso de um livro de memórias, em que os protagonistas são pessoas de minha família, vivos, cheios de opiniões e conflitos. Nesse caso, o argumento não é um exercício de imaginação, mas uma tentativa de me aproximar da verdade.

Havia um sentimento de frustração, que já se arrastava por muito tempo, para a maioria do país: o futuro do mundo se apresentava denso e escuro como o alcatrão. A escalada da violência no Oriente Próximo era pavorosa, e a condenação internacional dos americanos era unânime, mas o presidente Bush não dava ouvidos, divagava como um louco, desligado da realidade e rodeado de velhacos. Já não se podia ocultar o descalabro da guerra no Iraque, apesar de a imprensa até aquele momento só mostrar imagens assépticas do que estava acontecendo: tanques, luzes verdes no horizonte, soldados correndo por aldeias desocupadas e, às vezes, uma explosão num mercado, onde se supunha que as vítimas eram iraquianos, porque não as víamos de perto. Nada de sangue nem de crianças desmembradas. Os correspondentes tinham que acompanhar as tropas e filtrar a informação através do aparato militar, mas na internet qualquer um que quisesse se informar podia ver a imprensa do resto do mundo, inclusive a televisão árabe. Alguns jornalistas valentes — e todos os humoristas — denunciavam a incompetência do governo. As imagens de Abu Ghraib fizeram a volta ao mundo, e em Guantánamo os prisioneiros, detidos indefinidamente sem acusação, morriam misteriosamente, se suicidavam ou agonizavam em greves de fome, alimentados à força por um grosso tubo enfiado até o estômago.

Aconteceu o que ninguém podia ter imaginado pouco antes nos Estados Unidos, que se considerava a tocha da democracia e da justiça: foi suspenso o direito de *habeas corpus* dos prisioneiros e se legalizou a tortura. Imaginei que a população iria reagir em massa, mas quase ninguém se importou como devia. Venho do Chile, onde por dezesseis anos a tortura esteve institucionalizada; conheço o dano irreparável que isso deixa na alma das vítimas, dos verdugos e do resto da população, transformada em cúmplice. Segundo Willie, os Estados Unidos não estiveram tão divididos desde a guerra do Vietnã. Os republicanos controlavam tudo, e se os democratas não ganhassem as eleições parlamentares de novembro, estávamos fodidos. "Como não vão ganhar", eu me perguntava, "se a popularidade de Bush desceu ao nível da de Nixon em seus piores tempos?"

A mais angustiada era Tabra. Quando jovem, tinha se expatriado porque não pôde suportar a guerra do Vietnã; agora estava disposta a fazer o mesmo, inclusive a renunciar à sua cidadania norte-americana. Seu sonho era terminar seus dias na Costa Rica, mas muitos estrangeiros tinham tido a mesma idéia e os preços das propriedades haviam subido acima de suas possibilidades. Então, ela decidiu se mudar para Bali, onde poderia continuar seu negócio com os ourives e artesãos locais. Deixaria dois representantes nos Estados Unidos e o resto poderia ser feito pela internet. Não falávamos de outras coisas em nossas caminhadas. Ela percebia sinais fatalistas em tudo, do noticiário da tevê ao mercúrio nos salmões.

— Acha que em Bali seria diferente? — perguntei. — Aonde você for, Tabra, os salmões terão mercúrio. Não dá pra escapar.

— Pelo menos lá não serei cúmplice dos crimes deste país. Você foi embora do Chile porque não queria viver numa ditadura. Como não entende que eu não queira viver aqui?

— Isto não é uma ditadura.

— Mas pode acabar sendo mais rápido do que se pensa. O que tio Ramón me disse é certo: os povos escolhem o governo que merecem. Esse é o inconveniente da democracia. Você deveria ir embora também, antes que seja tarde.

— Minha família está qui. Me custou muito reuni-la, Tabra, e quero curti-la, porque sei que não vai durar muito. A vida tende a nos separar, é necessário fazer um enorme esforço para nos mantermos juntos. Em todo caso, não acho que chegamos ao ponto de ter que ir embora deste país. Ainda podemos mudar a situação. Bush não será eterno.

— Boa sorte, então. Quanto a mim, vou para um lugar pacífico, onde você pode aparecer com sua família quando necessitar.

Comecei a me despedir enquanto ela desmontava o ateliê que lhe custara tantos anos para pôr de pé; foi ajudada por seu filho,

Tongi, que deixou o trabalho para acompanhá-la nos últimos meses. Despediu um por um os empregados refugiados com quem havia trabalhado por muito tempo, preocupada com eles, porque sabia que para alguns seria muito difícil encontrar outro emprego. Desfez-se da maior parte de suas coleções de arte, fora alguns quadros valiosos que guardou em minha casa. Não podia cortar os laços com os Estados Unidos, teria que voltar, pelo menos, umas duas vezes por ano para ver o filho e supervisionar seus negócios, porque suas jóias requeriam um mercado maior que as praias para turistas de um paraíso na Ásia. Garanti a ela que sempre teria espaço em nosso lar; então, tirou todos os móveis de sua casa e a reformou para vendê-la.

Esses preparativos e as tristes caminhadas com Tabra me contagiavam em seu delírio de incertezas. Chegava em casa e abraçava Willie, perturbada. Talvez não fosse uma má idéia investir nossas economias em moedas de ouro, costurá-las na bainha da saia e nos preparar para fugir. "De que moedas de ouro está falando?", perguntava Willie.

A TRIBO REUNIDA

⁕

Andrea entrou de repente na adolescência. Numa noite de novembro, chegou à cozinha, onde a família estava reunida, com lentes de contato, os lábios pintados, um vestido branco longo, sandálias prateadas e brincos de Tabra que havia escolhido para cantar no coro do colégio na festa de Natal. Não reconhecemos a dourada garota de Ipanema, sensual, com ar distante e misterioso. Estávamos acostumados a vê-la com calças de brim enxovalhadas, botinas de explorador e um livro na mão. Jamais tínhamos visto essa jovem que nos sorria contida da porta.

Quando Nico, de cuja serenidade zen tanto ríamos, se deu conta de quem era, ficou alterado. Em vez de festejar a mulher que acabava de chegar, tivemos de consolar o pai pela perda da menina desajeitada que havia criado.

Lori, que acompanhara Andrea na compra do vestido e na maquiagem, era a única que conhecia o segredo da transformação. Enquanto nós nos recuperávamos da impressão, Lori tirou uma série de fotografias de Andrea, algumas com sua cabeleira cor de mel solta sobre os ombros, outras com coque, em poses afetadas de modelo que, na verdade, eram de gozação.

Com os olhos brilhantes, ela estava tão corada que parecia ter tomado sol, enquanto nós exibíamos a palidez típica de novembro. E também estava com uma tosse de tísica fazia vários dias. Nico quis tirar uma foto com ela sentada em seus joelhos, na mesma pose de outra quando ela estava com 5 anos de idade, e parecia um pato depenado com óculos de alquimista e usando minha camisola cor-de-rosa, que vestia por cima de sua roupa. Ao tocá-la, Nico sentiu que ela ardia. Lori lhe tirou a temperatura, e a pequena festa familiar acabou pessimamente, porque Andrea estava com uma tremenda febre. Nas horas seguintes, começou a delirar. Tentaram baixar sua febre com banhos de água fria, mas, por fim, tiveram de levá-la voando à emergência do hospital e lá se soube que tinha pneumonia. Quem sabe há quantos dias estava incubando-a e não havia dito uma palavra, fiel a seu caráter estóico e introvertido? "Me doía o peito, mas pensei que era porque estou me desenvolvendo", foi sua explicação.

Imediatamente chegaram Celia e Sally, depois os demais. Andrea ficou internada no hospital do condado, rodeada pela família, que a vigiava como falcões para que não lhe dessem nenhum dos remédios da lista negra da porfiria.

Ao vê-la nessa cama de ferro, com os olhos fechados, as pálpebras transparentes, a cada instante mais pálida, respirando com dificuldade e ligada a sondas e cabos, voltaram-me as lembranças mais cruéis da tua doença, Paula, em Madri. Como Andrea, você baixou ao hospital com um resfriado mal curado, mas quando saiu, meses mais tarde, já não era você, e sim uma boneca inerte sem mais esperanças que uma morte doce. Nico, tranqüilo, me fez ver que o caso não era o mesmo. Você estava há vários dias com terríveis dores de estômago e sem poder comer por causa dos vômitos, sintomas de uma crise de porfiria que Andrea não apresentava. Decidimos que, para prevenir uma possível negligência ou erro médico, Andrea nunca ficaria sozinha. Não pudemos fazer isso em Madri, onde a burocracia do hospital se apoderou de você sem explicações. Teu marido e eu aguardamos durante meses num corredor sem saber o que acontecia do outro lado das pesadas portas da unidade de terapia intensiva.

O quarto de Andrea no hospital estava cheio. Nico e Lori, Celia e Sally, e eu mesma, nos instalamos a seu lado; depois chegaram Juliette, as mães de Sabrina e o restante dos parentes e alguns amigos. Quinze celulares nos mantinham conectados. Além disso, eu ligava todo dia para meus pais e Pía no Chile, para que nos acompanhassem a distância. Nico distribuiu a lista dos medicamentos proibidos e as instruções para cada eventualidade. Isso você nos deu, Paula: estávamos preparados, não nos assaltou a surpresa.

Nossa médica, Cheri Forrester, avisou o pessoal do andar que se armasse de paciência, porque aquela menina vinha com sua tribo. Enquanto a enfermeira picava Andrea, à procura de uma veia para lhe colocar o soro, onze pessoas observavam em torno da cama. "Por favor, nada de cânticos", disse a mulher. Começamos a rir em coro. "Vocês parecem o tipo de gente capaz disso", acrescentou, preocupada.

Começou a vigília de dia e de noite, nunca menos de dois ou três de nós no quarto. Poucos foram trabalhar durante esse tempo; os que não faziam seu turno no hospital se encarregavam das outras crianças e dos cachorros — Poncho, Mack e principalmente Olivia, que estava com os nervos abalados ao se ver abandonada —, de manter funcionando as casas e levar comida ao hospital para alimentar o exército. Durante duas semanas, Lori assumiu com naturalidade o papel de capitã, que ninguém tentou lhe tirar porque, de qualquer forma, é a gerente desta família; não sei o que faríamos sem ela. Ninguém tem mais influência nem mais dedicação que Lori. Criada em Nova York, é a única com caráter intrépido para não se deixar intimidar por médicos e enfermeiras, preencher formulários de dez páginas e exigir explicações. Nos últimos anos superamos os obstáculos do começo; Lori é minha verdadeira filha, minha confidente, meu braço direito na fundação, e vi como vai se transformando pouco a pouco na matriarca. Logo tocará a ela encabeçar a mesa da castelã.

No começo, Andrea ia se desgastando com o passar dos dias, porque não podia tomar vários dos antibióticos que se usam nesses casos, o que prolongou a pneumonia além do razoável. Mas a doutora Forrester, que se manteve vigilante, nos garantiu que não havia nenhuma indicação de porfiria nos exames de sangue e urina. Andrea se animava por rápidos instantes, quando a visitavam os irmãos, os meninos gregos ou alguma colega do colégio, mas o resto do tempo dormia e tossia de mãos dadas com algum de seus pais ou de sua avó. Por fim, na segunda sexta-feira, conseguiu vencer a febre e amanheceu com os olhos desanuviados e com vontade de comer. Então, pudemos respirar aliviados.

A família estava há mais de dez anos nessa dança de escaramuças que costumam ser os divórcios, um puxa-e-larga fatigante. A relação entre os pais passava por altos e baixos, era difícil chegar a um acordo sobre os detalhes da criação dos filhos que têm em comum. Mas à medida que os filhos se desligarem da família para fazer suas próprias vidas, haverá menos razões para confrontos e chegará um dia em que os pais não terão necessidade de se ver. Não falta muito para isso. Apesar dos inconvenientes que suportaram, podem se felicitar mutuamente: criaram três filhos felizes e simpáticos, de boa conduta e boas notas, que até o momento não tiveram um só problema sério. Durante as duas semanas da pneumonia de Andrea, vivi a ilusão de uma família unida porque me pareceu que as tensões desapareciam ao lado da cama dessa menina. Mas nessas histórias não há finais perfeitos. Cada um faz o melhor que pode, isso é tudo.

Andrea saiu do hospital com cinco quilos a menos, fraca e cor de pepino, embora mais ou menos curada da infecção. Passou outras duas semanas convalescendo em casa e se recuperou a tempo de participar do coro. Sentados na platéia, vimos Andrea entrar cantando como um anjo numa longa fila de meninas que foram ocupando o palco. O vestido branco lhe pendia solto como um farrapo e as sandálias escapavam dos pés, mas todos estivemos de acordo em que nunca esteve mais bonita. A tribo inteira estava ali para festejá-la, e comprovei, mais uma vez, que numa emergência se atira pela borda o que não é essencial para navegar, quer dizer, quase tudo. No fim, depois de diminuir o lastro e fazer as contas, sabe-se que a única coisa que resta é o carinho.

HORA DE DESCANSAR

⚘

Chegamos a dezembro e o panorama mudou para a nossa tribo e para o país. Tabra se foi para Bali; meus pais, no Chile, estão vivendo na prorrogação (têm 85 e 90 anos, respectivamente); Nico fez 40, por fim, como diz Lori, e é um homem maduro; os netos entraram em cheio na adolescência e logo irão se afastar da avó obsessiva que ainda os chama de "minhas crianças". Olivia está ficando grisalha e já pensa duas vezes antes de subir o morro quando a levamos para caminhar. Willie está terminando seu segundo romance e eu sigo arando o chão duro das lembranças para escrever este livro. Nas eleições parlamentares, os democratas ganharam e agora controlam a Câmara de Representantes e o Senado; todos nós esperamos que freiem os excessos de Bush, consigam retirar as tropas americanas do Iraque, mesmo que seja aos poucos e com o rabo entre as pernas, e evitem novas guerras. Quanto ao Chile, também há novidades: em março, Michelle Bachelet assumiu a presidência, primeira mulher que ocupa esse cargo em meu país, e está se saindo muito bem. É cirurgiã, pediatra, socialista, mãe solteira, agnóstica e filha de um general que morreu torturado porque não aderiu ao golpe militar de 1973. Além disso, morreu o general Augusto Pinochet, calmamente em sua cama, encerrando assim um dos mais trágicos capítulos da história nacional. Com grande senso de oportunidade, morreu justamente no dia dos Direitos Humanos.

Escrever este livro foi uma experiência estranha. Não confiei apenas em minhas lembranças e na correspondência com minha mãe; também interroguei a família. Como escrevo em espanhol, metade da família não o leu até que fosse traduzido por Margaret Sayers Peden, a "Petch", uma querida dama de 80 anos que vive no Missouri e traduziu todos os meus livros, menos o primeiro. Com paciência de arqueólogo, Petch examinou as diversas camadas dos manuscritos, revisando cada linha mil vezes e fazendo as mudanças que lhe peço. Com o texto em inglês, a família pôde comparar as diferentes versões, que nem sempre coincidiram com a minha.

Harleigh, o filho mais novo de Willie, decidiu que preferia não estar no livro e tive de reescrevê-lo. É uma pena, porque é bastante pitoresco e faz parte desta tribo; excluí-lo me parece que é como trapacear, mas não tenho o direito de me apoderar de uma vida alheia sem permissão. Em longas conversas, conseguimos vencer o medo de expressar o que sentimos, tanto o que é ruim como o que é bom; às vezes, é mais difícil mostrar afeto que rancor.

Qual é a verdade? Como diz Willie, chega um ponto em que é preciso esquecer a verdade e concentrar-se nos fatos. Como narradora, eu digo que é preciso esquecer os fatos e concentrar-se na verdade. Agora que estou chegando ao final, espero que este exercício de ordenar as lembranças seja benéfico para todos. E depois, suavemente, as águas voltarão a se aquietar, o lodo se assentará no fundo e restará a transparência.

Nossa vida, de Willie e minha, melhorou desde os tempos das maratonas de terapia, os conjuros mágicos para pagar as contas e a missão de resgatar de si mesmos os que não desejavam ser resgatados. Por ora o horizonte parece claro. A menos que ocorra um cataclismo, possibilidade que não deve ser descartada, temos liberdade para curtir os anos que nos restam de papo para o ar.

— Acho que estamos em idade de nos aposentar — comentei uma noite com Willie.

— De jeito nenhum. Eu mal comecei a escrever, e não sei o que faríamos com você, se não escrevesse; ninguém te agüentaria.

— Falo sério. Faz um século que trabalho. Preciso de um ano sabático.

— O que faremos será encarar as coisas com mais calma — decidiu.

Espantado diante da ameaça de um hipotético ano de ócio, Willie optou por me convidar para umas férias no deserto. Pensou que uma semana sem nada entre as mãos e uma paisagem erma bastariam para me fazer mudar de opinião. O hotel, que, segundo proclamava a agência de viagens, era de luxo, se revelou uma espécie de casa de lenocínio fora de moda, onde Toulouse-Lautrec teria ficado à vontade. Chegamos lá por uma interminável auto-estrada, uma faixa reta na paisagem nua, salpicada de canchas de golfe com grama verde sob um sol branco, incandescente, que às oito da noite ainda queimava. Não soprava uma brisa, não voava nem um pássaro. Cada gota d'água era transportada de longe e cada planta crescia graças ao esforço descomunal dos humildes jardineiros latinos, que mantinham em funcionamento a complexa maquinaria daquele paraíso ilusório e à noite desapareciam como espectros.

Por sorte, no hotel, Willie teve um ataque de alergia quase mortal, causado pelas cortinas empoeiradas, e decidimos ir para outro lugar. Assim chegamos a umas termas estranhas, de que jamais tínhamos ouvido falar, onde ofereciam banhos de lama, entre outros serviços. Numas profundas tinas de ferro repousava uma substância espessa e fétida que fervia com gorgorejos. Uma índia mexicana, baixinha e gorducha, com os cabelos queimados por uma permanente ordinária, nos mostrou as instalações. Não tinha mais de 20 anos, mas nos surpreendeu com seu descaramento.

— Para que serve isto? — perguntei em espanhol, apontando a lama.

— Não sei. Os americanos gostam dessas coisas.

— Parece cocô.

— É cocô, mas não de gente. É de animal — respondeu com naturalidade.

A garota não desgrudava os olhos de Willie e, quando já estávamos indo embora, perguntou a ele se não era o advogado Gordon, de San Francisco.

— Não se lembra de mim, doutor? Sou Magdalena Pacheco.

— Magdalena? Mas como você mudou, menina!

— É por causa da permanente — ela disse, ruborizando.

Abraçaram-se, eufóricos. Era filha de Jovito Pacheco, o cliente de Willie morto num acidente de construção anos antes. Nessa noite fomos com ela jantar num restaurante mexicano, onde seu irmão mais velho, Socorro, era o rei da cozinha. Estava casado e já tinha seu primeiro filho, um menino de três meses a quem deram o nome de Jovito, como o avô. O outro irmão trabalhava no norte, nos vinhedos do vale de Napa. Magdalena tinha um namorado salvadorenho, mecânico de carros, e nos disse que marcaria o dia do casamento logo que a família pudesse se reunir em sua aldeia no México, porque havia prometido à sua mãe que se casaria de branco na presença de todos os parentes. Willie garantiu que nós também iríamos, se nos convidassem.

Os Pacheco nos contaram que dois anos antes a avó tinha amanhecido morta. Fizeram um funeral épico, com um ataúde de mogno que os netos levaram numa caminhonete desde San Diego. Pelo visto, atravessar a fronteira em ambas as direções não era um problema para eles, mesmo com um pesado caixão de defunto. A mãe tinha um armazém e vivia com o irmão mais novo, o cego, que estava com 14 anos.

A caminho do restaurante, Willie me lembrou o caso dos Pacheco, que se arrastou por anos nos tribunais de San Francisco. Eu não o havia esquecido porque, com freqüência, gozávamos de Willie por causa da frase bombástica no julgamento: "Vão permitir que o advogado da defesa jogue esta pobre família na lixeira da história?" Willie apelou de um juiz para outro até que por fim conseguiu uma indenização modesta para a família. Ao longo de sua carreira, tinha visto pequenas fortunas serem dilapidadas, porque os clientes beneficiados, que nunca tiveram mais que buracos nos bolsos, ao se sentirem ricos perdiam a cabeça, passavam a ostentar e atraíam como moscas parentes distantes, amigos esquecidos e caloteiros dispostos a lhes tirar até o último peso. A indenização dos Pacheco estava muito longe de ser uma fortuna, mas convertida em pesos mexicanos os ajudou a sair da miséria. Por indicação de Willie, a avó decidiu investir a metade num pequeno armazém e o resto foi depositado numa conta em nome dos filhos de Jovito nos Estados Unidos, longe de trapaceiros e parentes pedinchões. Havia transcorrido mais de uma década desde a morte do pai e, nesse tempo, todos os filhos, exceto o menor, se despediram um por um da avó e da mãe e abandonaram sua cidadezinha para trabalhar na Califórnia. Cada um tinha um papelzinho com o nome e o telefone de Willie para cobrar a parte correspondente do dinheiro, que lhes serviu para começar a vida em melhores condições que a maioria dos imigrantes ilegais que chegavam sem nada mais que a fome e os sonhos. Assim se cumpriu o prognóstico de Willie ao levá-los à Disneylândia quando eram crianças.

Graças a Socorro e a Magdalena Pacheco, conseguimos a melhor cabana das termas, uma casinha impecável de tijolo e telhas, no mais puro estilo mexicano, com uma pequena cozinha, um pátio atrás e uma jacuzzi ao ar livre. Ali nos encerramos depois de comprar provisões para três dias. Fazia muito que Willie e eu não ficávamos sozinhos e ociosos; gastamos as primeiras horas em tarefas inventadas. Com os utensílios mínimos da cozinha, que mal serviam para improvisar um café da manhã, Willie decidiu preparar uma rabada, uma das receitas demoradas do Velho Mundo que necessita de várias panelas. A comida encheu o ar de um aroma poderoso que espantou os pássaros e atraiu os coiotes. Como devia descansar na geladeira até o dia seguinte para se tirar a gordura que congela na superfície, ao cair a noite jantamos pão, vinho e queijo, estendidos juntos numa espreguiçadeira no pátio, enquanto a alcatéia de coiotes se lambia do outro lado do muro de pedra que protegia nossa pequena casa.

UM LUGAR CALADO

⁓❦⁓

A noite no deserto tem a profundidade insondável do fundo do mar. As estrelas, infinitas, bordavam o céu negro sem lua, e a terra, ao esfriar, desprende um bafo denso como a respiração de uma fera. Acendemos três velas grossas, que refletiam sua luz cerimonial sobre a água da jacuzzi. Pouco a pouco, o silêncio foi nos livrando da tensão acumulada de tanto labutar e labutar.

Ao meu lado sempre há um capataz invisível e implacável, de chicote em punho, criticando e dando ordens: "Levanta, mulher! São seis da manhã e tem que lavar os cabelos e passear com a cadela. Não coma pão! Acha que vai perder peso num passe de mágica? Lembre-se que teu pai era obeso. Tem que refazer teu discurso, está cheio de clichês, e teu romance é um desastre. Faz um quarto de século que está escrevendo e ainda não aprendeu nada." Todo dia, essa mesma cantilena. Você me dizia, Paula, que eu tinha de aprender a gostar de mim mesma um pouco, que eu não trataria nem meu pior inimigo como me trato. "O que faria, mamãe, se alguém entrasse em sua casa e a insultasse dessa maneira?", você me perguntava. Eu o mandaria pra puta que o pariu e o botaria pra fora a vassouradas, naturalmente, mas nem sempre essa tática funciona com o capataz, porque é traiçoeiro e astuto. Ainda bem que dessa vez ficou para trás no hotelzinho do Toulouse-Lautrec e não veio me torrar a paciência na cabana.

Transcorreu uma hora, talvez duas — e nós calados. Não sei o que passava pela mente e pelo coração de Willie, mas imaginei que nessa espreguiçadeira me desprendia, pedaço por pedaço, de meu elmo enferrujado, minha pesada armadura de ferro, minha eriçada cota de malha, meu escudo de couro, minhas botas com cravos nas solas e as patéticas armas com que defendi a mim e minha família, nem sempre com sucesso, dos caprichos do destino. Desde a tua morte, Paula, costumo me perder em tua mata de sequóias, em calmas excursões em que você me acompanha e me convida a examinar a alma. Em todos esses anos sinto que foram se abrindo minhas cavernas lacradas e, com a tua ajuda, a luz entrou. Às vezes, mergulho na saudade e me invade uma tristeza surda, mas isso não dura muito, logo sinto você caminhando ao meu lado e me consola o rumor das sequóias e a fragrância do alecrim e do louro. Imagino que seria bom morrer com Willie nesse lugar encantado, velhos, mas com pleno controle de nossa vida e nossa morte. Lado a lado, de mãos dadas, sobre a terra fofa, abandonaríamos o corpo para nos reunir com os espíritos. Talvez Jennifer e você estejam nos esperando; se você veio buscar Vovó Hilda, espero que não se esqueça de fazer o mesmo comigo. Esses passeios me fazem muito bem. Quando acabam, me sinto invencível e agradecida pela tremenda abundância de minha vida: amor, família, trabalho, saúde, uma grande alegria. A experiência dessa noite no deserto foi diferente: não senti a força que você me dá na mata, mas abandono. Minhas antigas camadas de escamas duras foram se desprendendo e fiquei com o coração vulnerável e os ossos moles.

Pela meia-noite, quando faltava pouco para as velas se consumirem, tiramos a roupa e mergulhamos na água quente da jacuzzi. Willie já não é o mesmo que me atraiu à primeira vista anos antes.

Ainda irradia força e seu sorriso não mudou, mas é um homem sofrido, com a pele muito branca, a cabeça raspada para disfarçar a calvície, o azul dos olhos mais pálido. E eu levo no rosto as marcas dos lutos e perdas do passado, encolhi uma polegada, e o corpo que repousava na água é o de uma mulher madura que nunca foi uma beldade. Mas nenhum de nós julga ou comparava, nem mesmo lembra como éramos na juventude: alcançamos esse estado de perfeita invisibilidade que dá a convivência. Dormimos juntos durante tanto tempo, que já não temos capacidade para nos ver. Como os cegos, nos tocamos, nos cheiramos, percebemos a presença do outro como se sente o ar.

Willie me disse que eu era sua alma, que havia me esperado e procurado durante os primeiros cinqüenta anos de sua vida, certo de que antes de morrer me encontraria. Não é homem de esbanjar frases bonitas, é rude e detesta sentimentalismos, por isso cada palavra sua, medida, pensada, me caiu em cima como pingos de chuva. Compreendi que ele também havia entrado nessa zona misteriosa da mais secreta entrega, ele também havia se desprendido da armadura e, como eu, se abria. Num fio de voz, porque meu peito havia se apertado, eu disse a ele que também eu, sem saber, o havia procurado às cegas.

Descrevi em meus romances o amor romântico, esse que dá tudo, sem escamotear nada, porque sempre soube que existia, embora talvez nunca estivesse a meu alcance. O único vislumbre dessa entrega sem restrições eu a tive com você e com teu irmão, quando eram muito pequenos; somente com vocês senti que éramos um só espírito, apenas em corpos separados.

Agora também o sinto com Willie. Amei outros homens, como você sabe, mas, mesmo nas paixões irracionais, cuidei da retaguarda. Desde que era uma menina, decidi velar por mim mesma. Naquelas brincadeiras no porão da casa de meus avós, onde me criei, nunca fui a donzela resgatada pelo príncipe, mas a amazona que se batia com o dragão para salvar uma aldeia. Mas agora, disse a Willie, só queria apoiar a cabeça em seu ombro e lhe pedir que me protegesse, como se supõe que os homens fazem com as mulheres quando as amam.

— Por acaso não cuido de você? — perguntou, intrigado.

— Sim, Willie, você dá um jeito nas coisas práticas, mas me refiro a algo mais romântico. Não sei exatamente o que é. Imagino que quero ser a donzela do conto e que você seja o príncipe que me salva. Já cansei de matar dragões.

— Sou o príncipe faz quase vinte anos, mas você nem se dá conta, donzela.

— Quando nos conhecemos, combinamos que eu me arranjaria sozinha.

— Combinamos isso?

— Não com essas palavras, mas ficou entendido: seríamos companheiros. Isso de companheiros agora me soa a guerrilha. Gostaria de provar o gostinho que se sente ao ser uma esposa frágil, para variar.

— Ahã! A escandinava do salão de dança tinha razão: o homem guia — riu.

Respondi com uma palmada em seu peito, ele me empurrou e acabamos embaixo da água. Willie me conhece mais do que eu mesma e mesmo assim me ama. Temos um ao outro, é para se festejar.

— Que coisa! — exclamou ao emergir. — Eu esperando você no meu canto, impaciente porque não vinha, e você esperando que eu a tirasse pra dançar. Tanta terapia pra isso?

— Sem terapia nunca teria admitido este desejo de que você me ampare e proteja. Que cafonice! Pensa bem, Willie, isso contradiz uma vida de feminismo.

— Não tem nada a ver com isso. Precisamos de mais intimidade, quietude, tempo para nós, sozinhos. Há confusão demais em nossas vidas. Venha comigo a um lugar de sossego — sussurrou Willie, me atraindo.

— Um lugar de sossego... gosto disso.

Com o nariz em seu pescoço, agradeci a sorte de ter tropeçado por acaso com o amor e que tantos anos mais tarde ele preservasse intacto o seu brilho. Abraçados, leves na água quente, banhados pela luz cor de âmbar das velas, senti que me fundia nesse homem com quem havia andado por longo e abrupto caminho, tropeçando, caindo, levantando de novo, entre brigas e reconciliações, mas sem nos trairmos jamais. A soma dos dias, das tristezas e alegrias compartilhadas já eram nosso destino.

Fim
(por ora)

AGRADECIMENTOS

Este livro não poderia ser publicado sem o consentimento — em alguns casos a contragosto — dos personagens da história. Como disse meu filho, não é fácil ter uma escritora na família. De modo que obrigada a todos eles por suportarem minhas intermináveis perguntas e por me permitirem penetrar mais e mais fundo em suas vidas. Minha gratidão especial é para Margaret Sayers Peden, que revisou mil vezes a tradução para o inglês e pacientemente fez as inumeráveis mudanças que lhe pedi pelo caminho. Também agradeço a minhas agentes, Carmen Balcells e Gloria Gutiérrez, e a meu fiel leitor, Jorge Manzanilla, assim como a minhas editoras, Nuria Tey, na Espanha, e Terry Karten, nos Estados Unidos. E o mais importante: obrigada a minha mãe e amiga epistolar, Panchita, por nossa correspondência diária. Nossas cartas mantêm minhas lembranças frescas.

Este livro foi composto na tipografia
JI-Halla, em corpo 11/15, e impresso em
papel off-white no Sistema Digital Instant Duplex
da Divisão Gráfica da Distribuidora Record.